国家社科基金项目"长江上游地区生态移民养老风险的空间识别及'微治理'研究"（项
国家社科基金项目"长江上游流域典型水利水电库区移民后续生计调查与比较研究"
国家民委民族研究项目"西部民族地区水电移民社区'微治理'创新路径研究"（项目编
重庆社科规划项目（项目编号：2019QNGL20，2019PY35）
教育部基地项目（项目编号：18JJD790017，18JJD790018，16SKJD31）
国家社科基金项目（项目编号：17XMZ029，18CJY005）
教育部人文社科研究项目(项目编号：20YJC880065)
重庆市教委哲学社会科学重大理论研究阐释专项课题重大攻关项目（项目编号：19SKZDZX06）

长江上游流域典型水利水电库区移民

后续生计调查与比较研究

胡江霞　著

经济管理出版社

ECONOMY & MANAGEMENT PUBLISHING HOUSE

图书在版编目（CIP）数据

长江上游流域典型水利水电库区移民后续生计调查与比较研究/胡江霞著．— 北京：经济管理出版社，2020.9

ISBN 978-7-5096-7591-5

Ⅰ．①长⋯　Ⅱ．①胡⋯　Ⅲ．①长江流域—上游—水利水电工程—移民安置—研究

Ⅳ．① D632.4

中国版本图书馆 CIP 数据核字（2020）第 175521 号

组稿编辑：王格格
责任编辑：王格格　姜玉满
责任印制：任爱清
责任校对：熊兰华

出版发行：经济管理出版社
　　　　　（北京市海淀区北蜂窝 8 号中雅大厦 A 座 11 层　100038）
网　　址：www.E-mp.com.cn
电　　话：（010）51915602
印　　刷：北京晨旭印刷厂
经　　销：新华书店
开　　本：710mm×1000mm/16
印　　张：17
字　　数：288 千字
版　　次：2020 年 9 月第 1 版　2020 年 9 月第 1 次印刷
书　　号：ISBN 978-7-5096-7591-5
定　　价：69.00 元

前　言

　　长江水能资源丰富，被誉为"水能宝库"。近几十年来，国家为了充分发挥水能资源优势，提高水电开发和利用效率，在确保生态安全的前提下，推进金沙江、雅砻江、大渡河"三江"及长江上游水能资源开发，建成一批大中型水电站，建设西部最大的水电生产基地，形成了一大批长江上游流域水利水电库区（简称长江上游典型库区）。长江上游典型水利水电库区在中国地理版图上是一个独特的地理单元，其独特性主要体现在以下三个方面：一是长江上游典型库区是长江上游核心生态屏障区之一，也是生态敏感的重要区域。二是长江上游典型库区大部分区域属于贫困区域，财政自给率低，入不敷出，赤字严重。三是长江上游典型库区移民贫困面大，贫困程度深。部分移民搬迁后面临着失业、再贫困，抗风险能力较弱，生计发展能力不足等问题。基于以上分析，可知长江上游典型库区是一个生态脆弱地区、国家连片贫困地区、拥有百万移民的特殊区域。据调研，长江上游典型库区移民在后续发展过程中，普遍面临着失业、再贫困，生计发展能力不足，生计不可持续等问题。移民的后续生计问题若是得不到有效解决，将可能产生"马太效应"，可能会导致移民被边缘化的危险，这将不利于长江上游典型库区的和谐稳定。因此，学术界需要对长江上游典型库区移民的后续生计问题进行深入剖析。本书通过长江上游典型库区移民生计状况的实地调研，尝试着解读不同个体特征的移民生计现状方面存在的差异，以及他们的生计发展需求。通过本书研究，可以为提高长江上游典型库区移民的生计质量提供思考方向，此外，本书的相关研究成果可以为长江上游典型库区政府制定差异化的生计政策提供理论支撑，进而为移民脱贫找到科学决策的着力点，为政府制定科学合理的移民管理政策提供理论支撑以及借鉴参考。

　　本书以长江上游典型库区移民为研究对象，围绕"移民如何实现可持续生计"这一基本命题，逐层深入地探究了以下八个逻辑紧密相关的问题：①探讨长江上游典型库区移民的就业现状，包括移民的总体就业现状以及不同个体特征移民的就业现状；②探讨长江上游典型库区移民的生活现状，包括移民的总体生活现状以及不同个体特征的移民的生活现状；③探讨长江上游典型库区移民的生计资本现状，包括移民的总体生计资本现状以及不同个体特征移民的生计资本现状；④探讨了生计资本、生计风险管理对移民可持续生计的影响机制；⑤探讨不同类型的生计资本对移民的生计风险管理的影响机制；⑥探讨生计风险管理在生计资本与移民可持续生计之间的中介作用；⑦探讨制度环境在生计资本与移民可持续生计之间的调节作用；⑧探讨在脆弱的环境下，移民如何实现可持续生计？为了解答上述研究问题，本书通过以下三个方面进行了论述。在以往相关文献以及访谈研究结果的基础上，本书编制长江上游典型库区移民可持续生计状况的调查问卷，并通过预调研、修订，最终形成正式问卷。本书利用这些样本数据，围绕以下三个方面进行数据分析：第一，本书利用长江上游典型库区2079个移民的调研数据，对长江上游典型库区移民的生计现状进行了统计分析，同时对不同个体特征移民的生计现状进行了比较分析。第二，分析了影响长江上游典型库区移民可持续生计发展的因素。本书运用计量分析方法，验证了移民生计资本、生计风险管理、制度环境对移民可持续生计的影响，生计资本对生计风险管理的影响，同时验证了生计风险管理的中介效应作用以及制度环境的调节作用。第三，在前文研究基础之上，探讨长江上游典型库区移民可持续生计发展的有效路径。

全书共分为十章，具体研究内容如下：

第一章主要从研究背景、问题提出、研究意义、研究内容及方法、研究框架以及创新点六个方面，介绍了本书的总体框架。

第二章探讨了本书研究的相关文献综述及理论基础。首先，本书主要从移民、可持续生计、生计风险管理、生计资本、长江上游典型库区移民生计等方面，探讨了本书研究的相关文献综述；其次，从可持续生计理论、资源配置理论、资产建设理论、风险管理理论四个方面，探讨了本书研究的理论基础。

第三章探讨了长江上游典型库区移民搬迁安置情况。本章主要介绍了长江上游三个典型库区（三峡库区、金沙江水利水电库区、乌江水利水电库区）的水利水电开发情况以及移民搬迁安置情况。

第四章探讨了数据来源及统计描述。本章首先介绍了数据来源，其次对长江上游典型库区移民的就业现状、生活现状、生计资本现状、生计风险管理现状、可持续生计、制度环境的各个变量进行了统计分析。

第五章至第七章探讨了长江上游典型库区移民后续生计调查与比较分析问题。其中第五章主要探讨了长江上游典型库区移民的就业现状问题，第六章探讨了长江上游典型库区移民的生活现状问题，第七章探讨了长江上游典型库区移民的生计资本现状问题。

第八章探讨了长江上游典型库区移民可持续生计的影响因素分析。本章主要探讨生计资本、生计风险管理、制度环境对移民可持续生计的影响机制，具体研究内容如下：首先，设计了生计资本、可持续生计、生计风险管理、制度环境的度量指标；其次，运用计量经济学研究方法，研究生计资本、生计风险管理对移民的可持续生计的影响；再次，探讨生计风险管理在生计资本和移民的可持续生计之间的中介作用，以及探讨了制度环境的调节作用。

第九章探讨了长江上游典型库区移民的可持续生计发展路径问题。本章基于长江上游典型库区移民的生计现状，主要从就业方面、社会公共服务方面、生计资本、生计风险管理等方面，探讨了长江上游典型库区移民可持续生计发展路径问题。

第十章对前文的研究内容进行了简要梳理，并得出了相关结论，同时提出了本书研究的不足之处以及未来研究的展望。

为了完成本书，我们做了大量的基础性研究工作，在查询了大量文献资料的基础上，到长江上游地区20个比较典型的区县进行实地考察和访问，收集了数百万字的文字资料。为了完成实证分析，我们联系移民管理部门，对水电移民后续生计现状进行了深度调研，收集了一手的调研资料，为本书研究奠定了坚实基础。我们在教学和科研任务十分繁重的情况之下，怀着对科学研究的热情，凭着对水电移民安稳致富尽一份力的执着精神，辛勤劳作，先后用了近四年时间，几易其稿，方才完成了《长江上游流域典型水利水电库区移民后续生计调查与比较研究》一书。如果本书的出版，能够为长江上游地区移民安稳致富有些许帮助，我们将备感欣慰和满足。

《长江上游流域典型水利水电库区移民后续生计调查与比较研究》一书的撰写分工如下：由胡江霞（长江师范学院副教授、博士）负责全书的总体构架和内容策划，设计编写体例，安排章节目录，并具体担任所有章节内容的撰写工作。全书成稿后，由胡江霞对各章节进行了多次统稿工作，最后交经济管理出版社出版。

本书的出版得到社会各界的广泛支持。感谢国家哲学社会科学规划办公室、教育部社会科学司、重庆市教育委员会、国家民委、重庆社会科学联合会等上级主管部门对本书研究工作的大力支持。本书在出版过程中，得到了长江师范学院财经学院、长江师范学院科技处、乌江流域经济文化研究中心、重庆工商大学长江上游经济研究中心的领导和工作人员的关心和支持，在此表示深深的感谢！经济管理出版社王格格编辑认真细致、一丝不苟，为本书的出版付出了艰辛的努力，在此一并表示诚挚的感谢！此外，在本书的撰写过程之中，吸收了国内外相关研究领域专家学者的研究成果，受到了极大的启发，对此在本书中均有注明，同时对这些学者表示深深感谢！在此，谨向关心支持和帮助过我们的同志们、朋友们表示衷心的感谢！

由于笔者水平有限，加之本书涉及长江上游流域水电移民后续生计的诸多方面，信息容量很大，资料收集难度较大，书中难免有不妥之处，欢迎各位读者批评指正。

胡江霞

2020 年 5 月

目录 | CONTENTS

第一章

绪　论

本章首先阐述了本书的研究背景，以及提出了本书的研究问题和研究意义；其次阐述了本书的研究内容、研究方法、技术路线；最后对本书的内容安排以及可能的创新点等方面进行了详细说明。

第一节　研究背景

一、移民：长江上游典型水利水电库区的特殊人口群体

长江水能资源丰富，89.4%的水能都集中在上游地区[①]，约占全国的45.7%，因此长江上游地区被誉为"水能宝库"。近几十年来，国家为了充分发挥水能资源优势，提高水电开发和利用效率，在确保生态安全前提下，推进金沙江、雅砻江、大渡河"三江"及长江上游水能资源开发，建成了众多水电生产基地，如三峡水电站、向家坝水电站、溪洛渡水电站、白鹤滩水电站、乌东德水电站等，更形成了长江上游流域一大批独具特色的水利水电库区（简称长江上游典型库区）[②]，如三峡库区、金沙江水利水电库区（简称金沙江库区）、乌江水利水电库区（简称乌江库区）、雅砻江水利水电库区（简称雅砻江库区）等。长江上游典型水利水电库区在中国地理版图上是一个独特的地理单元，其独特性主要体现在以下三个方面：一是长江上游典型库区是长江上游核心生态屏障区之一，也是生态敏感的重要区域。二是长江上游

---

① 范继辉，程根伟. 长江上游水电开发存在的问题及对策［C］. 中国水论坛，2008.

② 水利水电库区指的是由于修建水利水电工程，所形成的特殊区域，包括水电站、水库所在的区域、淹没区、失稳区和库岸、移民安置区等区域。

典型库区属于贫困区域,财政自给率低,入不敷出,赤字严重。三是长江上游典型库区移民贫困面大,贫困程度深。部分移民搬迁后面临着失业、再贫困,抗风险能力较弱,生计发展能力不足等问题。基于以上分析,可知长江上游典型水利水电库区是一个生态脆弱地区、国家连片贫困地区、拥有百万移民的特殊区域。

移民是长江上游典型库区的特殊人口群体,具体体现在以下四个方面:①移民是典型的工程性移民,又称非自愿性移民。"它是由于国家、社区政府或者工程业主单位兴建某种工程而征用土地、房屋或其他土地附着物,使得这些被征用土地和财产的所有者被迫进行迁移的一种人口流动方式"(王贵心,2005)[①]。②长江上游典型库区移民规模总量大,涉及几百万移民,其中举世瞩目的三峡工程产生了近130万移民。③移民搬迁时间跨度大,安置方式多,史上罕见。长江上游典型库区移民的搬迁时间跨度大,如举世瞩目的三峡工程,从1993年开始动工,到2009年竣工,持续了16年时间。移民安置方式多样化,长江上游典型库区的移民安置方式主要采取本地安置与异地安置、后靠安置与外迁安置、集中安置与分散安置、政府安置与移民自找门路安置等多种安置方式相结合。④移民问题堪称"世界级难题"。由于移民涉及范围广、搬迁人口多、安置难度大、持续时间长,使得移民问题成为长江上游典型库区水利工程建设的重点和难点,乃至成败的关键,堪称"世界级难题"。

二、部分移民生计困难:移民安稳致富中的重要问题

《国务院关于完善大中型水库移民后期扶持政策的意见》(国发〔2006〕17号)指出水电库区要继续按照开发性移民的方针,逐步建立促进库区经济发展、水库移民增收、生态环境改善、社会稳定的长效机制,使水库移民共享改革发展的成果,实现库区和移民安置区经济社会可持续发展。这说明国家非常关心移民的可持续生计问题。自移民搬迁以来,国家出台了大量政策,如制定改善民生的政策,妥善安置百万移民,加强公共服务设施建设,建立完善的社会保障制度,加强生态环境的保护等。国家出台的这些政策,大大改善了移民的生产生活条件,促进他们的安稳致富。国家制定的一系列促进移民生计发展的政策,最终目的并不只是恢

---

① 王贵心.迁移与发展:中国改革开放以来的实证〔M〕.北京:科学出版社,2005.

复，而是让移民重新建立生产力，提高他们的生活水平，实现可持续的生计（王贵心，2005）[①]。据调研[②]，目前长江上游典型库区的移民处于移民搬迁安置到移民安稳致富的转型时期，很多移民的生计发展面临很大挑战，具体表现在以下四个方面：第一，诸多的生计风险。风险与不确定性时时处处伴随着人们的日常生活。天灾人祸时时处处威胁着人们的生产与生活（Fafchamps，2003）[③]，对于贫困的移民尤其如此。移民搬迁后，生计风险时刻伴随着移民家庭的整个生命周期。部分移民可能会面临失业、边缘化、发病、丧失食物保障等生计风险（迈克尔·M.塞尼，1998）[④]。第二，恶劣的自然条件。长江上游典型库区土地资源较为贫乏，移民现有耕地多以坡耕地为主，多数土质贫瘠，缺水缺肥，抗灾能力弱，农作物产量低；此外，长江上游典型库区生态环境比较脆弱，是水土流失的重灾区。第三，移民素质普遍较低。长江上游典型库区移民的文化水平普遍较低，移民主要通过从事农业生产、外出务工、就近做零工等途径转移就业。外出务工无疑是移民最主要的就业途径，然而，由于库区产业空虚，移民普遍文化水平低，技能单一，自身综合素质不高，随着市场对劳动力技能和综合素质的要求越来越高，移民外出务工就业空间受到进一步制约，导致大量移民工作难找，就业无门。部分兼业及自谋职业安置的移民无职可兼、无职可谋，收入来源不稳，生计状况令人堪忧。第四，移民对政府依赖心理较重。长江上游典型库区移民属于非自愿移民，他们觉得自己为国家的工程建设做出了巨大贡献，普遍存在着"等、靠、要"的依赖心理和"特殊公民"的意识。以上原因导致部分移民面临着失业、再贫困，生计发展能力不足等问题，这已经成为移民安稳致富中的重要问题。

从以上分析可知，移民这一特殊群体已经成为长江上游典型库区经济社会发展中出现的弱势群体，移民的生计问题已经成为长江上游典型库区移民安稳致富的重要问题。因此，学术界需要进一步探讨长江上游典型库区移民的可持续生计问题。

① 王贵心.迁移与发展：中国改革开放以来的实证［M］.北京：科学出版社，2005.

② 2013~2017年，笔者多次赴长江上游典型库区调研。

③ Fafchamps M. Rural Poverty, Risk and Development［M］.UK：Edward Elger，2003.

④ 迈克尔·M.塞尼.移民与发展：世界银行移民政策与经验［M］水库移民经济研究中心，译.南京：河海大学出版社，2002.

三、研究长江上游典型库区移民可持续生计问题：意义深远

长江上游典型库区移民在后续发展过程中，恶劣的自然条件、诸多的生计风险、加之移民自身素质较低等影响因素的制约，使得部分移民有可能长期徘徊在贫困的边缘，无法融入安置地社会生活，这种状况可能会带来很多负面影响：第一，移民在生产生活中存在诸多生计风险，如果不采取相应措施规避风险，这些可能的风险就会给移民造成真正的伤害，使得他们变得越来越穷（施国庆、苏青、袁松岭，2001[①]；陈绍军、程军、史明宇，2014[②]）；第二，移民无小事，移民可持续生计问题若解决得不好，问题会越变越大，矛盾越积越深，民怨会越来越大，成为诱发长江上游典型库区不稳定的安全隐患，这将不利于库区的和谐稳定；第三，移民普遍文化素质低，经济上较为贫困。经济贫困会影响下一代的发展，造成贫困的代际转移。移民的可持续生计问题若解决得不好，就可能产生"马太效应"，可能会导致移民被边缘化的危险（见图1-1）。移民的可持续生计问题已经成为促进长江上游典型库区移民安稳致富的一个重大问题。因此，学术界需要对长江上游典型库区移民的可持续生计问题进行深入剖析，进一步挖掘影响移民可持续生计的因素，以及探讨移民的可持续生计发展的有效路径，进而为移民脱贫找到科学决策的着力点，为政府制定科学合理的移民管理政策提供理论支撑以及借鉴参考。

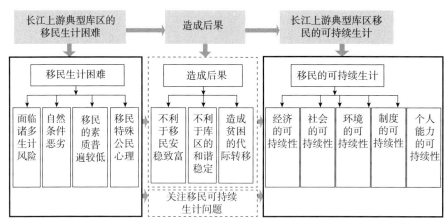

图1-1　本书的研究背景

① 施国庆，苏青，袁松岭.小浪底水库移民风险及其规避［J］.学海，2001（2）：43-47.

② 陈绍军，程军，史明宇.水库移民社会风险研究现状及前沿问题［J］.河海大学学报（哲学社会科学版），2014（2）：26-30.

第二节　问题提出

　　基于上述阐述的背景，长江上游典型移民在后续发展过程中，面临恶劣的自然条件、诸多的生计风险。在这种复杂的背景之下，移民只有不断加强生计风险管理，对自身的生计资本进行优化组合，才能促进可持续生计。本书研究基于长江上游典型库区 2079 个移民的调研数据，首先剖析长江上游流域典型库区移民的生计现状，包括就业现状、生活现状以及生计资本现状，其次采取计量分析方法，分析了影响移民可持续生计的因素，最后提出促进长江上游典型库区移民可持续生计发展的对策建议。基于以上分析，本书研究重点思考以下八个问题（见图 1–2 ）：

　　第一，长江上游典型库区移民的就业现状到底如何？长江上游典型库区移民的安置方式主要采取本地安置与异地安置、后靠安置与外迁安置、集中安置与分散安置、政府安置与移民自找门路安置等多种方式相结合。由于库区移民安置方式具有多样化和阶段性的特征，加之库区生态环境脆弱，耕地资源匮乏，以及移民自身素质等主客观因素的制约，导致了移民后续生计发展具有复杂性的特征。那么移民搬迁之后，他们的就业现状到底如何？此外，由于长江上游典型库区移民的文化程度、婚姻状况、性别、思想观念和具体家庭背景等个体特征的不同，导致移民的就业现状存在较大的差异。那么，不同个体特征的移民的就业状况到底如何？本书利用长江上游典型库区的调研数据，采取计量分析方法、比较分析方法等多种方法相结合，尝试着解答这些问题。

　　第二，长江上游典型库区移民的生活现状到底如何？本书主要研究长江上游典型库区移民的后续生计问题，移民的生计状况不仅包括移民的就业状况，还包括移民的生活状况。那么长江上游典型库区移民搬迁后，他们的生活现状到底如何呢？本书主要从以下八个方面展开：住房情况、交通状况、用水情况、供电情况、医疗服务情况、就业服务情况、教育服务情况以及社会保障情况。此外，由于长江上游典型库区移民的文化程度、婚姻状况、性别、思想观念和具体家庭背景等个体特征的不同，导致移民的生活现状存在较大的差异。因此,本书研究基于长江上游典型库区的调研数据,采取方差分析法、卡方检验分析方法、比较分析法等多种方法相结合，主要从不同户籍、不同性别、不同婚姻状况以及不同年龄段四个方面，对不同个体特征的移民的生活现状进行了比较分析。

第三，长江上游典型库区移民的生计资本现状到底如何？生计资本是移民家庭所拥有的具有经济价值的生产能力与可依赖的物质基础①。对于长江上游库区的移民而言，生计资本是他们维持长远生计的重要基础和保障。那么长江上游典型库区的移民在搬迁后，他们的生计资本水平发生了怎样的变化，本书基于长江上游典型库区 2079 个移民的调研数据，主要从自然资本、物质资本、金融资本、人力资本、社会资本五个方面深刻剖析移民的生计资本现状。

第四，生计资本、生计风险管理究竟如何影响移民的可持续生计？移民的生计资本主要包括自然资本、物质资本、人力资本、社会资本、金融资本五个维度。部分学者采取定性和定量研究的方式，研究了农户的生计资本与可持续生计两者之间的关系，但是针对移民这一特殊群体的研究很少，研究生计资本对移民可持续生计影响的更少。因此，本书在前人研究的基础之上，设计了移民的生计资本、可持续生计的量表，同时运用 SPSS19.0 软件，验证了不同类型生计资本对移民的可持续生计的影响。此外，部分学者采取定性和定量研究的方式，研究了农户的生计风险治理或者风险识别与可持续生计两者之间的关系，但是针对移民这一特殊群体的研究很少，直接研究移民生计风险管理与可持续生计之间关系的更少。因此，本书在前人研究的基础之上，设计了移民的生计风险管理、可持续生计的量表，同时运用计量分析方法，验证了生计风险管理的不同维度对移民可持续生计的影响。

第五，不同类型的生计资本究竟如何影响移民的生计风险管理水平？已有研究直接针对生计资本对生计风险管理关系的研究相对较少，从现有研究来看，生计资本的结果变量中，包含了生计风险识别、生计风险治理等内容，但这些结果是在研究生计风险管理与其他变量的关系，鲜有直接研究生计资本与移民的生计风险管理两者之间的关系。因此，学术界有必要进一步研究生计资本对移民的生计风险管理水平的影响程度问题，进一步挖掘不同类型的生计资本究竟如何影响移民的生计风险管理水平？这些影响是否存在差异？这些研究都有

---

① 赵锋.水库移民可持续生计发展研究［M］.北京：经济科学出版社，2015.

助于进一步丰富和发展长江上游典型库区移民安稳致富理论。

第六，生计风险管理在生计资本与移民的可持续生计之间是否会产生中介作用？已有研究揭示生计资本对移民生计发展具有一定影响，但是生计资本通过什么传导机制影响移民的可持续生计水平，生计资本会不会通过某种中介变量影响移民的可持续生计，这些问题有待进一步探讨。生计资本的相关研究表明，其影响的结果变量包括生计风险识别、生计风险评估、生计风险治理等因素，而这些因素是生计风险管理的主要内容，同时又是影响可持续生计的重要因素，因此，本书拟研究生计风险管理在生计资本与可持续生计两者之间是否产生中介作用。

第七，制度环境是否会调节生计资本与可持续生计之间的关系？在政策实施层面，长江上游典型库区主要实施开发式移民政策[①]，促进移民的可持续生计发展，而国外很多国家主要实施补偿式移民政策，促进移民的可持续生计发展，因而两者在制度环境上存在较大的差异。鉴于两者之间的显著性差异，本书设计了长江上游典型库区移民开发式移民政策的定量指标，探讨了制度环境对移民可持续生计的影响。近年来，促进我国移民生计发展的制度环境得到了较为明显的改善，制度环境的改善是否对改善移民的生计状况产生了明显的影响？这些问题有待进一步研究。本书采取实证研究的方式，验证了制度环境、生计资本对长江上游典型库区移民的可持续生计的可能影响。通过此书研究希望进一步揭示生计资本对移民可持续生计的影响机制，从而弥补学界在该领域的研究缺陷。

第八，在脆弱的环境下，移民如何实现可持续生计？长江上游典型库区移民贫困面大、贫困程度深。部分移民搬迁后面临诸多生计风险，如经济风险、养老风险、教育风险、社会风险、环境风险、政治风险等，同时这些风险充满移民搬迁、重建的整个过程[②]。在这种脆弱的环境下，长江上游典型库区移民如何实现可持续生计？从而降低生计风险给移民带来的负面效应，增强他们的可持续生计发展能力，这些都有待进一步探讨。本书主要从就业维度、生活维度、生计资本、生计风险管理以及政策设计五个方面，探讨长江

① 1991年，国务院正式颁布了《大中型水利水电工程建设征地补偿和移民安置条例》，该条例的第三条规定："国家提倡和支持开发性移民，采取前期补偿、补助与后期生产扶持的办法"，这是国家第一次以行政法规的形式明确提出在移民安置中实行开发性移民政策。

② 赵锋.水库移民可持续生计发展研究［M］.北京：经济科学出版社，2015.

上游典型库区（三峡库区、金沙江库区、乌江库区）移民的后续生计发展的
对策问题。

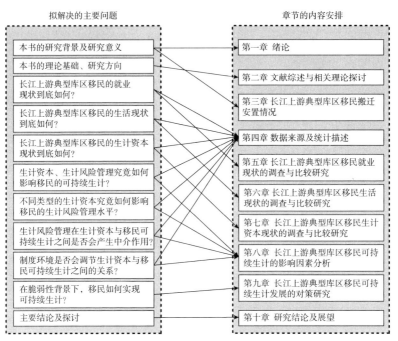

图 1-2　本书提出的研究问题

第三节　研究意义

一、理论意义

1.清晰地梳理和界定移民的可持续生计、生计风险管理等概念的内涵

木书将可持续生计理论、资源配置理论、资产建设理论、风险管理理论
等作为理论支撑，从经济、社会、环境、制度、个人能力发展五个维度，科
学地分析了移民的可持续生计的内涵；同时从生计风险识别、生计风险评估
和生计风险治理三个维度阐述了移民生计风险管理的科学内涵。这些概念的
界定有利于丰富和发展长江上游典型库区移民的可持续生计理论体系。

2. 丰富移民的可持续生计理论体系

现有的关于移民生计的相关研究，大多从生计资本维度探讨移民的生计现状，本书则从生计资本、生计风险管理两个维度，探讨了长江上游典型库区移民可持续生计发展的路径。本书发现生计资本对移民可持续生计产生影响，是通过中介变量生计风险管理来实现的，因此提出了基于生计风险管理的生计资本培育模式，是长江上游典型库区移民面临脆弱生态环境，促进可持续生计发展的重要路径。通过此研究，可以让政府了解哪些因素对移民的可持续生计产生影响，以及移民生计可持续发展的有效路径，进一步丰富长江上游典型库区移民的可持续生计理论体系，可以为管理部门制定科学合理的移民管理政策提供理论支撑。

二、实践意义

1. 有利于为移民可持续生计发展提供现实依据，为库区制定差异化的生计政策提供借鉴和参考

通过长江上游典型库区移民生计状况的实地调研，尝试着解读不同个体特征的移民生计现状方面存在的差异，以及他们的生计发展需求。通过本书研究，可以为提高长江上游典型库区移民的生计质量提供思考方向，此外，本书的相关研究成果可以为长江上游典型库区政府制定差异化的生计政策提供理论支撑，进而为移民脱贫找到科学决策的着力点，为政府制定科学合理的移民管理政策提供理论支撑以及借鉴参考。

2. 以可持续生计方法对移民的生计问题进行研究，为移民后续发展中出现的问题提供新的思考方向

长江上游典型库区的移民搬迁后，由于文化程度较低，缺乏就业技能等因素的制约，导致他们主要靠当地打零工或外出务工来维持生计，生计较为困难。这种状况将不利于库区移民的安稳致富，以及库区的和谐稳定。因此，探讨哪些因素是影响移民可持续生计的关键？以及如何实现移民的可持续生计？这些研究可以为移民的可持续生计发展提供现实依据以及新的思考方向，又可以为相关决策部门提供参考依据。

第四节　研究内容及方法

一、研究内容

本书首先基于长江上游典型库区移民的生计现状，主要从移民的就业现状、生活现状、生计资本现状三个方面进行分析；其次，分析了移民可持续生计发展的影响因素，具体如下：验证了生计资本、生计风险管理对移民的可持续生计的影响，生计资本对生计风险管理的影响，同时验证了生计风险管理在生计资本与移民的可持续生计之间的中介作用以及制度环境的调节作用；最后，基于长江上游典型库区移民的生计现状，提出了移民的可持续生计发展路径，具体如图1-3所示。

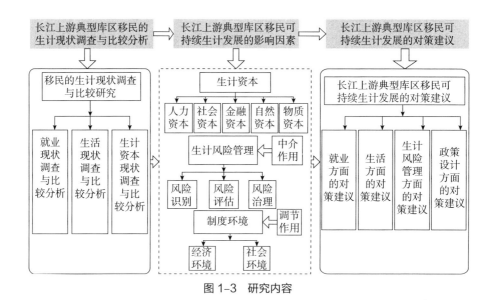

图1-3　研究内容

（1）长江上游典型库区移民的就业现状调查与比较研究。本部分主要从以下两个方面展开：第一，长江上游典型库区移民的就业现状调查的描述性统计，主要从就业类型、就业行业、就业单位性质、就业收入、就业渠道、就业质量六个方面进行阐述。第二，不同个体特征的移民的就业现状的比较分析。主要从不同户籍、不同性别、不同婚姻状况以及不同年龄段四个方面，对不同个体特征移民的就业现状进行了比较分析。

（2）长江上游典型库区移民的生活现状调查与比较研究。本部分主要从以下两个方面展开：第一，长江上游典型库区移民的生活状况的描述性统计，主要从住房情况、交通状况、用水情况、供电情况、医疗服务情况、就业服务情况、教育服务情况、社会保障服务情况八个方面进行阐述。第二，不同个体特征移民的生活状况的比较分析。主要从不同户籍、不同性别、不同婚姻状况以及不同年龄段四个方面，对不同个体特征的移民的生活现状进行了比较分析。

（3）长江上游典型库区移民的生计资本现状调查与比较研究。本部分主要从以下两个方面展开：第一，长江上游典型库区移民的生计资本现状的描述性统计，主要从自然资本、物质资本、金融资本、人力资本、社会资本五个方面进行阐述。第二，不同个体特征移民的生计资本现状调查的比较分析。主要从不同户籍、不同性别、不同年龄段、不同婚姻状况、不同生计类型五个方面，对不同个体特征移民的生计资本现状进行了比较分析。

（4）长江上游典型库区移民的可持续生计的影响因素分析。本部分主要探讨生计资本、生计风险管理、制度环境对移民可持续生计的影响机制，具体研究内容如下：①充分借鉴国内外比较成熟的量表，以及结合移民的生计现状，确定生计资本、可持续生计、生计风险管理、制度环境的度量指标；②为了保障各个量表的科学性和有效性，本部分采用社会统计学软件 SPSS19.0，计算 Cronbach's α 系数以及探索性因子分析方法，对各个量表的信度和效度进行检验，验证各个量表的可靠性，为移民的可持续生计研究奠定基础；③运用计量经济学研究方法，研究生计资本的不同维度（自然资本、物质资本、金融资本、人力资本和社会资本）对移民可持续生计的影响，以及生计风险管理对移民可持续生计的影响；④探讨生计风险管理在生计资本和移民可持续生计之间的中介效应作用。运用中介效应检验方法，分别探讨生计风险管理的三个维度（生计风险识别、生计风险评估、生计风险治理）在生计资本与移民可持续生计之间是否产生中介效应作用；⑤探讨制度环境在生计资本和移民的可持续生计之间是否产生调节作用。

（5）长江上游典型库区移民的可持续生计发展路径研究。本部分基于长江上游典型库区移民的生计现状，探讨了促进移民可持续生计发展的对策建议，具体从如下几个方面展开：首先，从就业方面，探讨提高移民就业质量的措施，其次，从社会公共服务方面，探讨提高移民生活质量的措施，再次，从生计资本和生计风险管理两个方面，提出促进移民可持续生计发展的建议，最后，从政策设计维度，探讨促进移民后续生计发展的对策建议。

二、研究方法

1. 文献研究

本书采用文献研究的方法，重点研究如下几个问题：第一，收集和整理国内外关于水利工程移民、可持续生计、生计资本、资源配置、风险管理、制度环境等研究领域的文献，归纳和整理这些研究成果，将本书研究建立在科学理论基础之上。第二，搜索国内外关于可持续生计、生计资本、生计风险管理、制度环境的测量指标，包括各个变量的英文测量指标、中文测量指标，通过文献搜集和整理，确定各个变量科学合理的测量指标，从而增加研究结论的可靠性。

2. 调查研究

本书采取调查研究的方法，从移民的自然资本、物质资本、金融资本、社会资本、人力资本状况、生计风险管理状况、可持续生计现状、制度环境等方面进行问卷调查、定点观察、小型座谈和深度访谈，深入了解长江上游典型库区移民的生计发展状况。

3. 计量分析

本书以计量经济学、统计学、社会学等理论知识为基础，运用社会统计学软件 SPSS19.0，对问卷调查的数据进行了分析和处理。具体如下：第一，设计各个变量的量表，并进行小范围的预调研，运用社会统计学软件 SPSS19.0，计算 Cronbach's α 系数以及探索性因子分析方法，对各个量表的信度和效度进行检验；在满足问卷信度和效度的前提下，对各个量表的题项进行重新修订，最终确定正式的问卷。第二，运用社会统计学软件 SPSS19.0，对正式问卷的调研数据进行分析和处理，重点验证理论假设提出的问题，具体如下：①验证生计资本、生计风险管理对移民的可持续生计的影响；②验证移民的生计资本对生计风险管理的影响；③生计风险管理在生计资本和移民的可持续生计之间的中介作用；④验证制度环境在生计资本和移民的可持续生计之间的调节作用。

4. 比较分析

基于长江上游典型库区移民的问卷调查数据，本书采取科学的计量方法，对长江上游典型库区移民的生计现状进行了比较分析，具体如下：一是对长江上游流域三个典型库区（三峡库区、金沙江库区和乌江库区）移民的生计现状进行比较分析。二是从不同个体特征的移民的就业现状、生活现状、生计资本现状进行了比较分析。

5. 专家咨询

为了保证各个变量的测量量表的科学性和有效性，笔者在正式问卷调查之前，通过现场咨询、电话咨询、邮件咨询等多种方法相结合，反复咨询了很多相关研究领域的专家，最终确定了各个变量的测量指标。

第五节 研究框架

本书遵循"从实践中来，到实践中去"的规律：首先，梳理了国内外关于生计资本、可持续生计、风险管理等相关文献，确定本书研究的理论基础；其次，采取实证研究的方式，对长江上游典型库区移民的生计现状进行了调查与比较研究，通过小样本测试以及正式问卷调查，对调研数据进行了分析和处理，验证了生计资本与可持续生计之间关系假设、生计资本与生计风险管理的关系假设、生计风险管理与可持续生计的关系假设、生计风险管理的中介效应假设、制度环境的调节作用假设；再次，提出长江上游典型库区移民的可持续发展的对策建议；最后，本书提出了研究结论、政策建议以及研究的局限性和展望。本书的研究框架如图1-4所示：

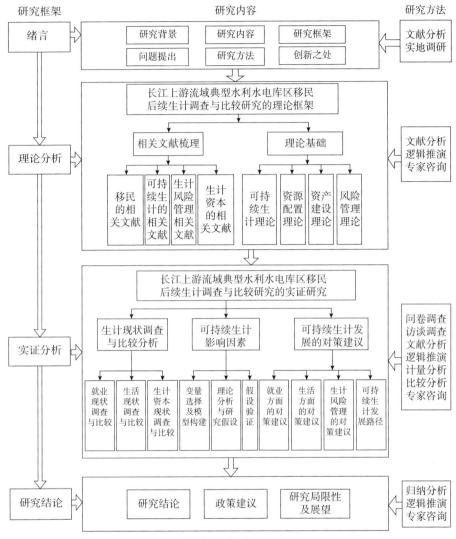

图 1-4 研究框架

第六节 本书的创新点

在研究对象上，本书以移民为研究对象，主要研究长江上游典型库区移民的可持续生计问题。学术界对于可持续生计问题的研究在研究对象上主要针对农户，而对移民可持续生计问题的研究相对较少。相比其他移民而言，长江上游典型库区移民具有如下独特性：一是正如前文所述，移民属于长江上游典型库区的特殊人口群体，是典型的工程性移民，又称非自愿性移民。二是长江上游典型库区移民的贫困面大，贫困程度深。部分移民搬迁后面临失业、再贫困，抗风险能力较弱，生计发展能力不足等问题。他们在搬迁后失去了原有的生产生活资料，因而，部分移民可能会面临生活质量下降、耕地质量下降、边缘化的风险境地（Cernea，1997）[1]。因此，鉴于移民这一群体的特殊性，研究长江上游典型库区移民可持续生计问题意义重大，从某种意义上来说，研究的每一步都是创新。本书可能的创新点有如下四点：

第一，通过搜索国内外文献，笔者发现关于移民安置和经济重建方面的研究，以社会学领域居多，因而关于移民问题的研究往往当成一个社会学问题来研究。这些研究很少将移民生计作为主要研究视角，本书充分借鉴经济学、管理学、社会学的最新理论和流行研究范式，动态地、综合地分析实现移民可持续生计发展面临的突出问题和矛盾。本书研究方法的主要创新体现在，将经济学作为主要研究方法，同时将流域经济学、流域生态学、人口学、管理学等多学科方法有机交叉融合，成果将更具有可操作性和实践意义。本书首先运用描述性统计分析方法、卡方检验方法、方差分析法等多种分析方法相结合，对长江上游典型库区的不同个体特征移民的生计现状进行比较分析，其次运用回归分析法，分析影响移民可持续生计的因素，最后提出了促进移民可持续生计的有效路径。通过本书研究可以实现理论与实践的有效对接，为移民可持续生计的相关研究提供了新的研究范式。

第二，在前人研究基础之上，提出生计风险管理在生计资本与移民的可持续生计产生中介作用等研究结论，具有一定的创新性。以往研究大多关注生计资本对人们可持续生计的影响，鲜有关注生计风险管理方面的研究。本书从生计风险管理维度，探讨其与生计资本、可持续生计之间的影响关系。同时，本书分析了移民的生计风险管理在生计资本与可持续生计之间的中介作用，为进一步探讨移民的生计风险管理策略提供了思考的方向。此外，本书指出政府在移民管理中应创设多种条件，增强移民的生计风险识别能力、生计风险评估能力、生计风险治理能力。这些研究有利于指导移民管理部门的生计风险管理实践，从而制定科学的生计风险管理政策。

---

① Cernea M.Hydropower Dams and Social Impacts：A Sociological Perspective［R］. Washington, the World Bank：1997：1-30.

第三，首次提出基于生计风险管理的生计资本培育模式，是移民面对脆弱性环境，促进可持续生计发展的重要路径。由于移民搬迁时存在多种安置方式，如后靠安置、外迁安置、养老安置、第二、第三产业安置等，多种安置方式决定着多种类型的生计模式，这就造成了库区生计发展路径的多样化，本书根据移民的生计状况，提出了基于生计风险管理的差异化的生计资本培育模式。这些研究视角具有一定的创新性。此外，研究指出移民管理部门应根据移民生计资本现状，建立不同区域移民生计资本的生计地图，这样才能帮助政府部门快速识别移民生计资产相关的区域，从而制定差异化的福利政策，提高政府干预的效率。这些研究有利于进一步丰富我国移民安稳致富理论，拓展了我国流域管理理论研究的新视野，有利于为长江上游典型库区政府管理部门制定科学的移民管理政策提供理论、实证和经验支持，一些研究结论可直接作为政策参考。

第四，本书提出制度环境在生计资本与移民的可持续生计之间产生正向调节作用，具有一定的创新性。在政策实施层面，长江上游典型库区主要实施开发式移民政策，促进移民的可持续生计发展，而国外很多国家主要实施补偿式移民政策，促进移民的可持续生计发展，因而两者在制度环境上存在较大的差异。鉴于两者之间的显著性差异，本书设计长江上游典型库区移民开发式移民政策的定量指标，探讨了制度环境在生计资本与移民的可持续生计之间的调节作用，为进一步探讨移民的可持续生计发展的开发式移民政策的设计提供了思考的方向。

第二章

文献综述与相关理论探讨

本章将围绕第一章所提出研究问题的相关概念和国内外现有的研究进行回顾、梳理以及评价，同时提出了本书研究的理论基础，从而厘清本书与现有研究成果之间的理论继承以及发展完善的关系，让本书研究建立在科学理论基础之上。本章阐述的具体内容如下：首先，对本书涉及的核心概念以及核心变量展开综述。基于本书的研究目标，本书分别从移民的定义、可持续生计、生计资本、生计风险管理等方面对国内外的相关研究展开综述；其次，对国内外研究综述进行了简要评价；最后，基于长江上游典型库区移民生计发展特征以及社会经济发展特点，本章主要从可持续生计理论、资源配置理论、资产建设理论、风险管理理论等阐述本书研究的理论基础。

第一节　相关文献综述

一、移民的相关研究

1. 移民的定义

《辞海》中对"移民"一词的解释是：①迁往国外永久定居的人；②较大数量的有组织的人口迁移（辞海编委会，2015[①]）。葛剑雄（1997）[②]等著的《中国移民史》对"移民"一词的解释是：具有一定数量，一定距离，在迁入地居住了一定时间的迁移人口。综上所述，笔者认为，"移民"一词的基本内涵主要包括以下三个方面的内容：第一，空间上的迁移。移民必须发生空间上

---

① 辞海编委会.辞海［M］.上海：上海辞书出版社，2015.
② 葛剑雄.中国移民史［M］.福州：福建人民出版社，1997.

的迁移。第二，时间上相对稳定。移民在进行迁移时，所维持的时间应该是相对稳定的。第三，较大数量的群体迁移行为。移民并不是单个人的迁移行为，应该是较大数量的群体迁移行为。

2. 移民的分类

本书主要从移民原因、移民自身意愿以及移民分布的空间区域三个方面，对移民进行了分类，具体如图 2-1 所示：

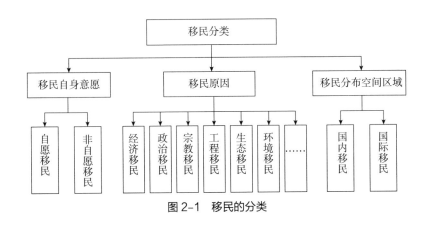

图 2-1　移民的分类

（1）按照移民自身意愿分类。按照移民主观意愿进行分类，可以将移民分为自愿性移民和非自愿性移民。其中自愿性移民是指移民在主观意愿上愿意自发的移民活动，非自愿性移民是指移民主体在主观意愿上非自愿，被动被迫向其他地方迁移的移民活动，通常是由于各种外力因素如水利工程建设、战争灾害、生态环境恶化等原因导致的迁移活动（张毅、文传浩、孙兴华，2013[①]）。非自愿移民的安置较之于自愿移民的安置更为艰巨复杂，涉及社会、政治、经济、文化、宗教、环境、技术等诸多方面（施国庆、苟厚平，1995[②]）。

（2）按照移民原因分类。按照移民原因，可以将移民主要分为以下几种类型：第一，经济移民，是指因经济因素而离开原来的区域而引起的移民活动，包括投资移民、商业移民、企业移民等。第二，政治移民，是指因战争、

---

① 张毅，文传浩，孙兴华.移民分类研究［J］.延安大学学报（社会科学版），2013,35（5）:66-70.

② 施国庆，苟厚平.水利水电工程移民概述［J］.水利水电科技进展，1995，15（3）:37-42.

政变等政治因素而引起的移民活动。第三，宗教移民，是指因宗教传播文化等因素而引起的移民活动。第四，工程移民，由工程建设所引起的非自愿人口迁移及其社会经济系统恢复重建活动，也就是说因修建水库、铁路、公路、机场等工程建设项目而引起的移民活动。第五，生态移民，是指生态环境破坏和恶化而导致人类生存条件丧失后产生的人口迁移活动，或以生态环境保护重建为目的进行的有计划地将人口从生态环境脆弱地区迁出活动（施国庆，2009[1]）。第六，环境移民，是指因干旱、洪水、飓风、冰雹、地震、蝗灾、海啸、火山、泥石流地质滑坡等自然灾害因素胁迫，导致的人口迁移与社会经济重建活动（施国庆，2009[2]）。

（3）按移民空间区域分类。按照移民空间区域，可以将移民主要分为以下三种类型：第一，国内移民。是指在同一国家内从一个地方迁移至另一个地方。第二，按移民迁移的方向，可以分为城市移民、农业移民等。第三，国际移民，是指为了在其他国家定居的目的而跨越国境流动的人群，包括暂时性居住在内；游客和短期商务考察者通常不计入国际移民之列。

3. 长江上游典型库区移民概念的界定

本书研究的对象为长江上游典型库区的移民，属于水利水电工程移民，指的是长江上游流域由于修建水利水电工程的需要，根据政府规划，搬迁到其他地方的人民群众，包括农村移民和城镇移民。长江上游典型库区移民由于搬迁方式存在多样性，因而存在库区安置与外迁安置、政府组织与移民自找门路、农村后靠与进城镇、集中与分散相结合等多种安置方式。

二、可持续生计的相关研究

1. 可持续生计的定义

可持续生计（Sustainable Livelihood）这一概念的提出，最早可以追溯到1991年，世界环境和发展委员会首次提出可持续生计的概念。1992年，联合国环境和发展大会将可持续生计纳入行动议程，主张把稳定生计作为消除贫

---

① 施国庆.生态移民社会冲突的原因及对策［J］.宁夏社会科学，2009（6）：75-78.
② 施国庆.灾害移民的特征分类及若干问题［J］.河海大学学报（哲学社会科学版），2009,11(1)：20-24.

困的主要目标（严登才，2012[①]）。20 世纪末，联合国开发计划署（UNDP）
认为可持续生计主要包括以下四个方面：恢复能力、经济效益、生态均衡、
代际公平。可持续生计是一种能够应对压力和打击并从中得到恢复，能够保
持乃至加强其能力和资产，在惠及本地乃至全球范围内的其他生计活动的同
时，还能为下一代提供机会的生计。

国内外很多学者提出了可持续生计的内涵，本书对现有文献中对可持
续生计的经典定义进行总结归纳（Scoones，1998[②]；Chambers and Conway，
1992[③]；DFID，2000[④]；罗蓉，2008[⑤]；严登才、施国庆、伊庆山，2011[⑥]）（详见
表 2-1），并结合本书的研究对象，进一步明确可持续生计的定义。

表 2-1　可持续生计定义的汇总

学者	年份	可持续生计的定义
Scoones	1998	可持续生计是指某一个生计由生活所需要的能力、有形和无形资产以及活动组成。如果能够应付压力和冲击进而恢复，并且在不过度消耗其自然资源基础的同时维持或改善其能力和资产，那么该生计具有持续性
Chambers and Conway	1992	可持续生计是指农户能够应付生计风险和压力的前提下，在不破坏自然资源的基础之上，能保持或提高生计资本存量和不断提高自身能力的活动
DFID	2000	可持续生计包括环境的可持续性、经济的可持续性、社会的可持续性以及制度的可持续性四个方面
罗蓉	2008	可持续生计是指个人或家庭为改善长远的生活状况所拥有和获得的谋生的能力、资产和有收入的活动
严登才、施国庆、伊庆山	2011	可持续生计是移民个人或家庭为改善长远的生活状况所拥有和获得的谋生能力、资产和有收入的活动，至少保持生活水平不低于搬迁前

① 严登才.水库移民可持续生计研究［J］.水利发展研究，2012，12（10）：40-44.

② Scoones I.Sustainable Livelihood：A Framework for Analysis［Z］.Brighton：IDS Working Paper，1998.

③ Chambers R，Conway G R.Sustainable Rural livelihoods：Practical Concepts for 21st Century. IDS Discussion Paper［M］.London：Department for International Development，1992.

④ DFID.Sustainable Livelihood Guidance Sheets［M］.London：Department for International Development，2000.

⑤ 罗蓉.中国城市化进程中失地农民可持续生计问题研究［D］.成都：西南财经大学，2008.

⑥ 严登才，施国庆，伊庆山.水库建设对移民可持续生计的影响及重建路径［J］.水利发展研究，2011（6）：49-53.

2. 移民可持续生计的定义

结合长江上游典型库区移民的生计状况，本书对移民可持续生计的定义如下：移民不仅能够抵御外界压力和冲击，而且能够实现生计资本优化配置，促进生计资产的不断保值增值以及自身能力的不断提升，最终实现他们经济水平不断提高、社会融合程度不断提升、个人能力不断增强、生态环境不断改善、社会保障制度的不断完善。

3. 可持续生计的应用研究

（1）国外关于可持续生计的应用研究。国外对可持续生计研究的应用主要体现在以下四个方面：

第一，从脱贫角度，研究可持续生计问题。Ellis 等（2000）[1] 探讨了四个非洲国家的农村生计情况以及脱贫战略，如加大非农业就业的投入，倡导农业和非农业收入来源的多样性，寻求农民技术咨询和创造性的解决方案等。Knutsson 等（2006）[2] 开发了可持续生计的评估方法（SLA），同时采取实证分析的方法，验证了农户的可持续生计现状，结果表明该方法可以有效评估农户的生计脆弱性，有助于帮助政策制定者避免贫困陷阱，应付快速多变的外部形势。Oumer 等（2011）[3] 基于埃塞俄比亚中部高地的数据，采取了实证分析的方法，研究了生计策略与脱贫之间的关系，结果显示：高收入水平的农民适合种植高效种植技术的根系作物，如豆类、蔬菜等。低收入水平的农民脱贫的重要手段主要在于政府对土地、牲畜、教育关键生计资产的支持。

第二，从生计风险维度，探讨农户的可持续生计。Gaillard 等（2009）[4] 探

---

① Ellis F.Rural Livelihoods and Diversity in Development countries［M］.New York：Oxford University Press，2000.

② Knutsson P M，Ostwald M.A .Process-Oriented Sustainable Livelihood Approach-A Tool For Increased Understanding of Vulnerability，Adaptation and Resilience［J］.Mitigation and Adaptation Strategies for Global Change，2006，12（12）：365-372.

③ Oumer A M，Neergaard A D.Understanding Livelihood Strategy-Poverty Links：Empirical Evidence from Central Highlands of Ethiopia［J］.Environment，Development and Sustainability，2011，13（3）：547-564.

④ Gaillard J C，Maceda E A，Stasiak E，et al.Sustainable Livelihood and People's Vulnerability in the Face of Coastal Hazards［J］.Journal of Coastal Conservation，2009，13（2）：119-129.

讨了面对沿海灾难时，渔民要减少生计的脆弱性，增强面对沿海灾害的能力，这样才能减少沿海灾害风险，促进渔民的可持续生计。Amos 等（2015）[①]开发出生计脆弱性指数（LVI）量表，采取实证研究的方式，评估尼日利亚沿海地区农户的生计脆弱性。结果表明，在面对气候变化时，农户家庭生计是十分脆弱的，农户只有通过政府或者非政府组织机构的努力，才能减少生计的脆弱性，提高农户生计的可持续性。

第三，从生计资本角度，探讨农户的可持续生计。Oumer 等（2011）[②]采用实证研究的方式，验证了生计资本对贫困农村家庭可持续生计的影响，结果表明高收入农民家庭可以采取适应密集的农艺策略结合根系作物，如豆类、蔬菜和牲畜等。政府要提高低收入的农民家庭关键资产的可获取性，才能帮助他们脱贫。Oumer 等（2013）[③]探讨了生计资本（自然资本、物质资本、社会资本、金融资本和人力资本）以及个体特征对农户生计策略和土壤管理的影响，根据相似的生计多样化策略，将农户分为四种不同类型的家庭，并确定了占主导地位的创收策略。Bilgin（2012）[④]提出从生计资本、社会资本、文化资本、生态资本和政治资本五个维度，探讨了农户的可持续发展问题。

第四，从不同维度，探讨了可持续生计途径。国外很多研究者从不同维度，探讨了可持续生计方式，具体如下：①替代性生计模式：Ngugi 等（2005）[⑤]提出要想改善干旱和半干旱地区居民的福利，需要采取替代性生计策略，主要包括养蜂、养家禽、养鱼、蚕桑生产、耐旱经济作物、社区野生动物旅游、

① Amos E，Akpan U，Ogunjobi K.Households' Perception and Livelihood Vulnerability to Climate Change in a Coastal Area of Akwa Ibom State，Nigeria［J］.Environment，Development and Sustainability，2015，17（4）：887-908.

② Oumer A M，Neergaard A D.Understanding Livelihood Strategy-Poverty Links：Empirical Evidence from Central Highlands of Ethiopia［J］.Environment，Development and Sustainability，2011，13（3）：547-564.

③ Oumer A M，Hjortsø C N，Neergaard A D.Understanding the Relationship between Livelihood Strategy and Soil Management：Empirical Insights from the Central Highlands of Ethiopia［J］.Food Security，2013，5（2）：143-156.

④ Bilgin M.The Pearl Model of Sustainable Development［J］.Social Indicators Research，2012，107（1）：19-35.

⑤ Ngugi R K，Nyariki D M.Rural Livelihoods in the Arid and Semi-arid Environments of Kenya：Sustainable Alternatives and Challenges［J］.Agriculture and Human Values，2005，22（1）：65-71.

牲畜和作物产品加工等。Babu 等（2016）[1]基于面板数据,创建了替代性可持续发展的指标：绿色国民生产净值（GNNP）、生态足迹（ECOFT）、可持续发展指数（SHDI）、污染敏感的人类发展指数（HPDI）。②多样化的生计策略。Chambers（1995）[2]提出穷人要采取多样化复杂的生计策略,才能可以保证可持续生计。③社区共管模式（CBCM）。Chen 等（2013）[3]采取实证研究的方式,验证了社区共管模式显著增加中国西北社区林业管理的当地社区居民的可持续生计。④建立生计地图（Livelihood Maps）。Jakobsen（2013）[4]提出生计地图可以让决策者快速识别某些类型的资产访问有限的区域,有利于帮助管理者做出科学合理的决策。

（2）国内关于可持续生计的应用研究。国内学者多采用英国国际发展部开发的可持续生计框架。在可持续生计框架里,脆弱背景下生计资产是核心内容。国内学者的研究大多是运用可持续生计的思想和可持续生计分析框架对农户的生计状况进行研究。可持续生计研究具体体现在以下三个方面：

第一,国内学者将研究的重点放在了生计资产方面。通过研究生计资产的状况,来分析农户的生计状况。李琳一和李小云（2007）[5]从微观角度研究生计方式,以可持续生计框架为基础,探讨了五种生计资产的不同特征。徐鹏、徐明凯和杜漪（2008）[6]利用可持续生计框架,构建生计资产评价模型对

① Babu S S, Datta S K.A Study of Covariation and Convergence of Alternative Measures of Sustainability on the Basis of Panel Data［J］.Social Indicators Research, 2016, 125（2）：1–20.

② Chambers R.Poverty and Livelihoods：Whose Reality Countries？［J］.Environment and Urbanization, 1995, 7（1）, 173–204.

③ Chen H Y, Zhu T, Krott M, et al.Community Forestry Management and Livelihood Development in Northwest China：Integration of Governance, Project Design, and Community Participation［J］.Regional Environmental Change, 2013, 13（1）：67–75.

④ Jakobsen K.Livelihood Asset Maps：a Multidimensional Approach to Measuring Risk Management Capacity and Adaptation Policy Targeting—a Case Study in Bhutan［J］.Regional Environmental Change, 2013, 13（2）：219–23.

⑤ 李琳一, 李小云.浅析发展学视角下的农户生计资产［J］.农村经济, 2007（10）：100–104.

⑥ 徐鹏, 徐明凯, 杜漪.农户可持续生计资产的整合与应用研究——基于西部10县（区）农户可持续生计资产状况的实证分析［J］.农村经济, 2008（12）：89–93.

西部十县（区）农户生计资产状况进行了实证分析。杨云彦和赵锋（2009）[①]对南水北调（中线）工程库区农户生计资产现状进行了实证分析，结果表明农户借助政策和生态补偿机制的力量，可以优化生计资产，为生计的可持续发展创造条件。赵雪雁等（2011）[②]采用甘南高原115户农牧民家庭的调研数据，采用参与性农户评估方法，分析当地农户的生计资本现状、生计活动特点，论述了生计资本对生计活动的影响。

第二，国内学者从不同维度，探讨了可持续的生计途径。具体如下：①从生计资本维度，探讨可持续生计的途径。国内学者大多从生计资本角度探讨自然资本、社会资本、物资资本、金融资本和人力资本对人们可持续生计的影响，并强调居民要提升生计资本水平（许汉石和乐章，2012[③]；李丹、许娟、付静，2015[④]）。②采取多样化的生计策略。苏芳等（2009）[⑤]指出政府应积极采取有效的资金支持的手段，促使农户放弃农业生产，投入非农业生产方式，实现兼业化生活方式，这样才能促进农户的生计策略多样化，促进农户生活水平的提高。伍艳（2015）[⑥]指出生计多样化是贫困地区农民采取的一种可持续生计策略，有利于降低生计脆弱性，保障生存安全。③加大政府政策扶持的力度。张华山和周现富（2012）[⑦]提出政府要创新水库移民补偿安置和扶贫开发的机制，增进水库移民家庭的物质存量、生产生活资料、收入来源多元化，尤其需要长期性地提升移民的知识、技能、能力等综合素养，扩大和提升移民的社会关系网络资源，以此促进移民的可持续生计发展。王

① 杨云彦，赵锋.可持续生计分析框架下农户生计资本的调查与分析——以南水北调（中线）工程库区为例［J］.农业经济问题，2009（3）：58-65.

② 赵雪雁，李巍，杨培涛，等.生计资本对甘南高原农牧民生计活动的影响［J］.中国人口·资源与环境，2011，21（4）：111-118.

③ 许汉石，乐章.生计资本、生计风险与农户的生计策略［J］.农业经济问题，2012（10）：100-105.

④ 李丹，许娟，付静.民族地区水库移民可持续生计资本及其生计策略关系研究［J］.中国地质大学学报（社会科学版），2015，15（1）：51-57.

⑤ 苏芳，蒲欣冬，徐中民，等.生计资本与生计策略关系研究——以张掖市甘州区为例［J］.中国人口·资源与环境，2009，19（6）：119-125.

⑥ 伍艳.农户生计资本与生计策略的选择［J］.华南农业大学学报（社会科学版），2015，14（2）：57-66.

⑦ 张华山，周现富.水库移民可持续生计能力分析——以阿坝州典型水电工程为例［J］.水利经济，2012，30（4）：68-71.

娟、吴海涛和丁士军（2014）[1]提出对市场条件较差、海拔高的山区农户给予优惠政策，如经济作物种苗补贴、农资补贴、交通补贴等政策，这样才能缩小农户间收入差距，提高农户的生计能力。

第三，可持续生计研究向多个交叉学科方向发展。谢旭轩、张世秋和朱山涛（2010）[2]从生态环境维度，探讨了退耕还林对农户可持续生计的影响。汤青、徐勇和李扬（2013）[3]采用经济地理的分析方法，对黄土高原地区农户可持续生计效益进行了评估，并确定了农户未来的生计发展策略。刘璐琳和余红剑（2013）[4]借鉴国内外可持续生计理论，从社会学维度探讨了我国城市少数民族流动人口的可持续生计状况，研究表明可持续生计理论有助于指导和加强城市少数民族流动人口社会救助工作。

4. 移民可持续生计的相关研究

（1）移民生计的影响因素。国外关于水库移民的研究，主要体现在以下两个方面：一是水库移民搬迁后对水库流域的经济和社会可持续性造成了严峻的挑战（汤青、徐勇、李扬，2013[5]；刘璐琳、余红剑，2013[6]；Zhang et. al.，2013[7]；Singer and Watanabe，2014[8]）；二是水库移民搬迁对环境造成了严重的影响（Tan and Yao，2006[9]；Guo et al.，2003[10]），对于水库移民生计

---

[1] 王娟，吴海涛，丁士军.山区农户最优生计策略选择分析——基于滇西南农户的调查 [J].农业技术经济，2014（9）：97–107.

[2] 谢旭轩，张世秋，朱山涛.退耕还林对农户可持续生计的影响 [J].北京大学学报（自然科学版），2010，46（3）：457–464.

[3][5] 汤青，徐勇，李扬.黄土高原农户可持续生计评估及未来生计策略——基于陕西延安市和宁夏固原市1076户农户调查 [J].地理科学进展，2013，32（2）：19–27.

[4][6] 刘璐琳，余红剑.可持续生计视角下的城市少数民族流动贫困人口社会救助研究 [J].中央民族大学学报（哲学社会科学版），2013（3）：39–45.

[7] Zhang Y，He D，Lu Y，et al.The Influence of Large Dams Building on Resettlement in the Upper Mekong River [J].Journal of Geographical Sciences，2013，23（5）：947–957.

[8] Singer J，Watanabe T.Reducing Reservoir Impacts and Improving Outcomes for Dam-forced Resettlement：Experiences in Central Vietnam [J].Lakes & Reservoirs，2014，19（19）：225–235.

[9] Tan Y，Yao F.Three Gorges Project：Effects of Resettlement on the Environment in the Reservoir Area and Countermeasures [J].Population & Environment，2006，27（4）：351–371.

[10] Guo Z，Xiao X，Gan Y，et al.Landscape Planning for a Rural Ecosystem：Case Study of a Resettlement Area for Residents from Land Submerged by the Three Gorges Reservoir，China [J].Landscape Ecology，2003，18（5）：503–512.

方面的研究几乎没有。国内关于水电库区工程移民生计影响因素的研究主要有如下四个方面：

第一，生计资本。严登才、施国庆和伊庆山（2011）[①]认为移民可持续生计的影响因素为自然资本、人力资本、社会资本、物资资本和金融资本。孙海兵和段跃芳（2013）[②]，孙海兵（2014）[③]基于南水北调丹江口农村外迁移民的调查资料，测算水库移民的生计资本，认为人力资本、金融资本、社会资本与资本总量在很大程度上影响着移民生计结果。李丹、许娟和付静（2015）[④]以"可持续生计分析"方法为基础，提出脆弱性背景下，移民的五大生计资本、民族文化传承及制度环境影响移民的生计策略。

第二，社会网络。覃志敏（2014）[⑤]在社会网络理论和可持续生计理论的基础之上，构建了扶贫移民生计发展的分析框架，对扶贫移民社会关系网络变动以及生计恢复发展进行了系统研究，并构建了扶贫移民生计发展分析框架。

第三，移民搬迁安置。李聪等（2013）[⑥]构建了移民搬迁背景下农户的生计策略分析框架，并利用陕南安康地区的入户调查数据，分析了移民搬迁对农户生计策略的影响。结果表明：移民搬迁有利于农户优化生计结构，促进他们的生计模式向非农转型。徐怀东（2014）[⑦]指出移民的多样化安置有利于促进移民的可持续生计。

第四，政策支持。张华山和周现富（2012）[⑧]提出政府要创新水库移民补偿安置和扶贫开发的机制，增进水库移民家庭的物质存量、生产生活资料、收入来源多元化。孙海兵、段跃芳（2013）[⑨]提出移民后期扶持应进一步通过

① 严登才，施国庆，伊庆山.水库建设对移民可持续生计的影响及重建路径［J］.水利发展研究，2011（6）：49-53.

② 孙海兵，段跃芳.后期扶持对水库移民生计影响的研究［J］.水力发电，2013，39（9）：9-12.

③ 孙海兵.农村水库移民可持续生计重建的实证研究［J］.江苏农业科学，2014，42（2）：417-419.

④ 李丹，许娟，付静.民族地区水库移民可持续生计资本及其生计策略关系研究［J］.中国地质大学学报（社会科学版），2015，15（1）：51-57.

⑤ 覃志敏.社会网络与移民生计的分化发展［D］.武汉：华中师范大学，2014.

⑥ 李聪，柳玮，冯伟林，等.移民搬迁对农户生计策略的影响——基于陕南安康地区的调查［J］.中国农村观察，2013（6）：31-44.

⑦ 徐怀东.移民的多样化安置与可持续生计体系构建［D］.成都：西南财经大学，2014.

⑧ 张华山，周现富.水库移民可持续生计能力分析——以阿坝州典型水电工程为例［J］.水利经济，2012，30（4）：68-71.

⑨ 孙海兵，段跃芳.后期扶持对水库移民生计影响的研究［J］.水力发电，2013，39（9）：9-12.

提高补助标准、整合扶持资金、加大产业扶持、加强教育培训等方式促进移民生计的可持续发展。

（2）移民生计发展的实现机制。国内关于生计发展的实现机制方面，主要从政策层面探讨如何促进移民的生计发展。其代表性的观点主要有：第一，实现移民的安稳致富，国家要重点实施产业移民政策和公共事业促进就业政策（林青、覃朕，2011[①]）。第二，从财政政策视角，提出了三峡库区后移民时代发展的政策建议：一是促进生态移民搬迁及移民安稳致富的财税政策措施；二是促进库区产业发展的财税政策措施（严立冬、邓远建、张陈蕊，2010[②]；罗素娟，2011[③]）。第三，支持库区产业发展（王世傅，2006[④]；张佐、陈建成，2015[⑤]）。第四，积极开展创业培训和技能培训，引导移民自主创业（王沛沛、许佳君，2013[⑥]；周大鸣、余成普，2015[⑦]）。第五，采取一定措施，加强对移民的扶贫（付少平、赵晓峰，2015[⑧]；邢成举，2016[⑨]）。

三、生计风险管理的相关研究

1. 生计风险管理的定义

通过搜索国内外文献，发现关于生计风险管理的内涵，国内外学者均没有给出明确的定义，但是，由于生计风险管理属于风险管理的一个类别，从

①　林青，覃朕.三峡库区移民后续安稳致富问题研究——以重庆库区开县县内搬迁移民生产安置效果评价为例［J］.安徽农业科学，2011，39（22）：13794-13797.

②　严立冬，邓远建，张陈蕊.三峡库区绿色农业产业发展SWOT分析及对策探讨——以湖北省巴东县为例［J］.农业经济问题，2010（9）：53-57.

③　罗素娟.三峡库区后移民时代发展的路径选择和财政政策［J］.安徽农业科学，2011，39（18）：11273-11277.

④　王世傅.三峡库区产业发展与移民后期扶持研究［J］.重庆大学学报（社会科学版），2006，12（3）：3-17.

⑤　张佐，陈建成.云南水电开发库区移民产业发展与扶持就业机制研究［J］.云南师范大学学报（哲学社会科学版），2015，47（2）：100-109.

⑥　王沛沛，许佳君.生计资本对水库移民创业的影响分析［J］.中国人口·资源与环境，2013，23（2）：150-156

⑦　周大鸣，余成普.迁移与立足：经营型移民创业历程的个案研究［J］.中南民族大学学报（人文社会科学版），2015，35（4）：70-75.

⑧　付少平，赵晓峰.精准扶贫视角下的移民生计空间再塑造研究［J］.南京农业大学学报（社会科学版），2015（6）：8-16

⑨　邢成举.搬迁扶贫与移民生计重塑：陕省证据［J］.改革，2016（11）：65-73.

不同学者关于风险管理内涵的界定，不难看出生计风险管理所包含的内容。Jonens 等（1996）认为风险管理是指为了构建风险与应对风险所采用的各类监控方法与过程的总和。Weidman（1990）认为风险管理是通过风险的识别、测量和控制，以最低的成本使风险导致的各种损失降到最低限度的管理办法。Williams 等（1998）[1] 指出风险管理是通过识别衡量和控制风险使风险损失达到最低限度的方法，它被认为是最早的准确定义的风险管理。Pritchett（1998）提出风险管理是组织或个人为减少风险带来的负面影响而进行决策的过程。Dorfman（2002）[2] 认为风险管理是计划和安排解决潜在风险损失的过程，它以处理组织发生的意外损失风险及保护其资产安全为核心。关于风险管理代表性的定义如表 2-2 所示：

表 2-2　风险管理的定义汇总

学者	年代	风险管理的定义
Jonens 等	1996	风险管理是指为了构建风险与应对风险所采用的各类监控方法与过程的总和
Weidman	1990	风险管理是通过风险的识别、测量和控制，以最低的成本使风险导致的各种损失降到最低限度的管理办法
Williams	1998	风险管理是通过识别衡量和控制风险使风险损失达到最低限度的方法
Pritchett	1998	风险管理是组织或个人为减少风险带来的负面影响而进行决策的过程
Dorfman	2002	风险管理是计划和安排解决潜在风险损失的过程，它以处理组织发生的意外损失风险及保护其资产安全为核心

　　从以上关于风险管理的界定，可以看出风险管理包括风险识别、风险测量以及风险控制等过程，风险管理的最终目的在于选择和采用科学合理的风险管理方法，降低风险损失，力争以最小的成本达到最大分散风险的效果。水利工程移民是由于水利水电工程建设而引起的非自愿人口迁移及其引发的

①　Williams C A，Heins R M.Risk Management and Insurance［J］.South-Western，1998，26（8）：101-101.

②　Dorfman M S 等 . 当代风险管理与保险教程［M］. 齐瑞宗，等译 . 北京：清华大学出版社，2002.

经济社会系统重建活动，移民搬迁往往涉及整村、整乡的大规模的人口迁移以及生计的恢复（Williams and Heins，1998[①]）。因此，水利水电工程移民生计风险区别于其他移民项目，其生计风险具有独特性和复杂性（唐传利、施国庆，2002[②]）。

2. 本书关于生计风险管理内涵的界定

参考已有文献[③]，同时结合长江上游典型库区的社会经济发展实际，将移民家庭的生计风险分为以下四种：第一，家庭巨额消费支出带来的生计风险，如建房或购房支出、彩礼支出，这些支出往往一次性投入额度较大，因而给金融资本相对薄弱的移民带来了较大的经济负担，影响着移民的长远生计。第二，突发事件带来的生计风险，如疾病医疗风险、自然灾害风险，家庭主要劳动力失去的风险等。第三，移民家庭面临经营亏损带来的生计风险，这类风险具有一定的可预见性，但对整个风险的发生仍然缺乏有效的控制措施。例如，交通事故对从事运输经营的移民的风险、市场信息不健全带给种植经济作物的移民的风险、移民在创业中存在的风险等。第四，其他生计风险。如养老风险、教育风险等。

长江上游典型库区的移民不仅暴露于各种风险之中，而且通常缺乏生计风险应对措施，因而容易遭受最直接的福利损失，给移民的可持续生计发展带来严重威胁。基于以上分析，本书对生计风险管理的概念界定如下：生计风险管理主要是指微观的生计风险管理，指的是移民在遭遇生计风险时，个体或家庭能有效识别生计风险、评估生计风险以及控制生计风险的过程，力争以最小的成本达到最大分散风险的效果。

3. 生计风险管理包括的基本内容

从以上风险管理定义可知，生计风险管理包括生计风险识别、生计风险评估和生计风险控制三个方面，如图 2-2 所示。风险管理还可以分为微观风险管理与宏观风险管理。在如何管理的基础上，可分为三大类：技术导向型

---

① Williams C A，Heins R M.Risk Management and Insurance［J］.South-Western，1998，26（8）：101-101.

② 唐传利，施国庆.移民与社会发展国际研讨会论文集［M］.南京：河海大学出版社，2002.

③ 何仁伟.典型山区农户生计空间差异与生计选择研究——以四川省凉山彝族自治州为例［D］.成都：四川大学，2013.

风险管理是着重安全技术的管理，财务导向型风险管理着重风险对财务的冲击与分析，人文导向型风险管理着重人们风险的认知、态度与行为的分析，进而以有效的风险沟通完成风险管理的目的（陈传波，2004[①]）。

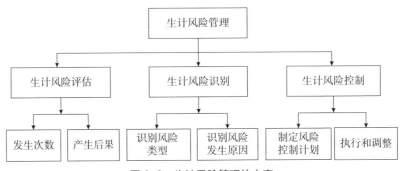

图2-2　生计风险管理的内容

4. 关于生计风险认知的研究

移民是生产经营活动的主体，也是生计风险管理的绝对主力。为便于对生计风险进行管理，明确移民对生计风险的认知就显得非常重要。学界对农户风险认知这方面的研究较多，但是对移民风险认知方面的研究相对较少，主要从移民生计风险认知的现状进行研究，具体如下：李丹和白月竹（2007）[②]以凉山州水库移民为例，从社会学角度，对水库移民安置的社会风险进行了识别与评价，结果表明：部分移民面临失去土地、失业、边缘化、缺乏食品、健康等生活保障、社会关系网破坏、社区服务不健全、失去享有公共财产服务的权利和宗教文化冲突等社会风险。杜云素和钟涨宝（2012）[③]采用实证调查的方法，对丹江口水库移民的贫困风险认知及应对策略进行研究，结果表明水库移民生计风险认知情况如下：移民认为风险最高的是经济风险，其次是政策落实方面的风险，再次是社会资本流失的风险和文化风险。

---

① 陈传波.中国小农户的风险及风险管理研究 [D].武汉：华中农业大学，2004.

② 李丹，白月竹.水库移民安置的社会风险识别与评价——以凉山州水库移民为例 [J].中国农村水利水电，2007（6）：143-147.

③ 杜云素，钟涨宝.水库移民的贫困风险认知及应对策略研究——基于湖北江陵丹江口水库移民的调查 [J].中国农村水利水电，2012（5）：118-124.

5. 关于生计风险管理策略的研究

学术界关于移民生计风险管理策略的研究，主要集中在宏观的风险管理，多从政府的视角展开，着重探讨政府在移民生计风险管理中的作用，具体体现在以下三个方面：

第一，建立不同类型减贫风险管理机制。施国庆、苏青和袁松岭（2001）[①]提出，根据不同风险类别，建立减贫风险管理机制。具体如下：①丧失土地的风险规避策略：实施开发性移民方针，大农业安置方式为主，以土地换土地。②失业风险的规避策略：以农业安置为主，尽可能避免工业安置移民就业，保证农村移民的土地，通过开发性移民，为移民创造就业机会。③对无家可归的风险规避策略：对移民房屋按照重置价格进行补偿，由移民自己进行重建。李飞（2012）[②]认为，政府要按照"小贫小扶，大贫大扶"的风险规避策略，减少移民的生计风险，帮助移民脱贫，具体如下：对于高贫困风险移民，尤其是原生型贫困者，给予他们脱贫致富的机会；对于低贫困风险移民，采用补救式开发补偿，注重移民的后期扶持。此外，政府要做好移民贫困风险跟踪监测，根据实际情况不断调整后续扶持政策。

第二，自然灾害中的风险管理。克雷亚等（2012）[③]在对不同类型的风险管理分析基础之上，提出了降低灾害风险的移民安置策略。陈勇、谭燕和茆长宝（2013）[④]提出，在山地自然灾害风险管理中，国家要在山区进行自然灾害风险区和隐患点普查的基础上，有计划分阶段逐步实施山区避灾扶贫移民搬迁计划。何得桂（2013）[⑤]在分析陕南地区避灾移民搬迁中生存环境重建、社会文化重构、发展能力重塑三大风险的基础上，提出要以可持续发展为导向，促进移民规划与政策实践的协同，以治理提升为取向，促进社会文化认同和社区整合的显著提升，以人本发展为导向，促进移民可持续生计与产业发展布局的逐步优化，从而化解避灾移民的生计风险。

---

① 施国庆，苏青，袁松岭.小浪底水库移民风险及其规避 [J].学海，2001（2）：43-47.

② 李飞.水库移民贫困风险规避对策研究 [J].中国农村水利水电，2012（8）：144-149.

③ 克雷亚·E，胡子江，姜源.灾害风险管理政策框架及移民安置策略 [J].水利水电快报，2012，33（6）：7-8.

④ 陈勇，谭燕，茆长宝.山地自然灾害、风险管理与避灾扶贫移民搬迁 [J].灾害学，2013，（2）：136-142.

⑤ 何得桂.陕南地区大规模避灾移民搬迁的风险及其规避策略 [J].农业现代化研究，2013，34（4）：398-402.

第三，转变政府在移民管理中的职能。彭峰、周银珍和李燕萍（2016）[①]提出降低水库移民生计风险，需要地方政府在移民管理中向"有限管理的服务型政府"转变，将"以人为本"的理念内嵌于政策、计划和实施中。

但是，对于微观的移民生计风险管理，学术界涉猎得很少，如史俊宏（2015）[②]基于内蒙古牧区320户生态移民调查数据，同时借鉴世界银行的风险分析框架，运用微观主体的风险识别与认知方法，构建牧区生态移民生计转型风险分析框架，同时提出了规避生计风险的应对策略。

四、生计资本的相关研究

1. 生计资本的概念

国外提出了三种可持续分析框架，这些框架中均提到了"生计资本"的概念，但是包括的具体内容却不同。具体如图2-3所示：第一，联合国开发计划署（1995）的可持续生计分析框架中，生计资本被分为六个部分：自然生态资本、物质资本、人力资本、社会资本、经济资本和政治资本。第二，英国国际发展部（DFID，2000）[③]可持续生计分析框架中，生计资产主要包括自然资本、物质资本、人力资本、社会资本和金融资本。第三，国际救助组织（CARE，1994）提出的可持续生计分析框架中，生计资本主要包括人力资本、社会资本和经济资本。以上三种可持续分析框架共同点如下：研究对象均为农户，均考虑了生计资本的内容。生计资本包括的内容却不尽相同，具体如图2-3所示，三种可持续分析框架中对生计资本概念所包括的内容的侧重点有所不同，具体如下：①国际救助组织提出的"生计资本"侧重于强调自我的激励作用和社会的激励作用；②联合国开发计划署侧重于从有形资产和无形资产两个维度界定生计资本的概念；③英国国家发展部提出的"生计资本"侧重于政府的作用，强调了政策在可持续生计中的作用。

---

① 彭峰，周银珍，李燕萍．水库移民生计风险的影响因素研究［J］．统计与决策，2016（6）：60-62.

② 史俊宏．生态移民生计转型风险管理：一个整合的概念框架与牧区实证检验［J］．干旱区资源与环境，2015，29（11）：37-42.

③ DFID.Sustainable Livelihood Guidance Sheets［M］.London：Department for International Development，2000.

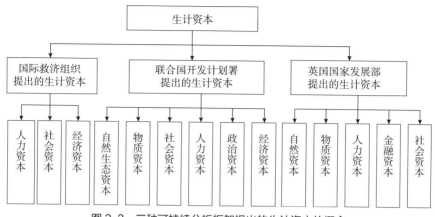

图 2-3 三种可持续分析框架提出的生计资本的概念

2. 移民生计资本现状的相关研究

国内关于移民生计资本相关的研究，主要集中在以下两个方面：第一，搬迁前后移民生计资本现状分析。严登才（2011）[①]通过跟踪调查数据，对搬迁前后移民的自然资本、物质资本、金融资本、社会资本和人力资本状况进行对比分析。通过调研发现，搬迁后移民物质资本得到了很大提高，而其他四类资本都受到了搬迁的负面影响。孙海兵（2014）[②]基于南水北调中线工程丹江水库后靠移民的调研数据，分析了后靠移民初期的生计资本状况，结果表明：移民生计处于较低水平，相比搬迁前，移民搬迁后物质资本有所提高，社会资本、自然资本有所降低，人力资本、金融资本搬迁前后变化不大，作者建议移民安置地应重点提高移民的人力资本、金融资本与社会资本。第二，搬迁后移民生计资本现状的调查。杨云彦和赵锋（2009）[③]利用南水北调（中线）工程的实地调查数据，对库区农户生计资本现状进行了实证分析，结果表明：库区农户生计资本整体脆弱，生计资本的社会融合程度低，最后作者提出库区应加强以人力资本的培育，为可持续生计发展创造良好条件。孙海

---

① 严登才.搬迁前后水库移民生计资本的实证对比分析［J］.现代经济探讨，2011（6）：59-63.

② 孙海兵.丹江口水库后靠移民生计资本分析［J］.三峡论坛：三峡文学·理论版，2014（6）：35-36.

③ 杨云彦，赵锋.可持续生计分析框架下农户生计资本的调查与分析——以南水北调（中线）工程库区为例［J］.农业经济问题，2009（3）：58-65.

兵（2014）① 利用南水北调丹江口水库外迁农村移民安置初期的问卷调查数据，分析了生计资本对生计结果的影响，结果表明：人力资本、金融资本、社会资本与资本总量的水平较低，制约了后续可持续生计的重建以及安稳致富发展进程。邵毅、施国庆和严登才（2014）② 根据对安置区移民遗留问题处理前后跟踪调查数据，对水库移民遗留问题处理前后移民生计资本状况进行了对比分析，结果表明：水库移民遗留问题处理后物质资本提高得最为明显，其次依次是人力资本、社会资本和金融资本，自然资本提高不明显。

3. 生计资本对移民创业的影响研究

国内关于生计资本对移民创业影响的研究主要集中在以下两个方面：第一，从整体上探讨生计资本对移民创业的影响。王沛沛和许佳君（2013）③ 基于温州水库的调研数据和水库移民生计现状，探讨了生计资本对移民创业的影响，结果表明人力资本、金融资本、社会资本对移民创业具有显著的影响，自然资本、物质资本对移民创业影响并不大。第二，从生计资本的具体维度，探讨其对移民创业的影响。杨孝良和王崇举（2015）④ 基于三峡库区的调查数据，分析了创业环境、个体特征对移民创业决策的影响，结果表明：移民的社会资本对移民创业决策具有显著的正向影响。胡江霞和文传浩（2016）⑤ 基于三峡库区移民的调研数据，分析了人力资本、社会网络对移民创业绩效的影响，结果表明：人力资本、社会网络对移民创业绩效产生积极的正向影响。

4. 生计资本对可持续生计的影响研究

国内外关于生计资本对可持续生计的影响研究，主要体现在如下两个

① 孙海兵.丹江口水库后靠移民生计资本分析［J］.三峡论坛：三峡文学·理论版，2014（6）：35-36.

② 邵毅，施国庆，严登才.水库移民遗留问题处理前后移民生计资本对比分析——以岩滩水电站B县移民安置区为例［J］.水利经济，2014，32（2）：70-74.

③ 王沛沛，许佳君.生计资本对水库移民创业的影响分析［J］.中国人口·资源与环境，2013，23（2）：150-156.

④ 杨孝良，王崇举.三峡库区移民创业决策的影响因素研究［J］.农村经济，2015（9）：120-124.

⑤ 胡江霞，文传浩.人力资本、社会网络与移民创业绩效——基于三峡库区的调研数据［J］.软科学，2016，30（3）：36-40.

方面：第一，生计资本的数量和质量，影响着人们的可持续生计发展。家庭拥有的生计资产的数量越多，质量越好，越有可能采取多样化生计策略，采取获得积极的生计成果，从而对家庭的可持续生计发展产生积极的正向影响（Mcdonald and Brown，2000[1]；Scoones，2005[2]）。第二，通过对移民生计资本的优化组合，可以促进生计的可持续发展。五种生计资产（自然资本、物质资本、人力资本、社会资本和金融资本）的最优化组合方式，是农村可持续发展的必要条件，实现积极的生计成果（Reardon and Votsi，1995[3]；Faurès and Santini，2008[4]）。李丹、许娟和付静（2015）[5] 提出不同生计资本变化的组合导致不同的生计策略，应关注移民中的弱势群体与弱势生计资本，加强下一代移民职业教育，提供正规发展资金扶持，加强医疗保险救助，促进民族地区移民可持续生计发展。辛瑞萍、韩自强和李文彬（2016）[6] 基于对青海省囊谦县三江源生态移民的调研数据，提出应从加强生计资本建设和创造就业机会两个方面减轻生计脆弱性、实现生计的可持续发展。

五、长江上游典型库区移民生计方面的研究

长江上游典型库区移民生计方面的研究主要集中在三峡库区、金沙江库区，乌江库区、雅砻江库区的移民生计方面的研究相对较少。具体如下：

---

① Mcdonald M，Brown K.Soil and Water Conservation Projects and Rural Livelihoods：Options for Design and Research to Enhance Adoption and Adaptation［J］.Land Degradation & Development，2000（11）：343–361.

② Scoones I.Sustainable Rural Livelihoods：A framework for Analysis. Sussex［M］.UK：Institute of Development Studies，2005.

③ Reardon T，Votsi S A. Links between Rural Poverty and the Environment in the Developing Countries：Asset Categories and Investment Poverty［J］.World Development，1995，23（9），1495–1506.

④ Faurès J M，Santini G.Water and the Rural Poor：Interventions for Improving Livelihoods in Sub-Saharan Africa［J］.Giurisprudenza Commerciale，2008，40（11）：537–585.

⑤ 李丹，许娟，付静.民族地区水库移民可持续生计资本及其生计策略关系研究［J］中国地质大学学报（社会科学版），2015，15（1）：51–57.

⑥ 辛瑞萍，韩自强，李文彬.三江源生态移民家庭的生计状况研究——基于青海玉树的实地调研［J］. 甘肃行政学院学报，2016（1）：119–126.

1.三峡库区移民生计方面的研究

学界关于三峡库区移民生计方面的研究主要体现在以下四个方面：

第一，移民的生计现状存在的问题。荣玲（2007）[①]基于三峡库区的经济社会发展以及移民生产生活现状，分析了造成部分移民生计困难的主要原因，同时提出了改善移民生计困难现状的对策。胡江霞（2017）[②]基于三峡库区320个农村移民户的调研数据，调查了三峡库区农村移民的生计现状，结果表明农村移民生计类型以务工、务农为主，生计发展呈现多样化趋势，农村移民整体收入水平不高，农村移民总体收入水平低于城镇移民；三峡库区农村移民养老和医疗保险参保率不高，低于城镇移民，部分农村移民可能面临老无所养、疾病治疗缺失的风险；不同特征的农村移民生计资本状况存在一定的差异。罗玉龙和李春艳（2017）[③]基于三峡库区285个移民户的调研数据，主要从生计资本、生计风险管理、经济状况三个维度，对比分析了老一代移民和新生代移民的生计状况，结果表明两代移民生计发展状况存在较大的代际差异。

第二，移民的创业问题。杨孝良、王崇举和熊遥（2015）[④]利用三峡库区移民的调研数据，验证了影响移民创业的因素，结果表明社会保障制度、社区干部工作效率、社会资本、非农户口对移民创业活动产生显著的正向影响；打工经历、年龄、家庭劳动力人口数对移民创业活动产生显著的负向影响。胡江霞和文传浩（2016）[⑤]基于三峡库区的调研数据，探讨了人力资本、社会网络以及移民创业绩效之间的关系，结果表明人力资本、社会网络与移民创业绩效呈显著正相关；社会网络在人力资本与移民创业绩效关系中发生中介效应作用；社区环境在人力资本与移民创业绩效之间起正向调节作用。

---

① 荣玲.三峡库区移民生计问题现状及对策建议［J］.商场现代化，2007（21）：215-217.

② 胡江霞.三峡库区农村移民生计发展现状调查研究［J］长江大学学报（社科版），2017（5）：36-42.

③ 罗玉龙，李春艳.基于代际差异的移民生计发展现状的对比分析——基于三峡库区的调研数据［J］.科学咨询（科技·管理），2017（5）：26-27.

④ 杨孝良，王崇举，熊遥.三峡库区移民创业决策的影响因素研究［J］.农村经济，2015（9）：120-124.

⑤ 胡江霞，文传浩.人力资本、社会网络与移民创业绩效——基于三峡库区的调研数据［J］软科学，2016，30（3）：36-40.

第三，移民的生计资本特征。崔诗雨等（2016）[①]在分析移民和原住民生计资本特征的基础上，进一步运用独立样本 t 检验法分析移民和原住民生计资本的差异。研究表明：移民和原居住地居民的人力资本、社会资本、自然资本、物质资本、金融资本的总体水平偏低，生计多样性的发展受到制约，最后，作者基于移民和原住民生计资本现状，提出了改善居民生计状况、提高生活质量的对策建议。胡江霞（2017）[②]基于三峡库区的调研数据，对三峡库区不同个体特征的农村移民的生计资本现状进行了调查，结果表明不同性别的农村移民生计资本水平没有显著性差异；不同年龄段农村移民的人力资本、金融资本差异并不大，但是物质资本、自然资本和社会资本则存在较大差异；不同婚姻状况农村移民的人力资本、金融资本、物质资本差异并不大，但是自然资本和社会资本则存在较大差异。

第四，改善移民生计状况的路径研究。李文静等（2017）[③]基于三峡库区796 个移民户的数据，分析了库区移民致贫的原因，同时提出了实现库区移民精准脱贫的政策建议：①国家应高度重视三峡库区移民贫困问题，大力开展精准扶贫；②增加心理干预措施以提高移民心理资本存量，帮助移民摆脱心理贫困；③开展劳动力技能培训，提高库区移民人力资本水平。胡江霞和文传浩（2017）[④]基于三峡库区农村移民的调研数据，从代际差异视角，探讨老一代移民和新一代移民的社会网络、风险识别能力对农村移民可持续生计的影响程度的差异，结果表明社会网络规模、社会网络密度、风险识别能力与三峡库区农村移民的可持续生计水平显著正相关；社会网络规模、社会网络密度和风险识别能力对两代农村移民可持续生计水平的影响存在较大的代际差异；风险识别能力在社会网络与农村移民可持续生计水平的关系中发挥中介效应。

① 崔诗雨，徐定德，彭立，等.三峡库区就地后靠移民与原住民生计资本特征及差异分析——以重庆市万州区为例［J］.西南师范大学学报（自然科学版），2016，41（8）：80-86.

② 胡江霞.三峡库区农村移民生计发展现状调查研究［J］长江大学学报（社科版），2017（5）：36-42.

③ 李文静，帅传敏，帅钰，等.三峡库区移民贫困致因的精准识别与减贫路径的实证研究［J］中国人口·资源与环境，2017，27（6）：136-144.

④ 胡江霞，文传浩.社会网络、风险识别能力与农村移民可持续生计——基于代际差异视角［J］技术经济，2017，36（4）：110-116.

2. 金沙江库区移民生计方面的研究

学界关于金沙江库区移民生计方面的研究主要体现在以下两个方面：

第一，对移民生计现状调查研究。张燕萍和赵小铭（2016）[①] 基于金沙江下游电站建设以及移民工作实践，探讨了金沙江库区移民的生计现状存在的问题，并提出了改善移民生计状况的对策建议。陈文超等（2016）[②] 利用金沙江流域溪洛渡库区 571 个移民的调研数据，剖析了搬迁前后移民的营生资本变化情况，结果表明移民的水电交通、教育医疗条件、外出务工技能等营生资本得到改善，但是他们的生计现状也存在如下问题，如农林牧渔生产技能下降，自然资本中土地数量减少、畜牧养殖条件恶化等。陈永华和赵升奎（2017）[③] 基于金沙江库区移民安置案例，从社会学、经济学研究视角，探讨了水电库区移民共享经济效益理论体系。具体内容包括：成立库区产业发展基金、移民专项社会保障基金、入股分红政策、实行共享水电税费、优惠电价等政策。

第二，探讨了移民生计发展的有效路径。赵升奎、陈永华和刘灿（2015）[④] 基于金沙江水电移民的生计发展现状，提出应合理利用库区的旅游资源，大力发展旅游业，从而改善移民的生计状况。赵升奎和李晓刚（2016）[⑤] 基于水富县金沙江向家坝电站移民安置案例，提出应以现有省级工业园区为基础，打造金沙江下游水电移民后扶工业园区，增加就业岗位，从而引导移民安稳就业。同时作者还提出应依托金沙江向家坝库区水资源优势，发展相关产业，最终走出了一条"一个移民安置点一项核心产业支撑的移民经济发展路子"，形成了相应的"经济发展模式"。邱勇雷等（2015）[⑥] 基于金沙江库区移民生

① 张燕萍，赵小铭.针对水电工程及其移民问题的对策建议——基于金沙江下游电站建设及移民工作实践研究［J］.昭通学院学报，2016，38（4）：11–14.

② 陈文超，强茂山，夏冰清，等.基于营生资本框架的溪洛渡工程移民状况调查［J］.中国农村水利水电，2016（10）：123–127.

③ 陈永华，赵升奎.金沙江水电移民共享电站经济效益的相关思考——基于向家坝、溪洛渡水电站移民安置案例的分析［J］.中国农村水利水电，2017（4）：194–196.

④ 赵升奎，陈永华，刘灿.对水电工程后靠安置移民参与库区旅游业的思考——基于金沙江水电移民的调研分析［J］.昭通学院学报，2015（5）：66–69.

⑤ 赵升奎，李晓刚.水电移民安置区经济发展模式研究—— 基于水富县金沙江向家坝电站移民安置案例分析［J］.昭通学院学报，2016，38（2）：1–4.

⑥ 邱勇雷，陈永华，QIU Yong-lei，等.金沙江水电工程移民中影响移民思想稳定的因素探析［J］.昭通学院学报，2015，37（6）：8–11.

计现状，从主观和客观两个方面探讨了影响移民思想稳定的因素，同时探讨了解决移民思想问题的有效路径。赵小铭和刘平荣（2015）[①] 基于向家坝、溪洛渡移民城镇化安置点的案例，探讨了金沙江库区水电移民的就业问题，文章指出为了促进金沙江库区移民的生计发展，需要积极拓展移民的就业空间，尽可能让移民充分就业，同时还要加大第三产业的扶持力度，完善移民的就业服务体系。

3. 乌江库区移民生计方面的研究

国内外关于乌江库区移民生计方面的研究相对较少，只涉及零星几篇论文探讨移民生计问题。冯雪（2013）[②] 结合乌江库区东风水电站移民生计现状，提出乌江干流老库区移民生产生活存在的困难以及问题，同时提出影响移民生产生活的突出问题，并提出了促进移民长远生计发展的有效对策。陈建峰（2012）[③] 在对乌江干流移民遗留问题进行详细梳理的基础之上，对移民安置致富的相关问题进行了探讨，并提出了科学处理好移民遗留问题值得思考的若干问题。韩振燕和费畅（2017）[④] 基于乌江库区移民安置的实际情况，引入"鹰鸽博弈"模型，分析博弈双方之间的利益关系以及策略选择，同时结合库区移民安置现状，提出应加强移民宣传教育、完善移民相关法规，以及结合区域特征多元安置和促进公众沟通和参与等对策建议。

4. 雅砻江库区移民生计方面的研究

国内外关于雅砻江库区移民生计方面的研究相对较少，只涉及零星几篇论文探讨移民生计问题。邓益和刘焕永（2009）[⑤] 通过实地调研的方式，对雅砻江库区两河水电站移民的收入构成情况进行了详细的分析，通过刘库区移民群众收入支出情况进行分析，可以为下一阶段编制移民安置规划奠定基础。

---

① 赵小铭，刘平荣.金沙江水电移民城镇化安置及就业问题研究——基于向家坝、溪洛渡移民城镇化安置点的案例分析［J］.昭通学院学报，2015（5）：74-77.

② 冯雪.乌江干流老库区移民遗留问题分析及解决措施［J］.水利水电技术，2013,44（8）：84.

③ 陈建峰.对乌江干流水电站移民遗留问题处理若干问题的思考［C］.2012水电移民政策技术管理论坛，2012.

④ 韩振燕，费畅.乌江流域水电移民安置冲突的合作博弈分析［J］.水利经济，2017,35（2）：69-74.

⑤ 邓益，刘焕永.雅砻江两河口水电站移民群众收入构成研究［J］.水电站设计，2009,25（1）：82-85.

郑国忠和杨智慧（2007）[①]基于雅砻江库区少数民族集居区移民的生计现状，对少数民族移民生计中存在的难点问题进行了深入剖析，并提出了改善少数民族移民生计状况的对策建议。

六、简评

近年来，国内外学界关于可持续生计方面的研究取得了诸多成果，这些都为本书研究提供了大量有益的参考与借鉴，具有重要的基础性意义。但是长江上游典型库区关于移民生计方面的研究略显不足，需要学者进一步研究和探讨，具体如下：

第一，在研究内容上，对移民生计方面的系统化研究尚未形成，研究内容显得比较零碎和分散。学者的研究视角往往局限在长江上游某个库区（如三峡库区、金沙江库区）移民的生计方式、生计发展的实现机制的某一方面，对于长江上游典型库区移民可持续生计方面的系统化研究尚不多见。

第二，研究深度上尚且停留在局部，对移民可持续生计方面研究深度不够。研究农户可持续生计的文献较多，但是对于移民可持续生计方面的研究并不多。从影响移民生计的因素来看，现有研究主要从技术进步、产业结构、公共投资等宏观角度，探讨移民的生计问题。从微观视角去研究移民的可持续生计的文献并不多见，因而学术界需要进一步采取实地调研的方式，进一步探讨移民的生计问题，进而从多个方面挖掘影响移民可持续生计的关键因素，特别是生计资本、生计风险管理对移民可持续生计的影响。此外，由于不同个体特征的移民存在多种生计发展方式，因而学术界需要基于不同个体特征移民的生计发展特点，进一步探讨移民的可持续生计发展路径。

第三，在研究方法上，目前学术界对移民生计的研究多为定性研究、定量研究偏少，描述性研究居多、实证分析偏少，比较分析研究偏多、交叉学科分析偏少。从现有文献来看，运用交叉学科的研究方法研究移民生计问题的文献并不多见。移民生计问题看似是一个经济问题，但是实际上涉及经济、社会、文化、制度、环境等多个影响因素的制约。因而需要学者进一步运用

---

① 郑国忠，杨智慧.雅砻江流域少数民族集居区移民难点探析［C］中国水力发电工程学会水库经济专业委员会成立 20 周年大会暨 2007 年年会，2007.

交叉学科的理论，如经济学、管理学、社会学、制度经济学、组织学、地理学等理论，以及运用计量经济学的分析方法，进一步研究长江上游典型库区移民的可持续生计问题。

因此，本书拟在研究内容和研究方法上，突破已有研究的局限，采取定性研究和定量研究相结合的方式，运用交叉学科的研究方法，对长江上游典型库区移民的生计现状进行系统调查、同时对不同个体特征移民的生计现状进行比较研究，以期找到促进库区移民可持续生计发展路径。

第二节　相关理论基础

一、可持续生计理论

1. 可持续生计理论的内涵

1997 年，英国国际发展部提出的可持续生计的理论框架，国内外学者普遍对英国国际发展部提出的可持续生计分析框架比较认可。该分析框架也成为近年来可持续生计问题研究的主要理论基础。可持续生计理论主要包括以下五个方面的内容：

第一，生计资本（Livelihood Capital）。DFID（2000）[1]认为生计资本包括自然资本、金融资本、物资资本、人力资本和社会资本。图 2-4 中的生计资本五边形直观地显示了人们所拥有的资产类型和不同资产类型之间的关系。在脆弱性背景下，生计资本五边形是可持续生计框架的核心内容，它呈现出人们的生计资本状况，显示了生计资本的类型，以及多种生计资本之间重要的内在关系。生计资本是可持续生计分析框架的核心，在脆弱性背景下，人们如果单靠一种生计资本，可能无法实现多样化的生计结果，因此，人们需要依靠多种生计资本的力量，不断对自身的生计资本进行优化组合，从而产生多样化的生计结果，促进人们的可持续生计。

---

[1]　DFID.Sustainable Livelihood Guidance Sheets［M］.London：Department for International Development，2000.

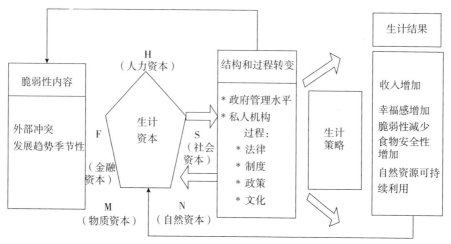

图 2-4　可持续生计理论框架

第二，脆弱性背景（Vulnerability Context）。每个家庭在生命周期中，总会遇到一些不确定的情况，这些不确定情况将会影响家庭的生计；这些不确定性情况被称为风险环境（Vulnerability Context），又称为脆弱性环境，这些风险环境构成了影响人们可持续生计的外部环境。这些外部环境主要包括社会经济、政治、人口、自然环境、气候等因素。人们的可持续生计要受到外部风险环境的影响，这些风险环境影响着农户的生计资本状况，进而影响他们的生计策略的选择，最终影响农户的生计结果。在人们生产生活中，脆弱性环境是可持续生计框架中最不容易控制的一部分。在脆弱性背景中，人们可以通过风险识别、风险评估以及风险控制等手段，积极增强自身的风险管理能力，达到可持续生计的目的。此外，人们还可以通过政策因素，如制度改革、增强抵御风险的能力，从而达到可持续生计的目的。

第三，结构和过程的转变（Transforming Structures & Processes）。DFID（2000）[①] 认为政治、经济、社会、法律、文化等制度因素影响着群体和个人的可持续生计。在可持续生计分析框架中，要十分重视制度建设，重视政治、经济、社会、法律等制度因素的作用。

---

① DFID.Sustainable Livelihood Guidance Sheets［M］.London：Department for International Development，2000.

第四，生计策略（Livelihood Strategies）。Ellis（2000）[①]认为，生计策略就是追求持续生计的一系列行动和方法，即资产组合和应用的方法。也就是说，生计策略是个体或家庭依靠生计资本状况，选择参与不同的生计活动，通过创造生产生活所需的物质资料和精神资料，从而保障生计的可持续性。在可持续生计分析框架中，人们为了追求积极的生计成果，必须要依据自身生计资本状况，对生计资产进行优化组合，选择合适的生计策略，从而促进生计的可持续发展。

第五，生计结果（Livelihood Outcome）。生计结果是人们追求收入、保障、福利和其他生产目的选择的过程，生计结果可能是可持续性的，也可能是不可持续性的。Muhammad 等（2015）[②]认为生计结果包括更大的收入、增加福祉、改善粮食安全、减少脆弱性和自然资源的可持续利用。从以上内容可知，在可持续生计分析框架下，人们依据自身生计资本状况，选择合适的生计策略，追求积极的生计结果，包括贫困程度的改善、生计风险环境的改善、自然资源的可持续性利用程度的提高等。

2. 可持续生计理论的借鉴作用

（1）可持续生计理论重视生计资本的作用。在可持续生计理论分析框架下，强调生计资本对可持续生计的作用。具体体现在如下两个方面：第一，重视生计资本的多样性。生计资本包括自然资本、物质资本、社会资本、金融资本、人力资本五个维度。生计资本的五个维度之间是相互影响、相互制约的，单靠某一个生计资本的力量，可能无法实现生计的可持续性，因此需要充分考虑生计资本的多样性。对于移民而言，要充分利用自身生计资本状况，注重生计资本的多样化，以及生计资本质量的提升。第二，生计资本影响着生计策略的选择。对于移民而言，在脆弱性风险环境下，人们要想实现生计的可持续性，需要基于自身生计资本现状，充分考虑各个生计资本的优劣，对生计资本进行优化组合，选择合适的生计策略，从而规避可能出现的生计风险，促进可持续生计。

① Ellis F.Rural Livelihoods and Diversity in Development countries［M］.New York：Oxford University Press，2000.

② Muhammad M M，Fatimah K，Siti R B Y，et al.Livelihood Assets and Vulnerability Context of Marine Park Community Development in Malaysia［J］.Soc Indic Res，2015（1）：1-23.

（2）可持续生计理论重视制度的作用。在可持续生计理论分析框架下，强调了组织结构、制度因素对可持续生计的作用。具体体现在如下三个方面：第一，DFID（2000）[1]认为生计结构和过程的转变是实现可持续生计的重要条件，政策、法律制度和文化等决定着人们获取生计资本的机会，同时也间接地影响着他们的社会关系，因此，政府应采取相应的措施，完善各项管理制度，确保人们的生计资产不受侵犯。第二，在可持续生计分析框架下，人们需要考虑政策法规的重要性，同时要学会运用这些政策因素，解决生计发展中存在的问题，进而为可持续生计发展创造条件（Goodland Daly，1996[2]；Caffey，Kazmierczak，and Avault，2000[3]；Biao and Kaijin，2007[4]）。第三，在可持续生计分析框架下，政府要充分重视地方组织在移民生计重建中所开展的活动和所扮演的角色以及不同组织所承担的责任及履行情况（严登才，2012[5]）。

（3）可持续生计理论重视生计风险的作用。在可持续生计理论分析框架下，强调了生计风险对可持续生计的作用。具体体现在如下两个方面：第一，降低生计风险损失，促进可持续生计。人们在生产生活中，可能会面临着诸多生计风险，这些生计风险可能会给人们带来诸多损失。对于移民而言，他们要充分重视生计风险的作用，这样才有效地治理生计风险，降低与风险有关的成本，减少因风险带来的损失，从而促进可持续生计。第二，减少贫困，提高福利，促进可持续生计。对于移民而言，他们要充分重视生计风险的作用，对影响生计的风险因素进行充分评估和控制，这样才能减少贫困，提高个体或家庭的福利水平，促进可持续生计。

[1] DFID.Sustainable Livelihood Guidance Sheets［M］.London：Department for International Development，2000.

[2] Goodland R，Daly H.Environmental Sustainability：Universal and Non-Negotiable［J］.Ecological Applications，1996（6）：1002-1017.

[3] Caffey R H，Kazmierczak J R F，Avault J W. Developing Consensus Indicators of Sustainability for Southeastern United States Aquaculture［M］.London：Social Science Developing Consensus Indicators of Electronic Publishing，2000.

[4] Biao X，Kaijin Y.Shrimp Farming in China：Operating Characteristics，Environmental Impact and Perspectives［J］.Ocean and Coastal Management，2007，50（7）：538-550.

[5] 严登才.水库移民可持续生计研究［J］.水利发展研究，2012，12（10）：40-44.

二、资源配置理论

1. 资源配置的理论内涵

资源配置理论最早是由英国杰出的古典经济学家 Adam Smith 在《国富论》提出的。Adam Smith 认为"在利己心的驱动下，由于经济人追求财富的最大化，因而他们会把资源，尤其是自己所掌握的资源，恰当配置到最能获利的地方"。我国著名经济学家厉以宁（2009）[①]认为资源配置是指将经济中的各种资源，包括人力、物力、财力，在各种不同的使用方向之间的分配。从上述定义可知，资源配置包括两个核心要素：一是资源；二是资源的分配。由于资源存在稀缺性，任何社会必须通过一定的方式将有限的资源分配到合适的社会领域中去。换句话来说，要想实现资源的优化配置，促进资源的合理利用，即用最少的资源损耗，生产出最适用的商品和劳务，从而获取最大的收益。资源配置有以下两种配置方式：一种是以计划方式进行资源配置。即通过社会的统一计划、安排，以计划配额，行政命令的方式分配社会资源的方式。另一种是以市场方式进行资源配置，即通过市场运作的方式来分配社会资源。资源配置是否得当，对于一个国家经济发展具有极其重要的影响。具体体现在以下三个方面：第一，通过优化资源配置，可以实现社会资源的供给和需求的均衡，这样才能实现社会资源的合理利用；第二，节约社会资源。通过市场自发的调节作用，以及国家的宏观调控作用，可以有效利用现有资源，降低损耗，促进资源的利用率；第三，促进劳动效率的提高。在市场机制的调节作用之下，企业会从自身利益出发，主动地采用先进的科学技术，改善自身的经营管理状况，从而提高劳动生产率，从而促进整个社会生产力的飞速发展。

2. 资源配置理论的借鉴作用

资源配置理论对本书的借鉴作用，主要体现在以下两个方面：第一，从宏观层面看，优化资源配置是经济持续增长的关键。资源的优化配置，有利于促进资源的优化组合，充分提高各种资源的利用效率，从而实现经济的可持续发展。我国实施"供给侧结构性改革"的最终目的是转变经济增长方式，从过去以数量增长为主，转向以提高质量为主，不断优化资源配置，促进各

---

① 厉以宁 . 非均衡的中国经济［M］. 北京：中国大百科全书出版社，2009.

种资源的合理配置,不断提高各类资本投入的产出效率。第二,从微观层面看,对移民个体或家庭而言,优化资源配置是促进个体或家庭可持续生计的关键。移民个体或家庭通过优化资源配置,如优化人力资源、物质资源、金融资源等,不仅有利于促进移民的生计资源的保值增值,而且可以最大限度地发挥生计资源的利用率,这样才能提高移民个体或家庭的综合实力,实现移民个体或家庭的可持续生计。

三、资产建设理论

1.资产建设理论的内涵

资产建设理论(Assets Construction Theory)是当代社会科学领域的一个重要新理论,该理论是由美国华盛顿大学 Michael Sherraden 教授,在他出版的《穷人与资产》一书中首次提出的。所谓的资产建设,是指政府或非政府组织积极创造良好的条件,引导和帮助穷人进行资产积累,而非简单地直接增加他们的收入和消费,穷人依靠自身积累的资产进行特定目的的投资,从而实现自身发展,走出贫困困境(Michael,2005)。Sherraden 教授把资产分为有形资产和无形资产两个部分,有形资产是指合法拥有的资产,包括货币储蓄、股票、金融债券、家庭耐用品、自然资源、生产设备、不动产等资产[①]。在很大程度上,这些有形资产与物质财产具有相同的功能。无形资产是指基于个人的社会关系网络的资产,包括人力资本、文化资本、非正式社会资本、正式社会资本、政治资本等资产。无形资产对于穷人的自身发展具有非常重要的作用。Michael Sherraden 教授提出了资产建设理论的核心命题:穷人贫困不仅仅是收入穷困,更是资产贫困。因此,反贫困的有效途径应当是帮助穷人进行资产建设。资产建设理论要求政府帮助穷人建立起自己的资产,促进个人创造财富能力的提高,从而帮助穷人走出贫困的困境。

2.资产建设理论的借鉴作用

资产建设理论作为反贫困的社会福利政策理论,主张帮助穷人积累资产来提高自我发展能力,从而彻底地摆脱贫困,而不是仅仅通过现金支持的方

---

① Sherraden.资产与穷人:一项新的美国福利政策[M].高鉴国,译.北京:商务印书馆,2005.

式脱贫。姜丽美（2010）[①]认为资产建设理念运用于解决失地农民贫困问题，不仅可以促进失地农民的可持续发展，而且也可以促进和谐新农村的建设。可见，资产建设是一种反贫困的重要手段，资产建设不仅有利于解决人们的贫困问题，还有利于促进人们的可持续生计。资产建设对长江上游典型库区移民可持续生计研究具有重要的借鉴作用：第一，确定资产建设的对象。根据移民的生计现状，确定哪些是需要优先扶持的对象，如移民中的"三无"（无稳定收入、无固定工作、无资产）人员应当作为资产建设的对象，予以优先扶持；第二，资产建设理论应把反贫困的重点从提高收入转移到资本积累上来。资产建设理论认为贫困者之所以贫困，是因为其缺乏资产，缺乏发展自身能力的依据，而单纯的收入补助并不能帮助其提高能力、摆脱贫困。对于移民而言，政府不能仅仅通过现金支持的方式帮助他们脱贫，而应该增强他们的"造血"功能，帮助移民积累自身的资产，如通过职业培训提高他们的人力资本水平，通过金融扶持政策，提高他们的金融资本水平，这样才能提高移民的可持续生计能力。

四、风险管理理论

1. 风险管理理论的内涵

风险管理理论从 20 世纪 30 年代就开始萌芽，但直到 80 年代末才开始蓬勃发展起来。风险管理是研究风险发生规律和风险控制技术的一门新兴管理科学。风险管理是指有目的、有意识地通过计划、组织和控制等活动来避免或降低风险带来的损失，通过风险识别、风险评估和风险决策管理等方式，对风险实施有效控制和妥善处理风险损失的过程。换句话来说，风险管理就是利用各种自然资源和技术手段对各种导致人们利益损失的风险事件加以防范、控制以至消除的过程。风险管理的基本内容主要包括以下三个方面：第一，风险识别。风险的重要特征是它的不确定性，不容易让人们察觉到。因此，风险管理首要的任务就是要识别风险，也就是采取各种科学方法，识别身边潜在风险的类别、识别引起风险的主要因素以及识别风险可能引起的后果。第二，风险评估。风险评估就是应用各种概率与数理统计方法，测算出某一风险发生的频率，进行估算损害程度，既包括直接损害程度、防范和处理风险所消耗的人财物，又包括与直接损失相关联的间接损失程度。其目的是对带来不同程度损失的风险采取不同的对策。第三，风险控制。为了经济有效地控制和降低风险，就必须针对不同性质的风险采取不同的手段或措施。这些手段措施包括：风险回避、风险预防、风险自担、风险转移。

2. 风险管理理论的借鉴作用

风险管理在长江上游典型库区移民可持续生计发展中具有重要作用：第一，降低风险损失，促进移民的可持续生计发展。移民要充分重视风险管理的作用，有助于移民合理分配现有的生计资源，提高生计资本的运作效率，减少因风险带来的损失，从而促进移民的可持续生计。第二，建立有效的预警机制以及干预机制，促进移民的可持续生计发展。移民需要建立有效的预警机制以及干预机制，并采取相应的措施，减少冲击或负面波动的发生概率，从而促进移民的可持续生计发展。移民通过"事前"的风险预警以及"事后"的风险干预，促进他们的可持续生计发展，具体如下：① "事前"的风险预警。对于移民而言，在风险损失发生以前，要采取相应的风险管理措施，建立"事前"的风险预警机制。他们通过识别风险、评估风险，制定相应的风险回避措施，规避潜在的生计风险，使得风险降低到最小；② "事后"的风险干预。对于移民而言，在风险损失发生之后，要采取相应的风险管理措施，如调整生产和资源管理措施，建立"事后"的风险干预机制。他们通过风险评估，制定减少与缓解风险的措施，从而减少风险的发生概率（Fafchamps, 2003①）。第三，减少贫困，提高福利，促进可持续生计。对于移民而言，有效的风险管理，有助于移民对影响风险的各个因素进行充分评估以及控制，这样才能减少贫困，提高个体或家庭的福利水平，促进移民的可持续生计发展。

本章小结

本章主要介绍了本书的文献综述以及相关理论基础，从以下两个方面展开：第一，相关变量、核心概念的文献综述。主要从可持续生计、生计风险

---

① Fafchamps M. Rural Poverty, Risk and Development [M] .UK : Edward Elger, 2003.

管理、生计资本、移民等方面详细阐述了国内外的研究现状；第二，阐述了本书的相关理论基础及其借鉴作用。主要阐述了可持续生计理论、资源配置理论、资产建设理论、风险管理理论的理论内涵以及对本书研究的借鉴作用。本章为全书的研究奠定了良好的理论基础。

第三章

长江上游典型库区移民搬迁安置情况

长江上游河段源起青藏高原各拉丹东直至湖北宜昌，上游河段全长 4511 公里。干支流流域覆盖面积较为宽广，包含青藏高原，东至湖北宜昌，北到陕西的南部，南至云南、贵州北部的多数地区，主要涵盖重庆、西藏、四川、青海、云南、贵州、陕西、湖北等多个省、自治区、直辖市。长江流域水力资源十分丰富，占比全国可开发量的 45.7%，但是长江流域 89.4% 的水力资源都集中在上游地区[①]，因此上游地区也就成为全国水电开发的首要地区。长江上游地区规划拟将建设 417 座大中型水电站[②]，基本上分布在长江的各个主干道和支流，是我国建设最密集的地区，也是我国未来水电发展的重头戏。大量水利水电工程的修建形成了大批长江上游地区水利水电库区，根据水利水电梯级开发密集情况，长江上游流域大致可以综合为五大水利水电库区，分别是三峡库区、金沙江水利水电库区、乌江水利水电库区、雅砻江水利水电库区和大渡河水利水电库区。本章围绕第一章提出的研究问题，探讨了长江上游典型库区（三峡库区、金沙江水利水电库区和乌江水利水电库区）移民的安置情况，主要从以下两个方面展开：第一，从水利水电开发情况详细阐述了长江上游典型库区水利水电开发情况；第二，运用相关数据，阐述了长江上游典型库区移民的搬迁安置情况。

第一节　三峡库区移民搬迁安置情况

一、水利水电开发情况

三峡工程是治理和开发长江的关键性骨干工程，是现今世界上最大的并

---

①　范继辉，程根伟.长江上游水电开发存在的问题及对策 [C].中国水论坛，2008.
②　李庆.重庆中心城市建设研究 [D].重庆：西南大学，2016.

且具有发电、航运、保护生态环境和利用水资源等显著的综合效益的水利枢纽工程。1992年4月，《关于兴建长江三峡工程的决议》通过七届全国人大五次会议审议；1994年12月，三峡工程正式开工建设。

三峡工程包括三大部分：枢纽工程、移民工程、输变电工程。通过国务院审查，且在1992年4月3日通过七届全国人大五次会议审议，提出三峡工程采用"一级开发、一次建成、分期蓄水、连续移民"的建设方案。枢纽工程建设于长江三峡河段湖北省秭归县三斗坪镇，是由混凝土重力坝、坝后式水电站厂房、通航建筑物等部分组成。大坝坝顶高达185米，坝前蓄水位初期达156米，最终蓄水位为175米（届时水库总长度为663千米，库岸总长度达5930千米）。三峡水库总库容为393亿立方米，其中防洪库容为221.5亿立方米；可将荆江河段的防洪标准由当时的约十年一遇提高到百年一遇，若遇到大于百年一遇的特大洪水时，可以采用分洪措施以防发生毁灭性灾害。在电站安装26台单机容量为70万千瓦的水轮发电机组，总装机容量为1820万千瓦，年发电量达847亿千瓦时，后来又在右岸增加修建地下厂房，并安装单机容量70万千瓦的水轮发电机组六台，总装机容量为2240万千瓦，是全球最大的水电站，对缓解华中、华东、川东地区能源紧缺状况有极其重要的作用。输变电工程将建成15回500千伏超高压输电线路，其中有3回是通过换流站转换为直流电，然后再通过500千伏超高压直流输电线路，2回送往华东，1回送向广东[①]。移民安置方面，三峡水库淹没涉及湖北省、重庆市26个县（市、区），规划迁建城市和集镇129座，规划搬迁安置人口124万人，实际搬迁移民人数为129.64万人（农村移民55.07万人，城镇移民74.57万人）。

二、移民搬迁安置情况

1. 农村移民安置情况

三峡工程农村移民安置始于1985年，经过八年开发性移民试点，1993年进入全面实施阶段，1999年国务院作出调整三峡库区农村移民安置政策，加大外迁安置工作力度，同时加强库区生态环境保护工作，建立三峡库区产

---

① 陈忠贤，唐海华.三峡水库入库流量计算方法及其对调度的影响分析［J］.水电厂自动化,2010（1）：78-80.

业发展基金，加大对移民的扶持力度，实施移民后期扶持政策，移民安置规划及概算调整等措施向农村移民安置倾斜，有力地推进了农村移民搬迁安置工作顺利进行和任务的完成。截至 2009 年 12 月底，三峡农村移民搬迁安置任务已全面完成[①]。1992 年 4 月 3 日全国人大七届五次会议审议通过《关于兴建长江三峡工程的决议》后，三峡水库移民安置正式转入实施阶段。1993 年 1 月 3 日，国务院发出成立三峡工程建设委员会和成立长江三峡工程开发总公司的通知。1993 年 7 月 31 日，国务院三峡工程建设委员会批准《长江三峡水利枢纽初步设计报告》。1994 年 6 月国务院三峡工程建设委员会办公室正式颁布实行《长江三峡工程水库淹没处理及移民安置规划大纲》，并指出："随着三峡工程进入正式施工准备阶段，库区移民将开始有计划地实施搬迁。"三峡枢纽工程建设总工期 17 年，按移民进度与枢纽工程施工进度相衔接的总体要求，水库移民安置分四期进行。各期农村移民安置任务实施情况如下：

第一期（1993~1997 年）农村移民安置任务实施情况。根据长江委编制的移民安置规划，一期坝前 90 米水位接 20 年一遇洪水回水线以下移民搬迁安置任务主要涉及湖北省宜昌、秭归、兴山、巴东和重庆市巫山、奉节、云阳 7 个县、48 个乡镇、146 个村、5 座县城、19 座集镇和 120 家工矿企业。需搬迁安置城乡移民 29465 人、还建房屋面积 135.78 万平方米，其中农村移民 11593 人、房屋还建面积 31.09 万平方米。截至 1997 年 12 月底，国家累计安排一期三峡库区移民计划投资 41.27 亿元；累计完成移民投资 30.56 亿元、城乡移民搬迁安置 29048 人，其中农村移民 11593 人、还建农村移民房屋 31.09 万平方米。一期农村移民搬迁安置任务已全部完成，并于 1997 年 9 月完成验收。移民搬迁进度能够满足三峡工程 1997 年 11 月底大江截流的要求。

据监测，第一期农村移民搬迁后生产生活均得到妥善安置，移民住房面积比搬迁前普遍增加，用水、用电、交通、医疗、教育等条件比搬迁前有所改善，大多数已搬迁移民均已划拨土地，责任田已调整落实到户，新老居民关系比较融洽。

第二期（1998~2003 年）农村移民安置任务实施情况。根据长江委编制的移民安置规划，三峡工程二期移民任务，坝前 90~135 米水位接 20 年一遇洪水回水线之间，涉及湖北省夷陵、秭归、兴山、巴东和重庆市巫山、奉

---

① 三峡库区农村移民安置情况参考国务院三峡办移民安置规划司的《三峡工程总结性研究系列成果》的内部资料。

节、云阳、万州、石柱、忠县、丰都、涪陵 12 个区县、93 个乡镇、431 个村、1036 个村民小组。根据《长江三峡二期工程移民验收工作大纲》规定和验收委员会的统一部署，国务院三峡办移民工程验收组于 2003 年 3 月、4 月对三峡工程二期移民任务完成情况进行了终验。第二期农村移民安置任务生产安置 142323 人、搬迁安置 124470 人、房屋复建 373.36 万平方米。截至 2002 年 12 月底，三峡库区 12 个区县累计完成农村移民生产安置 142542 人、搬迁安置 126078 人、还建移民房屋面积 374.37 万平方米。分别占其二期任务量的 100.15%、101.29% 和 100.27%。三峡工程二期农村移民安置进度较规划完成时间提前一年完成，并于 2003 年 4 月完成验收，能够满足三峡工程 2003 年汛后坝前 135 米水位蓄水、发电要求。

根据国务院三峡工程建设委员会《关于做好三峡工程在围堰挡水期汛后将水位提高到 139 米运行有关准备工作的通知》和三峡办移民监理咨询中心编制的《三峡水库 2003 年汛后蓄水至 139 米水位淹没影响调查报告》，三峡水库蓄水在 135 米水位的基础上及时提高到 139 米运行后淹没损失扩大，淹没涉及夷陵、秭归、兴山、巴东、巫山 5 区县、17 个乡镇、128 个村、373 个村民小组，需提前搬迁安置农村移民（367 户）1275 人、还建房屋面积 7678 平方米。截至 2003 年 10 月 20 日，5 区县 139 米水位线下移民迁建任务基本完成，能够满足三峡工程 2003 年汛后提高蓄水位至 139 米水位运行的要求。

三峡库区二期农村移民安置规划包干投资 671777.87 万元，农村移民搬迁安置实施过程中调增移民投资 78957.89 万元，二期农村移民安置补偿投资合计 750735.77 万元。截至 2002 年 12 月底，鄂渝两省市累计下达三峡库区二期农村移民安置计划投资 802624.83 万元，折合静态投资 537127.40 万元，占其二期农村移民安置补偿投资的 71.55%；三峡库区累计完成二期农村移民安置计划投资 769717.53 万元，折合静态投资 514543.60 万元，占其二期农村移民安置补偿投资的 68.54%。

据监测，移民安置区基础设施建设基本配套，已达到通水、通电、通路的要求。移民住房 90% 以上为砖混结构，人均住房面积由搬迁前的 25 平方米增加到 35 平方米。99% 的移民户通电，70% 以上移民户用上了自来水，移民户都能收听、收看到广播电视节目，移民上学、就医都比较方便。

第三期（2004~2006 年）农村移民安置任务实施情况。根据长江委编制的移民安置规划，三峡工程三期农村移民安置任务，坝前 135~156 米水位接

20年一遇洪水回水线之间，涉及湖北省夷陵、秭归、兴山、巴东和重庆市巫山、巫溪、奉节、云阳、万州、开县、忠县、石柱、丰都、涪陵、武隆、长寿、渝北、巴南、江津、重庆市区20个区县、277个乡镇、1680个村、6301个村民小组。农村移民安置任务生产安置89952人、搬迁安置97156人、房屋复建面积246.97万平方米。截至2006年12月底，累计完成三峡库区三期农村移民生产安置140107人、搬迁安置137490人、还建房屋面积300.51万平方米。分别占其三期任务量的155.76%、141.51%和121.68%。

第三期农村移民安置任务较规划提前一年全部完成，并于2006年8月完成验收。移民安置进度能够满足三峡工程坝前蓄水156米水位蓄水发电要求。三峡库区三期农村移民安置初设规划完成时间包干投资666123.83万元，2006年规划概算调整增加投资254963.22万元，三期农村移民安置补偿投资合计921087.05万元。截至2006年12月底，鄂渝两省市累计下达三期三峡库区20个区县农村移民安置计划投资1273246.65万元，折合静态投资836215.99万元，占其三期农村移民安置补偿投资的90.79%；20个区县累计完成农村移民安置计划投资1280474.07万元，折合静态投资840982.13万元，占其三期农村移民安置补偿投资的91.30%。

第四期（2007~2009年）农村移民安置任务实施情况。根据长江委编制的移民安置规划，三峡工程四期农村移民搬迁安置任务，坝前156~175米水位接20年一遇洪水回水线之间，涉及湖北省夷陵、秭归、兴山、巴东和重庆市巫山、巫溪、奉节、云阳、万州、开县、石柱、忠县、丰都、涪陵、武隆、长寿、渝北、巴南、江津、重庆市区20个区县、277个乡镇、1680个村、6301个村民小组。根据2007年三峡库区20个区县移民安置剩余任务量清理，三峡库区156~175米水位农村移民安置计划任务搬迁安置222006人、房屋复建面积608.71万平方米。截至2008年6月底，累计完成三峡库区20个区县搬迁安置156~175米水位农村移民搬迁安置221212人、房屋复建面积581.39万平方米，分别占其三峡库区156~175米水位计划任务量的99.64%和95.51%。

根据《长江三峡四期移民工程阶段性验收和综合监理报告》，2006~2008年湖北、重庆两省（市）累计下达三峡库区四期农村移民安置计划任务生产安置98797人、搬迁安置91856人、房屋复建面积254.22万平方米。2006年至2008年6月底，两省（市）累计完成农村移民生产安置100105人、搬迁安置97760人、房屋复建面积237.48万平方米，分别占其全库四期计划任务量的 101.32%、106.43%、94.42%。四期移民搬迁任务较规划完成时间提前一年完成，并于 2008 年 8 月完成验收，能满足三峡水库坝前水位 175 米试验性蓄水的要求。2008 年 9 月 28 日至 11 月 4 日，其坝前水位达到 172.8 米高程。

2. 城镇移民安置情况 ①

根据三峡库区城镇迁建总体规划成果，城镇实际搬迁人口 74.57 万人。城镇迁建中，除党政机关、企事业单位工作人员以外，其他移民分为三类：淹没影响需搬迁的城镇纯居民、新址占地移民以及进城镇农民，被称为城镇迁建的"三民"：

第一，城镇纯居民搬迁安置。城镇纯居民是指在三峡水库迁移线以下城镇居民中，除去党政机关、企事业单位等部门职工之外的居民。城镇纯居民在搬迁之前，多数在城镇中从事小手工业、服务业或个体经商等，收入水平较低；在居住方面，原住房多为旧城的私有建房或企事业单位的老宿舍，居住条件较差。因此，在搬迁安置中存在原有旧城房屋补偿资金少，搬迁难度大等问题。城镇纯居民的经济条件、文化水平差别很大，在城市（镇）搬迁中面临的主要问题也各不相同。各区县在实践中也探索出针对不同需求的生产、生活安置方式，总结起来大致可分为自谋职业安置、门面房安置和其他安置三种模式。

第二，占地移民搬迁安置。占地移民主要是指城镇搬迁及专业设施复建占用了农民的土地或房屋而需要搬迁安置的农民。占地移民的生产生活资料没有直接受淹，其房屋和土地都在淹没线以上，但由于城镇迁建选址涉及他们的房屋或土地，不得不进行搬迁。重庆库区涉及占地移民总数为 8.89 万人，占三峡移民人数的 7.8%，且绝大多数是农民。

第三，进城镇农民搬迁安置。进城镇农民是指在三峡水库移民安置中，部分农村淹没人口因农村移民安置环境容量限制或移民自主选择，采用进城镇安置模式的农村移民。生产非农化、生活城镇化是进镇移民最直接、显著的特征。农民进城镇安置后，面临着生产、生活方式的转型。生产上基本脱离种植业，进入企业或自主创业；生活上，已作为城镇居民，可以平等地享

---

① 三峡库区城镇移民安置情况参考国务院三峡办移民安置规划司的《三峡工程总结性研究系列成果》的内部资料。

受城镇公共服务。进城镇农民是一个特殊群体，它是我国城镇化背景下新型的移民安置方式。

第二节　金沙江水利水电库区移民搬迁安置情况

一、水利水电开发情况

金沙江水利水电库区的水利水电开发主要基于金沙江上、中、下游而形成，是中国最大的水利水电开发基地。金沙江水能资源储藏量为 1.124 亿千瓦，技术可开发水能资源为 8891 万千瓦，年发电量 5041 亿千瓦时。金沙江干流具有径流丰沛且稳定、水能资源丰厚、开发条件较优等优势，是我国最大的水电能源基地。自四川、西藏、云南三省（自治区）交界至宜宾河段可开发水电总装机容量达 6338 万千瓦，其中四川、云南界河水电站装机容量各省按 1/2 计算，云南省装机容量 4173 万千瓦，四川省装机容量 2165 万千瓦。宜宾控制流域面积 47.3 万平方公里，为长江流域面积的 27%；多年平均流量达到了 4920 立方米/秒、年产水量 1550 亿立方米，占长江总水量的 16%，是黄河的 2.5 倍[1]。

1999 年，昆明和中南勘测设计研究院撰写了《金沙江中游河段水电规划报告》，规划以上虎跳峡水库正常蓄水位 1950 米为主要的一库八级开发方案，即：上虎跳峡、两家人、梨园、阿海、金安桥、龙开口、鲁地拉和观音岩八座梯级水电站，总装机容量 2058 万千瓦[2]。

1981 年，成都勘测设计研究院撰写了《金沙江渡口宜宾河段规划报告》，规划四级开发方案，即乌东德水电站、白鹤滩水电站、溪洛渡水电站和向家坝水电站四座世界级大型梯级水电站，这四大水电站计划的总装机容量达 4210 万千瓦，年发电量达 1843 亿千瓦时，规模大于两个三峡电站[3]。如白鹤

①　中国十三大水电基地规划［EB/OL］.http：//www.360doc.com/content/16/0430/12/15447134_555112283.shtml.

②　彭亚.金沙江水电基地及前期工作概况（二）［J］.中国三峡，2004，11（5）：50-51.

③　彭亚.金沙江水电基地及前期工作概况（三）［J］.中国三峡，2004，11（6）：50-51.

滩水电站位于四川省宁南县和云南省巧家县境内，是金沙江下游干流河段梯级开发的第二个梯级电站，具有以发电为主，兼有防洪、拦沙、改善下游航运条件和发展库区通航等综合效益。水库正常蓄水位825米，相应库容206亿立方米，地下厂房装有16台机组，初拟装机容量1600万千瓦，多年平均发电量602.4亿千瓦时。电站计划2013年主体工程正式开工，2018年首批机组发电，2022年工程完工。电站建成后，将仅次于三峡水电站成为中国第二大水电站。

二、移民搬迁安置情况

金沙江水利水电库区涉及约20个水电站，其中规模较大的有以下四座世界级大型梯级水电站：乌东德水电站、白鹤滩水电站、溪洛渡水电站和向家坝水电站。由于金沙江水利水电库区涉及几十座水电站，加之移民人数众多，且移民问题比较敏感，因而很难一一获取所有水电站关于移民安置情况的详细资料。因此，本书仅介绍金沙江水利水电库区四座世界级水电站（乌东德水电站、白鹤滩水电站、溪洛渡水电站和向家坝水电站）的移民搬迁安置情况。

1. 溪洛渡库区移民安置情况

溪洛渡库区移民6.1059万人，云南库区3.9106万人，四川库区2.1953万人[1]。溪洛渡水电库区涉及生产安置人口21815人，其中通过县外集中农业安置移民人数为1756人，后靠农业安置移民人数为2641人，集镇安置移民人数为821人，自行农业安置移民人数为13596人，投亲靠友安置移民人数为578人，自谋职业安置移民人数为2423人[2]。

2. 向家坝库区移民安置情况

向家坝水库淹没涉及四川省宜宾市的宜宾、屏山、雷波和云南省邵通市永善县、绥江县、水富县6个县31个乡镇，146个村，淹没区域有屏山、绥

① 赵升奎，曹卓孝，赵小铭.金沙江水库移民后期扶持与脱贫致富思路的研究——基于向家坝、溪洛渡移民后期扶持的调查［J］.人民长江，2016，47（13）：106-108.

② 唐亚冲.浅谈溪洛渡水电站库区移民安置规划特点［J］.水能经济，2017（9）：349.

江 2 座县城和 16 个乡镇驻地均遭受不同程度的淹没。向家坝水电站移民安置工作涉及搬迁人口 12.51 万人,其中农业人口 6.29 万人,非农业人口 6.22 万人。向家坝水电站移民搬迁总共进行了以下三期:一期枢纽工程涉及安置的移民人数为 5639 人,第一期移民已于 2007 年底全部安置完毕;二期枢纽工程建设涉及安置的移民人数为 20505 人,其中农业人口和非农业人口分别为 5906 人、14599 人。三期枢纽工程建设涉及安置的移民人数为 98956 人[①]。

3. 乌东德库区移民安置情况

乌东德水电站是目前我国第四大水电站。乌东德水电站淹没涉及云南省元谋县江边乡和禄劝县皎平渡 2 座集镇,以及四川省攀枝花市东区的局部地区。移民安置规划设计基准年为 2010 年,规划设计水平年为 2020 年。移民安置规划搬迁安置的移民人数为 30878 人,其中农村移民为 29646 人,城集镇移民为 1049 人,专业项目移民为 183 人。农村居民中,规划进农村集中居住点的移民为 22334 人,新建农村居民点 26 个,其中四川库区 19 个,云南库区 7 个。规划进集镇集中居民点的移民为 3770 人,分散安置的移民人数为 973 人,自行安置的移民人数为 2558 人[②]。

4. 白鹤滩库区移民安置情况

白鹤滩水电站位于四川省宁南县和云南省巧家县境内,白鹤滩水电站涉及会东县大崇镇(原大崇乡)、鲁吉镇(原鲁吉乡、文箐乡)、溜姑乡、野牛坪乡、松坪镇(原干海子乡)、老君滩乡、淌塘镇(原普咩乡)、满银沟镇(原黄坪乡)、乌东德镇(原鹿鹤乡、新马)9 个乡镇。白鹤滩水电站规划安置移民人口 9.6 万人、新建居民点 52 个(其中城市居住区 6 个、迁建集镇 8 个)、企业事业单位 162 家、等级公路 225 千米、渠道和管道工程 725 千米、水库工程 5 座、中型水电站 1 座、电力线路 443 千米、通信线路 1003 千米、文物古迹 57 处、压覆矿产 67 处、防护工程 6 处等,移民总投资约 570 亿元[③]。

---

① 张友斌. 金沙江向家坝水电站农村移民生产安置方式研究 [D]. 重庆:重庆大学, 2009.

② 高润德, 张军伟, 伍晓涛. 乌东德水电站移民安置规划设计与研究 [J]. 人民长江, 2014(20):106—109.

③ 白鹤滩水电站移民安置规划报告通过审查 [EB/OL]. http://www.powerchina.cn/art/2016/10/27/art_121_191759.html.

第三节 乌江水利水电库区移民搬迁安置情况

一、水利水电开发情况

乌江水利水电库区的水利水电开发位列"中国十三大水电基地规划"之六。其位置具有得天独厚的优势，河川径流丰沛、含沙量少；河道天然落差小，坝址地形、地质条件具有很大的优势；其电站规模恰当，工程量及水库淹没损失比较小，由于前期工作基础打得好，使得梯级水电站连续开发具有显著优势。

1988 年 8 月，审查通过的《乌江干流规划报告》拟定了北源洪家渡水电站、南源普定水电站、引子渡水电站、两源汇口以下东风水电站、索风营水电站、乌江渡水电站、构皮滩水电站、思林水电站、沙沱水电站、彭水水电站、银盘水电站、白马水电站等 11 级开发方案，总装机容量达 867.5 万千瓦，保证出力 323.74 万千瓦，年发电量 418.38 亿千瓦时[1][2]。

乌江水利水电库区发展电力有着先天的优势：首先，乌江年径流较平稳，上游有建洪家渡水电站龙头水库的条件，中游有构皮滩水电站可进行多年调节，各梯级联运后保证出力还能提升，因此，电能质量好，全年可以均衡发电；其次，乌江流域地形、地质条件具有一定优势，属于峡谷型水库电站，并且工程量较小，工期短，投资少；地理位置适中，距用电负荷中心较近，是"西电东送"的良好电源点，构皮滩水电站还能在全国联网中起到支撑性电源的作用，加上思林、沙沱水电站的建设，将形成贵州东部"西电东送"的水电群。

二、移民搬迁安置情况

相比三峡库区、金沙江水利水电库区而言，乌江水利水电库区移民相对较

---

① 周建平，钱钢粮.十三大水电基地的规划及其开发现状［J］.水利水电施工,2011（1）：1-7.

② 中国十三大水电基地规划［EB/OL］.http：//www.360doc.com/content/15/0921/10/15447134_500450922.shtml.

少。乌江库区的移民涉及移民人数近 20 万人。如洪家渡水电站涉及搬迁移民 97095 人，东风水电站涉及搬迁移民 15145 人，构皮滩水电站涉及搬迁移民 24049 人，思林水电站涉及搬迁移民 14424 人，沙坨水电站涉及搬迁移民 18864 人，普定水电站涉及搬迁移民 10629 人，索风营水电站涉及搬迁移民 1731 人，引子渡水电站涉及搬迁移民 5862 人①。乌江渡水电站②实际搬迁移民 11456 人，移民安置共征用耕地 10985.9 亩，人均 0.96 亩，建设房屋 204102 平方米，征用山场 1836 亩，修建道路 207.7 千米，移民安置共投资 3541.58 万元。移民搬迁安置主要采取本县内库外集中、库周后靠、分散插迁和投亲靠友等几种方式③，水库淹没涉及贵阳市的息烽县、修文县，毕节地区的金沙县、黔西县，遵义市的遵义县，共涉及 5 个县 38 个乡镇 99 个村 271 个村民组。

本章小结

本章主要探讨了长江上游典型库区（三峡库区、金沙江水利水电库区和乌江水利水电库区）移民的安置情况，主要从以下两个方面展开：第一，从水利水电开发情况详细阐述了长江上游三个典型库区水电开发情况；第二，运用相关数据，阐述了长江上游三个典型库区（三峡库区、金沙江库区以及乌江库区）移民的搬迁安置情况。从前文分析结果可知长江上游典型库区移民安置具有以下特点：①安置人数众多。长江上游典型库区安置的移民人数众多，如三峡库区安置的移民人数最多，规划搬迁安置人口 124 万人，实际搬迁移民人数为 129.64 万人。乌江库区的移民涉及移民人数近 20 万人。②安置区域为多个省份。如三峡库区移民的安置区域涉及湖北省的 4 个区县以及重庆市的 22 个区县，金沙江水利水电库区移民的安置区域主要涉及四川省、云南省。③移民安置的复杂性。长江上游典型库区移民安置补偿类别多，

---

① 陈建峰.对乌江干流水电站移民遗留问题处理若干问题的思考［C］2012 年水电移民政策技术管理论坛论文集，2012.

② 乌江渡水电站位于贵州省遵义县乌江镇，是乌江干流上第一座大型水电站，乌江渡水电站于 1970 年 4 月修建，1982 年 12 月 4 日全部建成，历时 12 年半。

③ 贵州省水库和生态移民局.乌江渡水电站［EB/OL］.http：//www.gzsskhstymj.gov.cn/contents/9829/63148.html，2016.

补偿政策标准多元化，补偿类型多样化，此外，长江上游典型库区的移民安置类型比较多样化，主要采取本地安置与异地安置、后靠安置与外迁安置、集中安置与分散安置、政府安置与移民自找门路安置等。因而，移民安置具有复杂性特征。

第四章

数据来源及统计描述

本章将围绕第一章提出的研究问题，阐述本书的数据来源，同时对相关变量进行了描述性统计，从而为第五章至第八章的数据分析做好了良好的铺垫，让本书研究建立在科学理论基础之上。本章阐述的具体内容如下：首先从样本选择、数据收集方法、问卷设计等方面阐述了本书的数据来源；其次，对本书研究的核心变量进行了描述性统计分析。

第一节 数据来源

一、样本选择及数据收集方法

为了有效掌握长江上游典型库区移民的生计状况，笔者组织本书研究的课题组成员以及部分学生到长江上游典型库区进行实地调研收集一手数据。本书的数据收集方法主要以实地问卷调查为主，少量问卷以电子问卷的方式发放[①]。课题组于2014年8月设计了调查问卷，后来经过预调研，以及专家反复论证，问卷进行了多次修订，最终于2015年6月才形成正式的问卷，问卷题目为《长江上游典型库区移民的可持续生计状况的调查问卷》（见附录1）。由于移民分布比较广泛，2015~2018年笔者以及部分调研员多次赴长江上游典型库区对移民的生计状况进行调研[②]。本书研究涉及的研究对象主要指

---

① 本次调研，以到移民家庭现场发放问卷为主，总共发放2250份。本次调研得到了重庆工商大学长江上游经济研究中心、国家社科基金"长江上游流域典型水利水电库区移民后续生计调查与比较研究"（14CJL031）的经费资助。

② 2015~2018年，笔者和多名调研员多次到长江上游典型库区对移民的生计状况进行了调研。在调研前，笔者对多名调研员进行了培训。培训结束后，我们分成几个调研小组到长江上游典型库区调研。

移民，调查区域主要选取了长江上游流域的以下三个典型水利水电库区：三峡库区、金沙江库区以及乌江库区。

　　这三个典型水利水电库区的代表性主要体现在以下几个方面：第一，在长江上游流域的水利水电库区中，三峡库区移民人数最多（移民搬迁人数为129.64 万人）；此外，三峡库区的移民搬迁时间跨度大，安置方式多，史上罕见。如三峡工程农村移民安置始于 1985 年，经过八年开发性移民试点，1993年进入全面实施阶段，到 2009 年 12 月安置结束，总共持续了 24 年时间，跨越了几代人。三峡移民安置方式具有复杂性的特征，搬迁采取本地安置与异地安置、后靠安置与外迁安置、集中安置与分散安置、政府安置与移民自找门路安置等多种安置方式相结合。第二，长江上游流域的水电开发以金沙江流域为主，因而金沙江流域的水利水电库区包括了金沙江上游、中游和下游的很多区域，涉及大大小小约 20 个水电站，是中国最大的水利水电开发基地。金沙江库区的移民人数众多，移民居住较为分散，移民安置方式复杂，且金沙江库区涉及很多少数民族移民，少数民族移民在生计发展方式、宗教信仰、风俗习惯、文化传统、语言文字和地方知识等诸多方面与其他地区的移民存在较大差异，因而金沙江库区的移民问题与民族问题交织在一起，使移民问题变得异常复杂。第三，相比三峡库区、金沙江水利水电库区而言，乌江水利水电库区所包括的区域相对较少，涉及的移民人数相对较少（移民人数近20 万人），经济发展相对落后。

　　为了保障调研数据的代表性，首先，按照经济发展水平的高低，在长江上游典型库区的移民聚集区随机选取 20 个比较典型的区县作为样本地。主要包括三峡库区的万州区、云阳县、开州区、奉节县、巫山县、涪陵区、忠县、石柱县、丰都县、巴东县，金沙江库区的屏山县、雷波县、永善县、会东县、丽江县、宁南县、巧家县，乌江库区的彭水县、大方县、余庆县[①]。然后，从样本地中随机选取了 2250 个移民，调查采取问卷调查和访谈调查相结合的方式，对库区工程移民的生计状况进行调查，包括他们的就业状况、生活状况、生计资本状况、可持续生计状况、生计风险管理状况等方面。为了确保问卷质量，实地调研时，主要采取了两种方式：第一，对于年龄较大、文化程度

---

　　① 移民安置方式主要有后靠安置、进城镇安置、外迁安置、第二、第三产业安置、教育培训安置、投亲靠友安置等多种类型。本书研究的移民主要包括后靠安置、进城镇安置、第二、第三产业安置、教育培训安置、投亲靠友安置的移民，不包括外迁的移民。

较低的移民，采取边问边填的方式进行。第二，对于年轻的、文化程度较高的移民，让他们自己填写，调研员在旁边协助指导填写的方式进行。本次问卷总共发放 2250 份，回收 2170 份，问卷的回收率为 96.4%。在进行数据处理时，去掉因数据缺失、极端化等因素导致的无效问卷 91 份，最终确定有效问卷 2079 份，问卷有效率达 95.8%。本书选取了 2079 份移民的调研数据。2079 户移民的基本特征如表 4-1 所示：

表 4-1　调查样本的基本特征

变量	选项	样本量	百分比
性别	女	1076 个样本	51.76%
	男	1003 个样本	48.24%
移民类型	城镇移民	1056 个样本	50.79%
	农村移民	1023 个样本	49.21%
年龄	30 岁以下	134 个样本	6.45%
	30~40 岁	504 个样本	24.24%
	40~50 岁	942 个样本	45.30%
	50~60 岁	302 个样本	14.53%
	60 岁以上	197 个样本	9.48%
婚姻状况	已婚	920 个样本	44.25%
	未婚	907 个样本	43.63%
	离异	183 个样本	8.80%
	丧偶	69 个样本	3.32%
调研区域	三峡库区	750 个样本	36.08%
	金沙江库区	688 个样本	33.09%
	乌江库区	641 个样本	30.83%

二、问卷设计

本书在问卷设计上，主要参考国内外比较成熟的量表，同时结合长江上游典型库区移民的生计现状，对各个变量的量表进行设计。因此，本书的量表主要包括英文量表、中文量表以及自行开发的量表。针对国外量表存在的语言和文化方面的差异，本书在设计量表时，咨询了部分英语专业的博士，将英文量表翻译过来，同时结合移民的生计现状，将量表转换成通俗易懂的语言，便于被调查者作答[①]。由国内学者开发的比较成熟的中文量表，则直接采用。问卷设计完之后，聘请专家对问卷的科学性和有效性进行了深入的探讨，最后提出如下修改意见：

第一，英文量表翻译过来时，尽量翻译成通俗易懂的语言，同时不能完全照搬，应结合长江上游典型库区移民的生计现状适当改进。如可持续生计的量表，在参考国外量表的基础之上，增加了一个题项：对于我的长远生计，我需要不断提高自身的能力，增强自身的竞争能力。

第二，初始问卷主要包括如下三个部分：一是调查指导语，包括本次调查的目的、调查者的身份；二是调查内容，主要包括调查者的基本信息，如年龄、性别、婚姻状况等；三是各个变量的测量量表，包括因变量（可持续生计）的测量量表、自变量（生计资本）的测量量表、中介变量（生计风险管理）的测量量表、调节变量（制度环境）的测量量表（详见附录1：《长江上游典型库区移民可持续生计状况的调查问卷》）。本书大部分量表主要采用李克特五点式量表，具体度量如下：完全不符合 =1，大部分不符合 =2，一半符合 =3，大部分符合 =4，完全符合 =5。

第二节　样本的统计描述

一、长江上游典型库区移民就业现状的统计描述

参考胡江霞和文传浩（2016）[②]，卢海阳、杨龙和李宝值（2017）[③]，石红梅和丁煜（2017）[④] 等文献，长江上游典型库区移民的就业现状主要从就业类

---

①　由于移民普遍文化程度较低，因此，附录1中的调查问卷在实地调研时，部分题项的语言表达做了适当调整。

②　胡江霞，文传浩.就业质量、社会网络与移民的社会融合——基于三峡库区的调查数据［J］.软科学，2016,30（9）：37-40.

③　卢海阳，杨龙，李宝值.就业质量、社会认知与农民工幸福感［J］.中国农村观察,2017(3)：57-71.

④　石红梅，丁煜.人力资本、社会资本与高校毕业生就业质量［J］人口与经济,2017(3)：90-97.

型、就业行业、就业单位性质、就业收入、就业渠道以及就业质量六个方面进行评价。从表4-2可知，就业类型的均值为1.89，这说明移民从事的就业类型主要以打工或者务农为主；就业行业的均值为3.14，这表明移民从事的就业行业主要为批发零售业、餐饮业、制造业；就业单位性质的均值为5.92，接近6.0，这表明移民从事的就业单位性质主要为个体经营企业；就业收入的均值为2.79，这表明移民的就业收入在2万~6万元；就业渠道的均值为4.60，这表明移民获取的就业渠道主要来自公益性职业介绍机构介绍或者亲友介绍；就业质量的均值为2.87，为2.0~3.0，这表明长江上游典型库区移民对就业质量不太满意。

表4-2　长江上游典型库区移民的就业现状的各个变量的描述性统计分析

变量	指标	选项及赋值	均值
就业现状	就业类型	打工类型=1，务农类型=2，创业类型=3，多样化类型=4，其他类型=5	1.89
	就业行业	农业=1，建筑业=2，制造业=3，批发零售业、餐饮业=4，旅游业=5，其他行业=6	3.14
	就业单位性质	党政机关=1，事业单位=2，国有企业=3，集体企业=4，三资企业=5，个体经营企业=6，农村农场=7，其他类型=8	5.92
	就业收入	1万元以下=1，2万~3万元=2，4万~6万元=3，7万~9万元=4，10万元及以上=5	2.79
	就业渠道	政府分配=1，中介机构=2、社会招聘会=3、公益性职业介绍机构=4、亲友介绍=5，其他=6	4.60
	就业质量	非常不满意=1，比较不满意=2，一般=3，比较满意=4，非常满意=5	2.87

二、长江上游典型库区移民生活现状的统计描述

参考李聪、李树苗和费尔德曼（2014）[1]，林阳衍、张欣然和刘晔（2014）[2]，

---

　① 李聪，李树苗，费尔德曼.微观视角下劳动力外出务工与农户生计可持续发展［M］.北京：社会科学文献出版社，2014.

　② 林阳衍，张欣然，刘晔.基本公共服务均等化：指标体系、综合评价与现状分析——基于我国198个地级市的实证研究［J］.福建论坛（人文社会科学版），2014（6）：184-192.

曹海军和薛喆（2017）[①]，熊兴、余兴厚和王宇昕（2018）[②] 等文献，结合长江上游典型库区移民的生计现状，将移民的生活现状用以下七个指标来阐述：住房情况、交通状况、水源情况、供电情况、就业培训情况、教育状况以及医疗服务情况。长江上游典型库区移民生活状况的描述性统计如表 4-3 所示：

　　第一，住房情况。移民家庭的住房面积均值为 2.85，为 2.0~3.0，这表明长江上游典型库区移民家庭的住房面积在 50~100 平方米，说明库区移民家庭的住房面积不是很大。移民家庭的住房结构均值为 1.82，为 1.0~2.0，这表明移民所居住的住房结构为框架或者砖混结构。

　　第二，交通状况。移民家庭的道路状况均值为 2.51，为 2.0~3.0，这表明移民家庭附近的道路状况主要为水泥路或者沥青路。移民出行方式的均值为 2.54，介于 2.0~3.0，这表明库区移民出行的方式主要为汽车、摩托车或电瓶车。

　　第三，水源情况。移民家庭的水源情况均值为 1.66，这表明移民家庭的水源情况主要为自来水或者井水；移民家庭的取水方式均值为 2.69，这表明移民家庭的取水方式为自来水或者水泵提水；移民家庭的水质情况均值为 3.50，这表明移民家庭的水质状况比较好。

　　第四，供电情况。移民家庭的电压稳定情况均值为 1.16，这表明移民家庭的电压较为稳定，移民家庭的停电情况均值为 1.71，这表明移民家庭的供电情况较好，能满足正常生活需要。

　　第五，就业培训情况。移民参加的就业培训项目均值为 2.77，这表明移民参加的就业培训项目主要为创业培训或者建筑培训；就业信息发布的评价均值为 2.35，这表明就业信息及时、全面；就业培训的效果的均值为 3.12，为 3.0~4.0，这表明移民对就业培训效果不太满意；就业培训频率的均值为 2.77，这表明移民参加就业培训的频率不太高。这表明长江上游典型库区在移民就业培训方面做出了很大努力，也取得了诸多成效，但是还存在一些问题，如移民参加就业培训的积极性不太高，培训效果还有待进一步提高等。

　　第六，教育状况。移民家庭孩子入学情况的均值为 3.77，为 3.0~4.0，这

① 曹海军，薛喆.协作视角下基层公共服务供给侧改革的动态分析［J］.理论探讨，2017（5）：151-156.

② 熊兴，余兴厚，王宇昕.我国区域基本公共服务均等化水平测度与影响因素［J］.西南民族大学学报（人文社科版），2018（3）：108-116.

表明移民家庭的孩子入学是比较便利的；教育负担的均值为3.63，为3.0~4.0，这表明移民家庭的教育负担比较重。

第七，医疗服务情况。药品价格满意度、医院服务态度满意度、报销医保方便程度满意度、治疗费用满意度、治疗效果满意度、医疗设施满意度的均值分别为2.85、3.03、2.83、3.18、2.65、3.39，这表明移民对药品价格满意度、医院服务态度满意度、报销医保方便程度满意度、治疗费用满意度、治疗效果满意度、医疗设施满意度都不太高。

表4-3　长江上游典型库区移民生活状况的各个变量的描述性统计

变量	指标	选项及赋值	均值
住房情况	住房面积	50平方米以下=1，50~80平方米=2，80~100平方米=3，100~120平方米=4，120平方米以上=5	2.85
	住房结构	框架=1，砖混=2，砖木=3，土木=4，其他=5	1.82
交通状况	道路状况	基根道=1，水泥路=2，沥青路=3，高速路=4，其他=5	2.51
	出行方式	自行车=1，摩托车或电瓶车=2，汽车=3，轮渡=4，其他=5	2.54
水源情况	水源情况	自来水=1，井水=2，江河水=3，山泉水=4，其他=5	1.66
	取水方式	自流引水=1，自来水=2，水泵提水=3，溪沟蓄水=4，水井挑水=5，其他=6	2.69
	水质情况	非常不满意=1，比较不满意=2，一般=3，比较满意=4，非常满意=5	3.50
供电情况	电压稳定	稳定=1，不稳定=2	1.16
	停电情况	很少停电=1，偶尔停电=2，经常停电=3	1.71
就业培训情况	就业培训项目	种植养殖培训=1，创业培训=2，建筑培训=3，电工培训=4，家政培训=5，其他培训=6	2.77
	就业培训效果	非常不满意=1，比较不满意=2，一般=3，比较满意=4，非常满意=5	3.12
	就业信息发布的评价	发布信息全面、及时、准确=1，发布信息较为及时、准确=2，发布信息滞后=3，不了解=4	2.35
	就业培训频率	非常少=1，比较少=2，一般=3，比较多=4，非常多=5	2.77
教育情况	孩子入学便利情况	非常不容易=1，不是很容易=2，一般=3，比较容易=4，非常容易=5	3.77
	教育负担	不重=1，不是很重=2，一般=3，比较重=4，非常重=5	3.63

变量	指标	选项及赋值	均值
医疗服务情况	药品价格满意度	非常不满意 =1，比较不满意 =2，一般 =3，比较满意 =4，非常满意 =5	2.85
	医院服务态度满意度	非常不满意 =1，比较不满意 =2，一般 =3，比较满意 =4，非常满意 =5	3.03
	报销医保方便程度满意度	非常不满意 =1，比较不满意 =2，一般 =3，比较满意 =4，非常满意 =5	2.83
	治疗费用满意度	非常不满意 =1，比较不满意 =2，一般 =3，比较满意 =4，非常满意 =5	3.18
	治疗效果满意度	非常不满意 =1，比较不满意 =2，一般 =3，比较满意 =4，非常满意 =5	2.65
	医疗设施满意度	非常不满意 =1，比较不满意 =2，一般 =3，比较满意 =4，非常满意 =5	3.39

三、长江上游典型库区移民生计资本现状的统计描述

结合长江上游典型库区移民的生计现状，将移民的生计资本现状用以下五个指标来阐述：自然资本、金融资本、人力资本、物质资本和社会资本，具体参见第八章关于生计资本量表的阐述。长江上游典型库区移民的生计资本状况的描述性统计如表4-4所示：

第一，自然资本。耕地面积的均值为 2.983，这表明移民家庭的耕地面积较少，大部分移民家庭的耕地面积为 1~5 亩；耕地质量的均值为 2.993，为 2.0~3.0，这表明移民家庭的耕地质量不太好；移民家庭的灌溉设施状况均值为 3.299，为 3.0~4.0，这表明移民家庭的灌溉设施状况不太好。从自然资本的三个指标可知，长江上游典型库区移民的自然资本水平不高。

第二，金融资本。年现金收入的均值为 2.851，为 2.0~3.0，这表明移民家庭的年现金收入为 2 万 ~6 万元，存款的均值为 3.164，为 3.0~4.0，这表明移民家庭的存款为 3 万 ~6 万元，您获得过政府补贴的均值为 3.276，这表明很多移民都接受过政府补贴。

第三，人力资本。文化程度的均值为 2.898，为 2.0~3.0，这表明移民家庭的文化程度为初中、高中或者中专；移民的技能水平的均值为 2.903，为 2.0~3.0，这表明移民的技能水平不太高；移民家庭的劳动力均值为 3.176，为

3.0~4.0，这表明移民家庭的劳动力人数为 4~7 人。

第四，物质资本。生产资产的均值为 2.993，为 2.0~3.0，这表明移民家庭的生产资产水平不太高，生活资产的均值为 3.015，接近 3.0，这表明移民家庭的生活资产水平不太高；基础设施的均值为 3.291，为 3.0~4.0，这表明移民所在地区的基础设施状况得到了较大改善。

第五，社会资本。从社会资本的四个维度均值来看，移民拥有较多交往频繁的家人和亲戚、朋友以及其他人，同时移民也可以得到较多家人、亲戚朋友及其他人的信任和支持；此外，移民还可以经常获得政府部门的扶持和救助。

总之，从长江上游典型库区移民的生计资本状况来看，移民的自然资本水平、金融资本水平、人力资本水平、物质资本水平都不太高，但是他们的社会资本水平相对偏高。

表 4-4　长江上游典型库区移民生计资本现状的各个变量的统计描述

变量	指标	选项及赋值	均值
自然资本	您家有几亩耕地？	0 亩 =1，1~2 亩 =2，3~5 亩 =3，6~8 亩 =4，9 亩及以上 =5	2.983
	您家的耕地质量很好，给家庭增加了很多收入	完全不符合 =1，大部分不符合 =2，一半符合 =3，大部分符合 =4，完全符合 =5	2.993
	您家灌溉设施的使用非常方便，能满足日常农业生产需要	完全不符合 =1，大部分不符合 =2，一半符合 =3，大部分符合 =4，完全符合 =5	3.299
金融资本	您家庭的年现金收入是多少？	1 万元以下 =1，2 万~3 万元 =2，4 万~6 万元 =3，7 万~9 万元 =4，10 万元及以上 =5	2.851
	您家的存款有多少？	1 万元以下 =1，1 万~2 万元 =2，3 万~4 万元 =3，5 万~6 万元 =4，7 万~8 万元 =5，9 万元及以上 =6	3.164
	您获得过政府补贴次数多吗？	非常少 =1，比较少 =2，一般 =3，比较多 =4，非常多 =5	3.276
人力资本	您的文化程度？	小学及以下 =1，初中 =2，高中或中专 =3，大专 =4，本科 =5，硕士及以上 =6	2.898
	您学习了很多技能，您掌握的这些技能有助于提高您的生计水平	完全不符合 =1，大部分不符合 =2，一半符合 =3，大部分符合 =4，完全符合 =5	2.903
	目前家里劳动力有多少人？	1 人 =1，2~3 人 =2，4~5 人 =3，6~7 人 =4，8 人及以上 =5	3.176

续表

变量	指标	选项及赋值	均值
物质资本	您家所拥有的生产工具较多,这些生产工具能够极大改善您的生产生活状况	完全不符合 =1,大部分不符合 =2,一半符合 =3,大部分符合 =4,完全符合 =5	2.993
	您家所拥有的生活资产较多,这些生活资产能够极大改善您的生计状况	完全不符合 =1,大部分不符合 =2,一半符合 =3,大部分符合 =4,完全符合 =5	3.015
	搬迁后,您所在地区的基础设施状况得到了较大改善,极大地改善您的生产生活状况	完全不符合 =1,大部分不符合 =2,一半符合 =3,大部分符合 =4,完全符合 =5	3.291
社会资本	您拥有很多交往频繁的家人和亲戚	完全不符合 =1,大部分不符合 =2,一半符合 =3,大部分符合 =4,完全符合 =5	3.397
	您拥有很多交往频繁的朋友及其他人	完全不符合 =1,大部分不符合 =2,一半符合 =3,大部分符合 =4,完全符合 =5	3.784
	您可以得到很多家人、亲戚朋友及其他人的信任和支持	完全不符合 =1,大部分不符合 =2,一半符合 =3,大部分符合 =4,完全符合 =5	3.920
	您经常获得政府部门的扶持和救助	完全不符合 =1,大部分不符合 =2,一半符合 =3,大部分符合 =4,完全符合 =5	3.956

四、长江上游典型库区移民生计风险管理的统计描述

结合长江上游典型库区移民的生计风险管理现状,将移民的生计风险管理用以下三个指标来阐述:生计风险识别、生计风险评估以及生计风险治理。具体参见第八章关于生计风险管理量表的阐述。长江上游典型库区移民的生计风险管理状况的描述性统计如表4-5所示:第一,生计风险识别。生计风险识别的三个维度的均值分别为3.207、3.282、3.438,为3.0~4.0,这表明移民的生计风险识别能力不太强。第二,生计风险评估。生计风险评估的三个维度的均值分别为3.176、3.247、3.439,这表明移民的生计风险评估能力不太强。第三,生计风险治理。生计风险治理的三个维度的均值分别为3.135、3.282、3.436,这表明移民的生计风险治理能力不太强。

表4-5 长江上游典型库区移民生计风险管理的各个变量的统计描述

变量	指标	选项及赋值	均值
生计风险识别	您能够有效识别身边潜在的风险，如养老风险、医疗风险、教育风险等	完全不符合=1，大部分不符合=2，一半符合=3，大部分符合=4，完全符合=5	3.207
	您能有效识别潜在生计风险所带来的危害，以及判断风险大小	完全不符合=1，大部分不符合=2，一半符合=3，大部分符合=4，完全符合=5	3.282
	您能有效识别潜在生计风险造成的原因	完全不符合=1，大部分不符合=2，一半符合=3，大部分符合=4，完全符合=5	3.438
生计风险评估	您能够非常准确地估计潜在风险发生的次数、具体特征	完全不符合=1，大部分不符合=2，一半符合=3，大部分符合=4，完全符合=5	3.176
	您能够非常准确地分析测量与这些风险相关的损失	完全不符合=1，大部分不符合=2，一半符合=3，大部分符合=4，完全符合=5	3.247
	您总是能够合理确定自己能否承受这些损失	完全不符合=1，大部分不符合=2，一半符合=3，大部分符合=4，完全符合=5	3.439
生计风险治理	您总是能够找到规避生计风险的有效决策	完全不符合=1，大部分不符合=2，一半符合=3，大部分符合=4，完全符合=5	3.135
	您总是能够实施所选择的这些方法，来规避风险	完全不符合=1，大部分不符合=2，一半符合=3，大部分符合=4，完全符合=5	3.282
	您总是能够实时监测规避生计风险的结果	完全不符合=1，大部分不符合=2，一半符合=3，大部分符合=4，完全符合=5	3.436

五、长江上游典型库区移民可持续生计的统计描述

结合长江上游典型库区移民的生计现状，同时参考国内外文献，将长江上游典型库区移民可持续生计变量从环境可持续性、经济可持续性、社会可持续性、制度可持续性、个人能力可持续性五个维度进行测量，具体参见第八章关于可持续生计量表的阐述。从表4-6可知，可持续生计的五个维度的均值在3.10~4.10，这表明库区移民的可持续生计水平较高。

表4-6　长江上游典型库区移民可持续生计的各个变量的统计描述

变量	指标	选项及赋值	均值
可持续生计	稳定的经济来源是我的生活保障	完全不符合=1，大部分不符合=2，一半符合=3，大部分符合=4，完全符合=5	3.519
	政府能够有效履行自身职责，为我提供社会保障，是维持长远生计的重要方面	完全不符合=1，大部分不符合=2，一半符合=3，大部分符合=4，完全符合=5	3.129
	社会和谐是维持长远生计的重要条件	完全不符合=1，大部分不符合=2，一半符合=3，大部分符合=4，完全符合=5	3.190
	当地的生态环境是维持长远生计的重要基础	完全不符合=1，大部分不符合=2，一半符合=3，大部分符合=4，完全符合=5	4.036
	对于我的长远生计，我自身也需要有持续的发展能力和竞争能力	完全不符合=1，大部分不符合=2，一半符合=3，大部分符合=4，完全符合=5	3.792

六、制度环境的统计描述

本书所指的制度环境是指政府为促进移民安稳致富而制定的相关政策或措施，如创业政策、金融政策、税收政策、贷款政策、培训政策、补贴政策等。本书主要结合移民的生计发展现状，将制度环境变量主要从经济环境、社会环境两个维度进行测量，具体参见第八章关于制度环境变量量表的阐述。制度环境变量的测量题项如表4-7所示。从表4-7可知，制度环境的各个测量题项的均值在3.10~4.00，这表明长江上游流域典型库区移民生计发展的制度环境得到了一定程度的改善，但是还不尽完善。

表4-7　制度环境的各个变量的统计描述

变量	指标	选项及赋值	均值
制度环境	政府为移民提供优惠的税收政策、贷款政策等	完全不符合=1，大部分不符合=2，一半符合=3，大部分符合=4，完全符合=5	3.353
	政府积极为移民就业搭建平台，提供很多就会就业	完全不符合=1，大部分不符合=2，一半符合=3，大部分符合=4，完全符合=5	3.126

续表

变量	指标	选项及赋值	均值
制度环境	政府注重对移民的就业培训、技能培训	完全不符合 =1，大部分不符合 =2，一半符合 =3，大部分符合 =4，完全符合 =5	3.159
	政府重视移民的社会保障问题，积极为移民办理养老保险、医疗保险等	完全不符合 =1，大部分不符合 =2，一半符合 =3，大部分符合 =4，完全符合 =5	3.854
	政府重视移民小区的供水供电、道路交通、通信等基础设施的建设与完善	完全不符合 =1，大部分不符合 =2，一半符合 =3，大部分符合 =4，完全符合 =5	3.651
	政府注重移民社区建设与公共服务设施的完善	完全不符合 =1，大部分不符合 =2，一半符合 =3，大部分符合 =4，完全符合 =5	3.770

本章小结

本章主要对本书的数据来源，以及对本书研究的核心变量进行了描述性统计分析，主要围绕长江上游典型库区移民的生计状况的核心变量展开，主要包括移民的就业状况、生活状况、生计资本状况、生计风险管理状况、可持续生计状况以及制度环境状况。从核心变量的描述性统计分析结果可知：

第一，长江上游典型库区移民的就业现状较差。具体如下：一是移民的收入总体偏低，大部分移民家庭年收入在 2 万 ~6 万元。二是库区移民以打工、务农为主，就业行业多集中在制造业、批发零售业、建筑业、农业等体力型劳动和服务型行业，且移民的劳动就业不充分，再就业压力大。三是移民的失业率高、收入不太稳定，长期稳定压力较大。

第二，长江上游典型库区移民的生活状况得到了较大改善，但是还存在诸多问题：一是移民的住房条件得到了较大改善，移民的住房面积大多在 50~100 平方米，基本能满足日常生活需要。此外，移民的住房结构均值为 1.82，这说明移民的住房结构大多为砖混结构和框架结构。二是移民的交通状况得到了较大改善。移民居住地区的道路状况大多为水泥路和沥青路，道路状况较好。三是移民用水比较方便，水质状况较好。此外，移民家庭的供电情况较好，基本能满足日常生活需要。四是移民的就业条件、子女入学条件、医疗条件等方面都得到了显著改善，这说明长江上游典型库区的政府在就业培训方面、教育服务方面、医疗服务方面等做出了很大努力，也取得了诸多成效，在很大程度上提高了移民的职业素质、就业能力，以及改善了移民的教育条件和医疗条件。但是，库区移民参加就业培训的积极性不太高，就业培训的效果、医疗服务情况等方面都有待进一步提高。

第三，长江上游典型库区移民的生计资本水平不太高。从长江上游典型库区移民的生计资本状况来看，移民的自然资本水平、金融资本水平、人力资本水平、物质资本水平都不太高，但是他们的社会资本水平相对偏高。

第四，长江上游典型库区移民的生计风险管理能力不太强。从移民的生计风险管理的三个维度均值来看，移民的生计风险识别能力、生计风险评估能力、生计风险治理能力都不太强。

第五，长江上游典型库区移民的可持续生计发展水平较高，移民生计发展的制度环境得到了一定程度的改善。可持续生计的五个维度的均值在3.10~4.10，这表明库区移民的可持续生计水平较高，制度环境的各个测量题项的均值在3.10~4.00，这表明长江上游流域典型库区移民生计发展的制度环境得到了一定程度的改善，但是还不尽完善。

第五章

长江上游典型库区移民就业
现状的调查与比较研究

在上一章中，主要对本书研究的数据来源，以及对本书研究的核心变量进行了描述性统计分析，为本章研究长江上游典型库区移民的就业现状评价奠定了科学的基础。长江上游典型库区移民的安置方式主要采取本地安置与异地安置、后靠安置与外迁安置、集中安置与分散安置、政府安置与移民自找门路安置等多种方式相结合。由于长江上游典型库区的移民安置方式具有多样化和阶段性的特征，加之库区生态环境脆弱，耕地资源匮乏，以及移民自身素质等主客观因素的制约，导致移民后续生计发展呈现出复杂性的特征，因此研究长江上游典型库区移民后续生计问题，必须对移民的就业现状进行深入分析。

参考胡江霞和文传浩（2016）[①]，卢海阳、杨龙和李宝值（2017）[②]，石红梅和丁煜（2017）[③] 等文献，长江上游典型库区移民的就业现状主要从就业类型、就业行业、就业单位性质、就业收入、就业渠道以及就业质量六个方面进行评价。本章对长江上游典型库区移民的就业现状进行了分析，主要从以下两个方面展开：第一，长江上游典型库区移民就业现状的总体评价。本章基于长江上游典型库区 2079 个移民的调研数据，对移民的就业现状进行了评价，主要包括移民的就业类型、就业行业、就业单位性质、就业收入、就业渠道以及就业质量六个方面。第二，长江上游典型库区不同个体特征的移民就业现状的比较分析。由于库区移民的教育程

---

① 胡江霞，文传浩.就业质量、社会网络与移民的社会融合——基于三峡库区的调查数据［J］.软科学，2016，30（9）：37-40.

② 卢海阳，杨龙，李宝值.就业质量、社会认知与农民工幸福感［J］.中国农村观察，2017(3)：57-71.

③ 石红梅，丁煜.人力资本、社会资本与高校毕业生就业质量［J］.人口与经济，2017(3)：90-97.

度、婚姻状况、性别、思想观念和具体家庭背景等个体特征的不同，加之生计类型的不同，导致移民生计发展现状存在较大的差异化和复杂性特征。因此，本章主要参考 Oumer 等（2013）[1]，王沛沛和许佳君（2013）[2]，赵锋（2015）[3]，李丹、许娟和付静（2015）[4] 等文献，采取对比研究的方式，分析了不同户籍、不同婚姻状况、不同性别、不同年龄段的就业现状差异。通过这种对比研究的方式，可以深入剖析长江上游典型库区移民的就业现状。

第一节　长江上游典型库区移民就业现状的描述性统计分析

一、移民就业类型的描述性统计分析

长江上游典型库区的移民主要通过从事农业生产、外出务工、自谋职业、就近做零工等多种途径就业。基于长江上游典型库区 2079 个移民的调研数据，本书对长江上游典型库区移民的就业类型进行了分析，具体如下：第一，三峡库区。在三峡库区 750 个移民中，首先是打工类型移民的人数最多，占总数的 41.3%，其次是务农类型的移民，占总数的 36.1%，再次是多样化类型的移民，占总数的 11.9%，最后是创业类型，占总数的 10.1%，以及其他生计类型的移民，占总数的 0.6%。第二，金沙江库区。在金沙江库区 688 个移民中，首先是打工类型移民的人数最多，占总数的 59.9%，其次是务农类型的移民，占总数的 25.6%，再次是多样化类型的移民，占总数的 9.7%，最后是创业类型，

①　Oumer A M, Hjortsø C N, Neergaard A D.Understanding the Relationship between Livelihood Strategy and Soil Management：Empirical Insights from the Central Highlands of Ethiopia［J］.Food Security, 2013, 5（2）：143-156

②　王沛沛，许佳君.生计资本对水库移民创业的影响分析［J］.中国人口·资源与环境, 2013, 23（2）：150-156.

③　赵锋.水库移民可持续生计发展研究［M］.北京：经济科学出版社, 2015.

④　李丹，许娟，付静.民族地区水库移民可持续生计资本及其生计策略关系研究［J］.中国地质大学学报（社会科学版）, 2015, 15（1）：51-57.

占总数的3.3%，以及其他生计类型的移民，占总数的1.5%。第三，乌江库区。在乌江库区641个移民中，首先是打工类型移民的人数最多，占总数的39.6%，其次是务农类型的移民，占总数的32.4%，再次是多样化类型的移民，占总数的13.1%，最后是创业类型，占总数的8.4%，以及其他生计类型的移民，占总数的6.5%（见表5-1、图5-1）。

表5-1 长江上游典型库区移民从事的就业类型

库区类型		打工类型	务农类型	创业类型	多样化类型	其他类型
三峡库区 （n=750）	计数（人）	310	271	89	76	4
	占比（%）	41.3	36.1	10.1	11.9	0.6
金沙江库区 （n=688）	计数（人）	412	176	23	67	10
	占比（%）	59.9	25.6	3.3	9.7	1.5
乌江库区 （n=641）	计数（人）	254	208	84	54	41
	占比（%）	39.6	32.4	8.4	13.1	6.5
合计 （n=2079）	计数（人）	976	655	196	197	55
	占比（%）	46.9	31.5	9.4	9.5	2.7

从上述数据可知长江上游典型库区移民主要以打工、务农为主。但是，随着库区产业结构优化和经济整体水平提高，移民就业结构逐步调整，就业渠道逐渐宽广，兼业化程度不断提高，移民的就业类型日益呈现多元化的趋势，如从就业方式看，由于农村移民的劳动时间、劳动场所可以灵活选择，因此，农村移民的就业类型具有"务工"和"务农"的兼业性，农忙时从事农业生产，农闲外出打工，增加家庭收入。从以上分析可知，从就业类型来看，长江上游典型库区的移民主要以打工和务农为主，可能的原因：由于长江上游典型库区移民普遍文化水平低，自身综合素质不高，学习和掌握新知识、新技能较为困难，自主创业谋生较为困难。此外，随着市场对劳动力技能和综合素质的要求越来越高，移民外出务工就业空间受到进一步制约，导致大量移民工作难找，就业无门。部分兼业及自谋职业安置的移民无职可兼、无业可谋，收入来源不稳，生存状况较差。

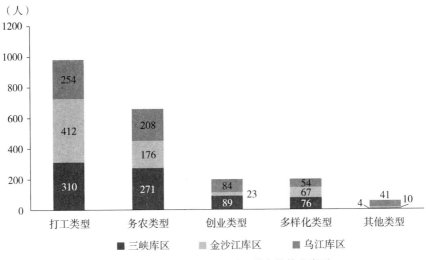

图 5-1 长江上游典型库区移民从事的就业类型

二、移民就业行业的描述性统计分析

长江上游典型库区移民就业行业分布较广，有传统的农、林、牧、渔及体力型，还有从事脑力劳动的职业，此外还有从事第三产业服务业，餐饮业与旅游业，此外还有一部分自主创业，以及自谋职业者。从移民就业方向来看，移民的就业方向呈现出以农业为主，逐步向第二、第三产业转移的趋势。基于长江上游典型库区 2079 个移民的调研数据，本书对长江上游典型库区移民的就业行业进行了分析，具体如表 5-2、图 5-2 所示：第一，三峡库区。在三峡库区 750 个移民中，首先是从事制造业的移民最多，占总数的 26.9%，其次是从事批发零售业、餐饮业的移民，占总数的 24.4%，再次是从事农业的移民，占总数的 21.6%，以及其他类型的移民，占总数的 16.2%，最后是从事建筑业以及旅游业的移民，分别占总数的 8.9%，2.0%。第二，金沙江库区。在金沙江库区 688 个移民中，首先是从事农业的移民最多，占总数的 40.1%，其次是从事建筑业的移民，占总数的 38.1%，再次是从事旅游业的移民，占总数的 14.5%，最后是从事批发零售业、餐饮业，制造业以及其他类型的移民，均低于 7.0%。第三，乌江库区。在乌江库区 641 个移民中，首先是从事制造业的移民最多，占总数的 28.2%，其次是从事批发零售业、餐饮业的移民，占总数的 23.7%，再次是从事农业的移民，占总数的 21.7% 以及其他类型的移民，占总数的 16.1%，最后是从事建筑业以及旅游业的移民，分别占总数的 8.6%，1.7%。

从表 5-2、图 5-2 可知长江上游典型库区的移民所从事的行业以农业、制造业、建筑业、批发零售业、餐饮业为主，这说明移民从事的就业行业主要为劳动密集型行业。由于库区移民大多文化水平较低，因此，他们在选择就业岗位时往往会选择技术含量低，劳动强度相对较大、报酬收入较低的岗位。但是，移民从事的就业行业存在一定差异，具体如下：三峡库区的移民主要以从事制造业、批发零售业、餐饮业为主，占移民总数的 51.3%；金沙江库区的移民主要以从事农业和建筑业为主，占移民总数的 78.2%；乌江库区的移民主要以从事制造业以及批发零售业、餐饮业为主，占移民总数的 51.9%。

表 5-2 长江上游典型库区移民从事的就业行业

库区类型		农业	建筑业	旅游业	批发零售业、餐饮业	制造业	其他类型
三峡库区（n=750）	计数（人）	162	67	15	183	202	121
	占比（%）	21.6	8.9	2.0	24.4	26.9	16.2
金沙江库区（n=688）	计数（人）	276	262	100	44	6	0
	占比（%）	40.1	38.1	14.5	6.4	0.9	0.0
乌江库区（n=641）	计数（人）	139	55	11	152	181	103
	占比（%）	21.7	8.6	1.7	23.7	28.2	16.1
合计（n=2079）	计数（人）	577	384	126	379	389	224
	占比（%）	27.8	18.5	6.1	18.2	18.7	10.7

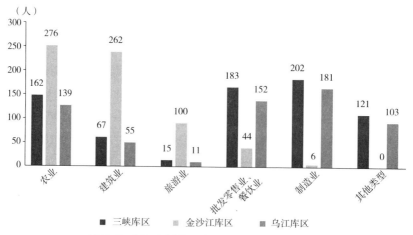

图 5-2 长江上游典型库区移民从事的就业行业

三、移民就业单位性质的描述性统计分析

长江上游典型库区移民的就业行业主要有党政机关、事业单位、国有企业、集体企业、三资企业、个体经营企业、农村农场与其他类型。基于长江上游典型库区 2079 个移民的调研数据，本书对长江上游典型库区移民的就业单位性质进行了分析，具体如表 5-3、图 5-3 所示：第一，三峡库区。在三峡库区 750 个移民中，首先是在个体经营企业工作的移民人数最多，占总数的 43.2%，其次是其他类型的移民，占总数的 28.4%，再次是在农村农场工作、国有企业工作、事业单位工作的移民，分别占总数的 13.1%、3.2%、5.7%，最后是在三资企业工作、党政机关工作的移民均低于 2.1%。第二，金沙江库区。在金沙江库区的 688 个移民中，首先是在个体经营企业工作的移民人数最多，占总数的 48.1%，其次是在农村农场工作的移民，占总数的 17.4%，再次是在集体企业工作的移民，占总数的 11.9%，最后是在其他类型企业、事业单位、国有企业、党政机关以及三资企业工作的移民，均低于 7%。第三，乌江库区。在乌江库区的 641 个移民中，首先是在个体经营企业工作的移民人数最多，占总数的 43.7%，其次是在其他类型企业工作的移民，占总数的 24.0%，再次是在农村农场以及国有企业工作的移民，分别占总数的 13.1%、7.6%，最后是在事业单位、集体企业、党政机关以及三资企业工作的移民，均低于 6.0%。

表 5-3　长江上游典型库区移民从事的就业单位性质

库区类型		党政机关	事业单位	国有企业	集体企业	三资企业	个体经营企业	农村农场	其他类型
三峡库区（n=750）	计数（人）	14	43	24	19	15	324	98	213
	占比（%）	1.9	5.7	3.2	2.5	2.0	43.2	13.1	28.4
金沙江库区（n=688）	计数（人）	23	36	32	82	22	331	120	42
	占比（%）	3.3	5.2	4.7	11.9	3.2	48.1	17.4	6.2

续表

库区类型		党政机关	事业单位	国有企业	集体企业	三资企业	个体经营企业	农村农场	其他类型
乌江库区（n=641）	计数（人）	11	35	49	17	11	280	84	154
	占比（%）	1.7	5.5	7.6	2.7	1.7	43.7	13.1	24.0
合计（n=2079）	计数（人）	48	114	105	118	48	935	302	409
	占比（%）	2.3	5.5	5.1	5.7	2.3	45.0	14.5	19.6

从上述数据可知长江上游典型库区大部分移民主要在个体经营企业工作，但是移民从事就业单位的性质存在一定差异，具体如下：三峡库区的移民主要在个体经营企业以及其他类型企业工作的移民人数最多，占总数的71.6%；金沙江库区的移民主要在个体经营企业以及农村农场工作的移民人数最多，占总数的65.5%；乌江库区的移民主要在个体经营企业以及其他类型企业工作的移民人数最多，占总数的67.7%。

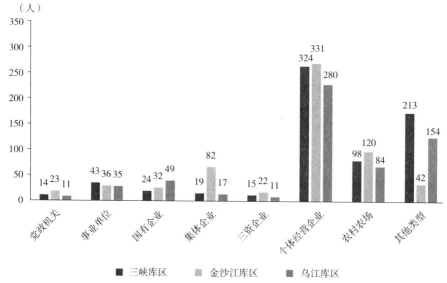

图5-3　长江上游典型库区移民从事的就业单位性质

四、移民就业收入的描述性统计分析

长江上游典型库区移民的就业主要有党政机关、事业单位、国有企业、集体企业、三资企业、个体经营企业、农村农场与其他类型。基于长江上游典型库区 2079 个移民的调研数据，本书对长江上游典型库区移民的就业收入进行了分析，具体如表 5-4、图 5-4 所示：第一，三峡库区。在三峡库区 750 个移民中，首先是移民的年收入为 2 万~3 万元的移民人数最多，占总数的 36.5%，其次是 4 万~6 万元的移民，占总数的 32.7%，再次是 7 万~9 万元的移民，均占总数的 20.5%，最后是 1 万元以下以及 10 万元以上的移民，分别占总数的 6.7%、3.6%。第二，金沙江库区。在金沙江库区 688 个移民中，首先是移民的年收入为 4 万~6 万元的移民人数最多，占总数的 32.0%，其次是 2 万~3 万元的移民，占总数的 31.8%，再次是 7 万~9 万元的移民，占总数的 20.5%，最后是 10 万元以上以及 1 万元以下的移民，分别占总数的 9.3%、6.4%。第三，乌江库区。在乌江库区 641 个移民中，首先是移民的年收入为 4 万~6 万元的移民人数最多，占总数的 26.7%，其次是 7 万~9 万元的移民，占总数的 23.7%，再次是 1 万元以下以及 2 万~3 万元的移民，均占总数的 23.1%、22.6%，最后是 10 万元以上的移民，占总数的 3.9%。

表 5-4 长江上游典型库区移民的收入水平

库区类型		1 万元以下	2 万~3 万元	4 万~6 万元	7 万~9 万元	10 万元以上
三峡库区（n=750）	计数（人）	50	274	245	154	27
	占比（%）	6.7	36.5	32.7	20.5	3.6
金沙江库区（n=688）	计数（人）	44	219	220	141	64
	占比（%）	6.4	31.8	32.0	20.5	9.3
乌江库区（n=641）	计数（人）	148	145	171	152	25
	占比（%）	23.1	22.6	26.7	23.7	3.9
合计（n=2079）	计数（人）	242	638	636	447	116
	占比（%）	11.6	30.7	30.6	21.5	5.6

从上述数据可知，长江上游典型库区移民收入总体偏低，大部分移民家

庭年收入在 1 万～6 万元。如三峡库区移民家庭的年收入水平在 1 万～6 万元，占总数的 75.9%；金沙江库区移民家庭的年收入水平在 1 万～6 万元，占总数的 70.2%；乌江库区移民家庭的年收入水平在 1 万～6 万元，占总数的 72.4%。

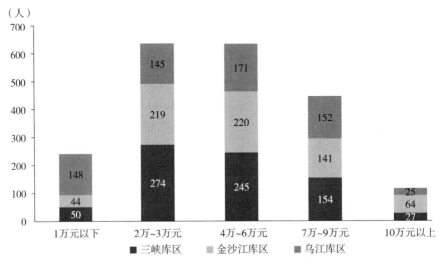

图 5-4 长江上游典型库区移民的收入水平

五、移民就业渠道的描述性统计分析

长江上游典型库区移民的就业渠道主要有亲友介绍、中介机构、社会招聘会、公益性职业介绍机构、政府分配以及其他。基于长江上游典型库区 2079 个移民的调研数据，本书对长江上游典型库区移民的就业渠道进行了分析，具体如表 5-5、图 5-5 所示：第一，三峡库区。在三峡库区 750 个移民中，首先是由公益性职业介绍机构介绍工作的移民最多，占总数的 42.5%，其次是由亲友介绍工作的移民，占总数的 26.3%，再次是通过社会招聘会找工作的移民，占总数的 25.9%，最后是通过中介机构、政府分配工作以及其他渠道找工作的移民，均低于 3.0%。第二，金沙江库区。在金沙江库区 688 个移民中，首先是通过公益性职业介绍机构找工作的移民最多，占总数的 35.5%，其次是由亲友介绍工作的移民，占总数的 29.9%，再次是通过社会招聘会找工作的移民，占总数的 18.5%，最后是通过政府分配、中介机构以及其他渠道找工作的移民，均低于 8.0%。第三，乌江库区。在乌江库区 641 个移民中，首先是通过公益性职业介绍机构找工作的移民最多，占总数的29.2%，其次是通过亲友介绍找工作的移民，占总数的27.1%，再次是通过社会招聘会找工作的移民，占总数的24.0%，最后是通过其他渠道、中介机构以及政府分配找工作的移民，分别占总数的15.3%、2.7%、1.7%。

表5-5　长江上游典型库区移民的就业渠道

库区类型		政府分配	中介机构	社会招聘会	公益性职业介绍机构	亲友介绍	其他
三峡库区 （n=750）	计数（人）	11	21	194	319	197	8
	占比（%）	1.5	2.8	25.9	42.5	26.3	1.0
金沙江库区 （n=688）	计数（人）	15	43	127	244	206	53
	占比（%）	2.2	6.3	18.5	35.5	29.9	7.6
乌江库区 （n=641）	计数（人）	11	17	154	187	174	98
	占比（%）	1.7	2.7	24.0	29.2	27.1	15.3
合计 （n=2079）	计数（人）	37	81	475	750	577	159
	占比（%）	1.8	3.9	22.8	36.1	27.8	7.6

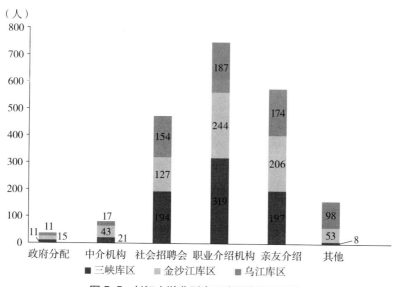

图5-5　长江上游典型库区移民的就业渠道

总之，从上述数据可知，长江上游典型库区移民主要通过亲友介绍、公益性职业介绍机构以及社会招聘会找工作。如三峡库区94.7%的移民通过亲友介绍、公益性职业介绍机构以及社会招聘会找工作，金沙江库区83.9%的移民通过亲友介绍、公益性职业介绍机构以及社会招聘会找工作。

六、移民就业质量的描述性统计分析

基于长江上游典型库区2079个移民的调研数据，本书对长江上游典型库区移民的就业质量进行了分析，具体如表5-6、图5-6所示：第一，三峡库区。在三峡库区750个移民中，移民对就业质量评价比较不满意的人数最多，占34.7%，对就业质量评价一般的人数为259人，占总数的34.5%，非常不满意的人数为50人，占总数的6.7%，这说明三峡库区移民对自身的就业质量满意度不高。第二，金沙江库区。在金沙江库区688个移民中，移民对就业质量评价一般的人数最多，占总数的30.4%，其次是对就业质量比较不满意的移民人数，均占总数的30.2%，对就业质量感到非常不满意的人数，占总数的6.1%，这说明金沙江库区移民对他们的就业质量感到不太满意。第三，乌江库区。在乌江库区641个移民中，移民对就业质量感觉一般的人数最多，占总数的37.0%，对就业质量感到比较不满意的移民，占总数的31.7%，对就业质量感到非常不满意的移民，占总数的7.8%，这说明乌江库区移民对就业质量不太满意。从上述数据可知，长江上游典型库区移民对就业质量总体感到不太满意。

表5-6　长江上游典型库区移民对就业质量满意度

库区类型		非常满意	比较满意	一般	比较不满意	非常不满意
三峡库区 （n=750）	计数	24	157	259	260	50
	占总数的%	3.2%	20.9%	34.5%	34.7%	6.7%
金沙江库区 （n=688）	计数	77	152	209	208	42
	占总数的%	11.2%	22.1%	30.4%	30.2%	6.1%
乌江库区 （n=641）	计数	19	132	237	203	50
	占总数的%	3.0%	20.6%	37.0%	31.7%	7.8%
合计 （n=2079）	计数	120	441	705	671	142
	占总数的%	5.8%	21.2%	33.9%	32.3%	6.8%

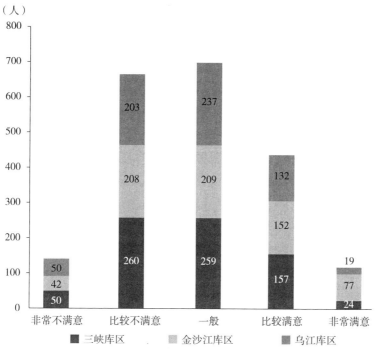

图 5-6 长江上游典型库区移民对就业质量满意度

第二节 长江上游典型库区不同个体特征的移民就业 状况的对比分析

一、城镇移民和农村移民就业状况的对比分析

表 5-7 提供了长江上游典型库区城镇移民和农村移民就业状况的比较情况，从卡方检验结果可知，长江上游典型库区城镇移民和农村移民的就业类型、就业单位性质、就业渠道、就业收入以及就业质量存在显著性差异，但是就业行业并不存在显著性差异。从长江上游典型库区的城镇移民和农村移民的分样本均值来看，城镇移民的就业收入水平（均值为 3.27）略高于农村移民（均值为 2.28），城镇移民的就业质量（均值为 2.89）略高于农村移民（均值为 284）（见表 5-7）。

表 5-7　城镇移民和农村移民就业情况的比较分析

就业状况变量	总体样本	农村移民	城镇移民	显著性水平
就业类型	1.89	1.89	1.90	+
就业行业	3.14	2.99	3.28	NS
就业单位性质	5.92	5.90	5.93	+
就业收入	2.79	2.28	3.27	+
就业渠道	4.60	4.70	4.50	**
就业质量	2.87	2.84	2.89	**

注：*** 表示 P<0.001；** 表示 P<0.01；* 表示 P<0.05；+ 表示 P<0.10；NS 为不显著。检验方法：卡方检验。

二、不同性别移民就业状况的对比分析

表 5-8 提供了长江上游典型库区不同性别移民的就业状况的比较情况，从卡方检验结果可知，不同性别的移民的就业类型、就业行业、就业收入、就业质量、就业单位性质存在显著差异，但是就业渠道并不存在显著性差异。从卡方检验结果以及女性移民和男性移民的分样本均值来看，不同性别移民的就业收入、就业质量均存在显著性差异，男性移民的就业收入水平（均值为 3.11）高于女性移民（均值为 2.57），男性移民的就业质量（均值为 2.92）高于女性移民（均值为 2.83）。

表 5-8　不同性别移民就业情况的比较分析

就业状况变量	总体样本	女性移民	男性移民	显著性水平
就业类型	1.89	1.92	1.85	**
就业行业	3.14	3.11	3.19	**
就业单位性质	5.92	5.94	5.87	**
就业收入	2.79	2.57	3.11	**
就业渠道	4.60	4.55	4.67	NS
就业质量	2.87	2.83	2.92	*

注：*** 表示 P<0.001；** 表示 P<0.01；* 表示 P<0.05；+ 表示 P<0.10；NS 为不显著。检验方法：卡方检验。

三、不同婚姻状况移民就业状况的对比分析

表5-9提供了长江上游典型库区不同婚姻状况移民就业状况的比较情况，从卡方检验结果可知，不同婚姻状况移民的就业行业、就业单位性质、就业渠道、就业收入、就业质量存在显著性差异，但是就业类型不存在显著性差异。从不同婚姻状况移民就业情况的均值看，已婚移民的就业收入（均值为2.86）略高于未婚移民（均值为2.73），已婚移民的就业质量（均值为2.90）略高于未婚移民（均值为2.84）。

表5-9　不同婚姻状况移民就业情况的比较分析

就业状况		总样本	未婚	已婚	离异	丧偶	显著性水平
就业类型	平均数	1.89	1.88	1.89	1.98	1.90	NS
就业行业	平均数	3.14	3.23	3.07	3.05	3.17	**
单位性质	平均数	5.92	6.01	5.80	5.90	6.13	*
就业收入	平均数	2.79	2.73	2.86	2.73	2.83	*
就业渠道	平均数	4.60	4.57	4.61	4.59	4.83	*
就业质量	平均数	2.87	2.84	2.90	2.88	2.83	*

注：*** 表示 P<0.001；** 表示 P<0.01；* 表示 P<0.05；+ 表示 P<0.10；NS 为不显著。检验方法：卡方检验。

四、不同年龄段移民就业状况的对比分析

第一，就业类型。运用 SPSS19.0 软件对就业类型与年龄状况进行了方差分析，由表5-10可知 F 值为2.439，由于这里的显著值0.045小于0.05，这表明就业类型对年龄状况产生显著影响。因此，从方差分析结果可知，不同年龄段移民对就业类型呈现显著性差异。由表5-10可知：从总体样本均值来看，移民的就业类型均值为1.89，为1.0~2.0，这表明移民的就业类型主要为

打工类型或务农类型。从不同年龄段移民的样本均值来看，30 岁以下移民的就业类型均值最大（均值为 2.13），50~60 岁移民的就业类型的均值最小（均值为 1.83）。

第二，就业行业。运用 SPSS19.0 软件对就业行业与年龄状况进行了方差分析，由表 5–10 可知 F 值为 15.121，由于这里的显著值 0.000 小于 0.05，这表明就业行业对年龄状况产生显著影响。因此，从方差分析结果可知，不同年龄段移民的就业行业呈现显著性差异。从表 5–10 可知：从不同年龄段移民的样本均值来看，不同年龄段移民的就业行业存在显著性差异，其中 30 岁以下的移民就业行业均值为 4.06，介于 4.0~5.0，这表明 30 岁以下的移民从事就业行业主要为批发零售业、餐饮业或者旅游业；40~50 岁的移民就业行业均值为 3.08，介于 3.0~4.0，表明 40~50 岁的移民从事的就业行业主要为批发零售业、餐饮业或制造业。

第三，单位性质。运用 SPSS19.0 软件对单位性质与年龄状况进行了方差分析，由表 5–10 可知 F 值为 2.832，由于这里的显著值 0.062 小于 0.10，这表明单位性质对年龄状况产生显著影响。因此，从方差分析结果可知，不同年龄段移民工作单位的性质呈现显著性差异。由表 5–10 可知：从总体样本均值来看，移民就业单位性质的均值为 5.92，接近 6.0，这表明移民工作的单位性质主要为个体经营企业。从不同年龄段移民的样本均值来看，不同年龄段移民的工作单位性质存在显著性差异，如 50~60 岁移民就业单位性质的均值为 6.06，30~40 岁的移民就业单位性质的均值为 5.70。

第四，就业收入。运用 SPSS19.0 软件对就业收入与年龄状况进行了方差分析，由表 5–10 可知 F 值为 10.379，由于这里的显著值 0.000 小于 0.05，这表明就业收入对年龄状况产生显著影响。因此，从方差分析结果可知，不同年龄段移民的就业收入状况呈现显著性差异。由表 5–10 可知：从总体样本均值来看，移民家庭就业收入的均值为 2.79，介于 2.0~3.0，这表明移民家庭的就业收入水平并不高，年收入平均为 2.0 万 ~6.0 万元。从不同年龄段移民的样本均值来看，30~40 岁的移民就业收入最高（均值为 3.03），50~60 岁移民的就业收入最低（均值为 2.64），这表明不同年龄段移民的就业收入存在显著性差异。

第五，就业渠道。运用 SPSS19.0 软件对就业渠道与年龄状况进行了方差分析，由表 5–10 可知 F 值为 2.429，由于这里的显著值 0.046 小于 0.05，这表明就业渠道对年龄状况产生显著影响。因此，从方差分析结果可知，不同年龄段移民的就业渠道存在显著性差异。由表 5–10 可知，从总体样本均值来看，移民的就业渠道均值为 4.60，介于 4.0~5.0，这表明移民的就业渠道主要为公益性职业介绍机构或者亲友介绍。从不同年龄段移民的样本均值来看，30~40 岁移民的就业渠道均值最高（均值 4.72），30 岁以下的移民就业渠道均值最低（均值为 4.34）。

第六，就业质量。运用 SPSS19.0 软件对就业质量与年龄状况进行了方差分析，由表 5–10 可知，F 值为 4.312，由于这里的显著值 0.002 小于 0.05，这表明就业质量对年龄状况产生显著影响。因此，从方差分析结果可知，不同年龄段移民的就业质量呈现显著性差异。由表 5–10 可知：从总体样本均值来看，移民家庭孩子的就业质量均值为 2.87，介于 2.0~3.0，这表明移民就业质量不太高。从不同年龄段移民的样本均值来看，不同年龄段移民的就业质量存在显著性差异，如 30~40 岁的移民就业质量最高（均值为 2.97），50~60 岁的移民就业质量的均值最低（均值为 2.73），存在显著性差异。

表 5–10　不同年龄段移民就业状况的对比分析

就业状况		总体样本	30岁以下	30~40岁	40~50岁	50~60岁	60岁以上	F 值	显著性水平
就业类型	平均数	1.89	2.13	1.87	1.87	1.83	1.96	2.439*	0.045
就业行业	平均数	3.14	4.06	3.11	3.08	3.25	2.62	15.121***	0.000
单位性质	平均数	5.92	5.82	5.70	5.94	6.06	6.11	2.832+	0.062
就业收入	平均数	2.79	2.92	3.03	2.68	2.64	2.91	10.379***	0.000
就业渠道	平均数	4.60	4.34	4.72	4.57	4.62	4.63	2.429*	0.046
就业质量	平均数	2.87	2.79	2.97	2.80	2.73	2.87	4.312**	0.002

注：*** 表示 P<0.001；** 表示 P<0.01；* 表示 P<0.05；+ 表示 P<0.10；NS 为不显著。检验方法：卡方检验。

第三节　长江上游典型库区移民就业现状存在的问题

基于上文关于长江上游典型库区移民就业现状的调查与比较分析，同时结合调研结果，本书认为长江上游典型库区移民的就业现状存在以下五个方面的问题：

第一，长江上游典型库区移民失业率高、就业不太稳定。库区移民就业多集中体力型劳动和服务性行业[1]，移民长期稳定压力大。具体如下：一是城镇移民就业困难。已经就业的多为灵活就业、非常不稳定且工资收入低仅能维持生计；二是农村移民主要依靠种庄稼和外出打工来维持生计，两者创造的收入占移民家庭总收入的80%以上[2]，如金沙江库区移民大多为边远山区的贫苦农民，由于他们劳动技能单一，就业能力差异，因而只能从事体力型劳动。

第二，长江上游典型库区移民的劳动就业不充分，再就业压力大。移民劳动就业不充分，如三峡库区15个区县城镇调查失业率仍高达8.1%，21.9%的城镇移民吃低保[3]。金沙江库区移民安置区存在大量富余的第一产业移民劳动力，"无土安置"的移民由于就业能力较差，不能够第二次就业。此外，库区面临新就业的大多数移民已步入"4050""4555"人员行列，职业技能缺乏，在就业竞争中失去优势，就业岗位少，渠道窄，再就业十分困难。移民就业的不充分，直接影响移民的经济收入，也将会对当地社会的稳定形成一定的影响。

第三，扶持政策有待完善，就业质量有待提高。据调研，长江上游典型库区移民的就业质量总体较低，具体如下：一是库区移民尤其是"4050"移民，大多需要照顾家庭或不适应外面的环境，无法在外地稳定居住和就业；二是移民职业技能素质与就业岗位需求不匹配，较难跟上产业升级的节奏，可能导致就业后失业；三是在已就业的移民群体中，城镇移民和农村移民收

---

① 赵升奎，曹阜孝，赵小铭.金沙江水库移民后期扶持与脱贫致富思路的研究——基于向家坝、溪洛渡移民后期扶持的调查［J］.人民长江，2016，47（13）：106–108.

② 赵锋，杨云彦.外力冲击下水库移民生计脆弱性及其解决机制——以南水北调中线工程库区为例［J］.人口与经济，2009（4）：1–7.

③ 参见"三峡工程重庆库区移民搬迁安置总结"研究课题的研究成果。

入差距较大，女性移民、未婚移民的就业状况普遍较差。

第四，就业服务体系能力相对不足，培训效果不佳。移民搬迁使原有的社区结构解体，就业环境恶化，劳动力就业市场化后，库区就业服务能力不足问题凸显，培训效果不佳，具体如下：一是库区县、乡、村三级公共就业服务在基础建设、覆盖范围、服务内容和服务水平等方面还很落后，农村富余劳动力转移就业和进城务工移民在享受公共就业服务方面存在明显不足。二是服务功能、服务手段短缺和激励机制不健全，难以实现优质高效的公共就业服务。三是缺乏有效的就业援助措施，部分就业困难移民失业后难以实现再就业，因而迫切需要加强社会就业服务体系建设，解决移民就业与市场化渠道不畅问题。

第五，职业教育和技能培训基础能力相对薄弱。长江上游典型库区的文化教育设施相对落后，特别是职业教育和技能培训基础能力薄弱，且分布极其不均衡，难以适应移民提高就业能力的需要。据分析，在近五年内，长江上游典型库区需要强化接受教育培训的人口较多，重点是职业教育、技能培训，需要有基础设施提供保障。目前优质中等职业学校和实训基地处于满负荷运行状态，难以满足这一要求。因此，库区迫切需要加强相关设施建设，提高其服务能力。

造成长江上游典型库区移民就业困难，确实有其特殊的背景和原因，具体如下：

第一，由于长江上游典型库区移民普遍文化水平低，自身综合素质不高，学习和掌握新知识、新技能较为困难，自主创业谋生较为困难。此外，随着市场对劳动力技能和综合素质的要求越来越高，移民外出务工就业空间受到进一步制约，导致大量移民工作难找，就业无门。部分兼业及自谋职业安置的移民无职可兼、无业可谋，收入来源不稳，生存状况较差。

第二，搬迁安置后的移民，因受生产条件改变、经济格局调整和搬迁工矿企业破产关闭等方面影响，在新的安置区、新的生产条件下，原有的生产技能、职业技术和经营能力基本作用不大，甚至丧失作用，亟须改进其就业能力、生产技能，才能尽快恢复其生计。

第三，长江上游典型水利水电库区为适应保护水库生态环境的新要求，库区经济的发展方式、产业结构必须进行战略性调整，库区移民就业能力和就业素质必须与之相适应，才能避免出现结构性失业。

第四，移民安置市场化改革后，移民生产安置仍局限在生产资料损失的一次性补偿上，没有考虑对其人力资本损失进行补偿，移民因人力资本的损失，加之受教育程度普遍偏低，文化素质不高，就业能力弱，已成为劳动力市场就业困难群体，失业率较高，成为社会就业的边缘群体。

第五，长江上游典型库区经济欠发达，农村人多地少基础性矛盾突出，环境承载能力不足，迁建城镇产业不发育，实现移民群众安稳致富，除立足本地开发就业岗位外，还需鼓励劳动力向库区外转移就业，但其就业能力显然不能适应全国劳动力市场竞争的需要。

本章小结

本章基于长江上游典型库区 2079 个移民的调研数据，对移民的就业现状进行了分析，主要从以下两个方面展开：首先，从移民的就业类型、就业行业、就业单位性质、就业收入、就业渠道以及就业质量六个方面，探讨长江上游典型库区移民的就业现状；其次，采取对比研究的方法，分析了不同户籍、不同婚姻状况、不同性别、不同年龄段移民的就业现状差异。本章的主要研究内容如下：

一、长江上游典型库区移民的就业现状评价

本书基于长江上游典型库区 2079 个移民的调研数据，对库区移民的就业现状进行了分析，具体如下：

第一，就业类型。长江上游典型库区移民主要以打工、务农为主。如三峡库区移民的就业类型以打工、务农为主，分别占总数的 41.3%、36.1%；金沙江库区移民的就业类型以打工、务农为主，分别占总数的 59.9%、25.6%；乌江库区移民的就业类型以打工、务农为主，分别占总数的 39.6%、32.4%。但是，随着库区产业结构优化和经济整体水平提高，移民就业结构逐步调整，就业渠道逐渐宽广，兼业化程度不断提高，移民的就业类型日益呈现多元化的趋势。

第二，就业行业。长江上游典型库区移民所从事的行业以农业、制造业、建筑业、批发零售业、餐饮业为主，这说明移民从事的就业行业主要为劳动

密集型行业。由于库区移民大多文化水平较低，因此，他们在选择就业岗位时往往会选择技术含量低，劳动强度相对较大、报酬收入较低的岗位。但是，移民从事的就业行业存在一定差异，具体如下：三峡库区的移民主要以从事制造业、批发零售业、餐饮业为主，占移民总数的51.3%；金沙江库区的移民主要以从事农业和建筑业为主，占移民总数的78.2%；乌江库区的移民主要以从事制造业以及批发零售业、餐饮业为主，占移民总数的51.9%。

第三，就业单位性质。长江上游典型库区大部分移民主要在个体经营企业工作，但是移民从事就业单位的性质存在一定差异，具体如下：三峡库区的移民主要在个体经营企业以及其他类型企业工作的移民人数最多，占总数的71.6%；金沙江库区的移民主要在个体经营企业以及农村农场工作的移民人数最多，占总数的65.5%；乌江库区的移民主要在个体经营企业以及其他类型企业工作的移民人数最多，占总数的67.7%。

第四，就业收入。长江上游典型库区移民收入总体偏低，大部分移民家庭年收入在1万～6万元。如三峡库区移民家庭的年收入水平在1万～6万元，占总数的75.9%；金沙江库区移民家庭的年收入水平在1万～6万元，占总数的70.2%；乌江库区移民家庭的年收入水平在1万～6万元，占总数的72.4%。

第五，就业渠道。长江上游典型库区移民主要通过亲友介绍、公益性职业介绍机构以及社会招聘会找工作，职业中介作用不断显现，"政府引导、市场调节、自主择业"的就业形式基本完善。三峡库区的移民主要是通过公益性职业介绍机构、亲友介绍以及社会招聘会找工作的人数，占总数的94.7%，金沙江库区的移民主要通过公益性职业介绍机构、亲友介绍以及社会招聘会找工作的人数，占总数的83.9%，乌江库区的移民主要是通过公益性职业介绍机构、亲友介绍以及社会招聘会找工作的人数，占总数的80.3%。

第六，就业质量。长江上游典型库区移民对就业质量普遍感到不满意，如在三峡库区750个移民中，移民对就业质量评价一般的人数为259人，占34.5%，比较不满意的人数为260人，占总数的34.7%，非常不满意的人数为50人，占总数的6.7%，这说明三峡库区移民对自身的就业质量满意度不高。在金沙江库区688个移民中，移民对就业质量评价一般的人数最多，占总数的30.4%，其次是对就业质量比较不满意的人数，均占总数的30.2%，对就业质量感到非常不满意的人数，占总数的6.1%，这说明金沙江库区移民对他们的就业质量感到不太满意。

二、长江上游典型库区不同个体特征移民就业现状的比较分析

第一，城镇移民和农村移民的就业状况存在较大差异。从卡方检验结果可知，长江上游典型库区城镇移民和农村移民的就业类型、就业单位性质、就业渠道、就业收入以及就业质量存在显著性差异，但是就业行业并不存在显著性差异，从长江上游典型库区的城镇移民和农村移民的分样本均值来看，城镇移民的就业收入、就业质量均高于农村移民。

第二，不同性别移民的就业状况存在较大差异。从卡方检验结果可知，不同性别的移民的就业类型、就业行业、就业收入、就业质量、就业单位性质存在显著差异，但是就业渠道并不存在显著性差异。从卡方检验结果以及女性移民和男性移民的分样本均值来看，不同性别移民的就业收入、就业质量均存在显著性差异，男性移民的就业收入、就业质量均高于女性移民。

第三，不同婚姻状况移民的就业状况存在较大差异。从卡方检验结果可知，不同婚姻状况移民的就业行业、就业单位性质、就业渠道、就业收入以及就业质量存在显著性差异，但是就业类型不存在显著性差异。已婚移民的就业收入（均值为2.86）略高于未婚移民（均值为2.73），已婚移民的就业质量（均值为2.90）略高于未婚移民（均值为2.84）。

第四，不同年龄段移民的就业状况存在较大差异。从方差分析结果可知，不同年龄段移民的就业类型、就业行业、就业单位性质、就业收入、就业渠道以及就业质量均存在显著性差异。其中30~40岁的移民就业质量最高（均值2.97），50~60岁的移民就业质量的均值最低（均值2.73），30~40岁的移民就业收入最高（均值为3.03），50~60岁的移民就业收入最低（均值为2.64）。

三、长江上游典型库区移民就业现状存在的问题

基于长江上游典型库区移民的就业现状，本书认为库区不同个体特征移民的就业现状存在以下五个问题：第一，长江上游典型库区移民群众普遍文化水平偏低，就业能力差，现有受教育程度和技能水平不能适应库区生态环境保护、产业结构战略性调整要求，结构性失业日益凸显。第二，长江上游典型库区移民失业率高、收入不太高，而且收入不太稳定，库区移民就业多

集中在体力型劳动和服务型行业，移民长期稳定压力大。第三，长江上游典型库区移民的劳动就业不充分，就业不稳定等边缘化就业以及结构性失业状态，就业问题已经成为库区社会不稳定的重要来源。第四，长江上游典型库区移民就业质量普遍较差，在已就业的移民群体中，城镇移民和农村移民收入差距较大，女性移民、未婚移民的就业状况普遍较差。第五，就业服务体系能力不足，且职业教育和技能培训基础能力相对薄弱。

第六章

长江上游典型库区移民生活现状的调查与比较研究

在上一章中，主要对长江上游典型库区移民的就业现状进行了分析，同时对不同个体特征移民的就业现状进行了比较分析。本书主要研究长江上游典型库区移民的可持续生计问题，移民的生计状况不仅包括移民的就业状况，还包括移民的生活状况。因此，本章在上章基础之上，探讨了长江上游典型库区移民的生活状况。参考李聪、李树苗和费尔德曼（2014）[①]、林阳衍、张欣然和刘晔（2014）[②]，曹海军和薛喆（2017）[③]，熊兴、余兴厚和王宇昕（2018）[④]等文献，移民的生活状况主要从以下八个方面展开：住房情况、交通状况、用水情况、供电情况、医疗服务情况、就业服务情况、教育服务情况以及社会保障情况。本章首先对长江上游典型库区移民的生活状况进行了描述性统计分析，其次，采取方差分析法、卡方检验的方法，对长江上游典型库区不同个体特征移民的生活状况进行了分析。

---

① 李聪，李树苗，费尔德曼.微观视角下劳动力外出务工与农户生计可持续发展［M］北京：社会科学文献出版社，2014.

② 林阳衍，张欣然，刘晔.基本公共服务均等化：指标体系、综合评价与现状分析——基于我国198个地级市的实证研究［J］.福建论坛（人文社会科学版），2014（6）：184–192.

③ 曹海军，薛喆.协作视角下基层公共服务供给侧改革的动态分析［J］.理论探讨，2017（5）：151–156.

④ 熊兴，余兴厚，王宇昕.我国区域基本公共服务均等化水平测度与影响因素［J］西南民族大学学报（人文社科版），2018（3）：108–116.

第一节　长江上游典型库区移民
生活状况的描述性统计

一、长江上游典型库区移民的住房情况

1. 长江上游典型库区移民的住房面积分析

基于长江上游典型库区 2079 个移民的调研数据，本章对长江上游典型库区移民的住房面积进行了分析，具体如表 6-1、图 6-1 所示：

表 6-1　长江上游典型库区移民的住房面积

库区类型		50 平方米以下	50~80平方米	80~100平方米	100~120平方米	120 平方米以上
三峡库区（n=750）	计数（人）	118	168	276	132	56
	占比（%）	15.7	22.4	36.8	17.6	7.5
金沙江库区（n=688）	计数（人）	101	140	217	151	79
	占比（%）	14.7	20.3	31.5	21.9	11.5
乌江库区（n=641）	计数（人）	98	142	241	111	49
	占比（%）	15.3	22.2	37.6	17.3	7.6
合计（n=2079）	计数（人）	317	450	734	394	184
	占比（%）	15.2	21.6	35.3	19.0	8.9

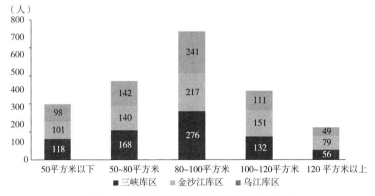

图 6-1　长江上游典型库区移民的住房面积

第一，三峡库区。在三峡库区 750 个移民中，首先是住房面积为 80~100 平方米的移民的人数最多，占总数的 36.8%，其次是住房面积为 50~80 平方米的移民人数，占总数的 22.4%，再次是住房面积为 100~120 平方米的移民人数，占总数的 17.6%，最后是 50 平方米以下以及 120 平方米以上的移民，分别占总数的 15.7%、7.5%。

第二，金沙江库区。在金沙江库区 688 个移民中，首先是住房面积为 80~100 平方米的移民人数最多，占总数的 31.5%，其次是住房面积为 100~120 平方米的移民人数，占总数的 21.9%，再次是住房面积为 50~80 平方米的移民人数，占总数的 20.3%，最后是 50 平方米以下以及 120 平方米以上的移民，分别占总数的 14.7%、11.5%。

第三，乌江库区。在乌江库区 641 个移民中，首先是住房面积为 80~100 平方米的移民人数最多，占总数的 37.6%，其次是住房面积为 50~80 平方米的移民人数，占总数的 22.2%，再次是住房面积为 100~120 平方米的移民人数，占总数的 17.3%，最后是 50 平方米以下以及 120 平方米以上的移民，分别占总数的 15.3%、7.6%。从上述数据可知，长江上游典型库区移民的住房面积大多在 50~100 平方米，基本能满足日常生活需要。

2. 长江上游典型库区移民的住房结构分析

基于长江上游典型库区 2079 个移民的调研数据，本章对长江上游典型库区移民的住房结构进行了分析，具体如表 6-2、图 6-2 所示：

表 6-2　长江上游典型库区移民的住房结构

库区类型		框架	砖混	砖木	土木	其他
三峡库区 （n=750）	计数（人）	354	324	17	29	26
	占比（%）	47.2	43.2	2.3	3.9	3.5
金沙江库区 （n=688）	计数（人）	263	319	92	13	1
	占比（%）	38.2	46.4	13.4	1.9	0.1
乌江库区 （n=641）	计数（人）	248	272	64	26	31
	占比（%）	38.7	42.4	10.0	4.1	4.8
合计 （n=2079）	计数（人）	865	915	173	68	58
	占比（%）	41.6	44.0	8.3	3.3	2.8

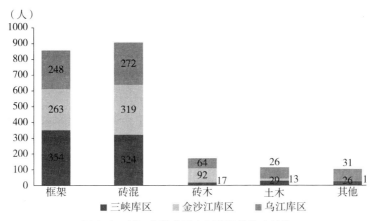

图 6-2　长江上游典型库区移民的住房结构

第一，三峡库区。在三峡库区 750 个移民中，首先是住房为框架结构的移民人数最多，占总数的 47.2%，其次是住房为砖混结构的移民人数，占总数的 43.2%，再次是住房为土木结构以及其他结构的移民人数，分别占总数的 3.9%、3.5%，最后是砖木结构的移民人数，占总数的 2.3%。

第二，金沙江库区。在金沙江库区 688 个移民中，首先是住房为砖混结构的移民人数最多，占总数的 46.4%，其次是住房为框架结构的移民人数，占总数的 38.2%，再次是住房为砖木结构的移民人数，占总数的 13.4%，最后是土木结构以及其他结构的移民人数，分别占总数的 1.9%、0.1%。

第三，乌江库区。在乌江库区 641 个移民中，首先是住房为砖混结构的移民人数最多，占总数的 42.4%，其次是住房为框架结构的移民人数，占总数的 38.7%，再次是住房为砖木结构的移民人数，占总数的 10.0%，最后是其他结构以及土木结构的移民人数，分别占总数的 4.8%、4.1%。

总之，从以上数据可知，长江上游典型库区移民的住房结构以砖混结构和框架结构为主，如三峡库区移民的住房结构为框架结构、砖混结构分别占总数的 47.2%、43.2%。乌江库区移民的住房结构为框架结构、砖混结构分别占总数的 38.7%、42.4%。

二、长江上游典型库区移民的交通状况

1. 道路状况

本章将道路状况用"从住房走路 20 分钟以内能到达的路"来测量，根据

长江上游典型库区移民生计状况的调研结果，本章将长江上游典型库区移民居住地区的道路状况分为基根道、水泥路、沥青路、高速公路、其他五种类型。基于长江上游典型库区2079个移民的调研数据，本章对长江上游典型库区移民的道路状况进行了分析，具体如表6-3、图6-3所示：

表6-3　长江上游典型库区移民居住地区的道路状况

库区类型		高速公路	沥青路	水泥路	基根道	其他
三峡库区 （n=750）	计数（人）	161	217	195	162	15
	占比（%）	21.5	28.9	26.0	21.6	2.0
金沙江库区 （n=688）	计数（人）	95	320	218	24	31
	占比（%）	13.8	46.5	31.7	3.5	4.5
乌江库区 （n=641）	计数（人）	112	189	193	132	15
	占比（%）	17.5	29.5	30.1	20.6	2.3
合计 （n=2079）	计数（人）	368	726	606	318	61
	占比（%）	17.7	34.9	29.1	15.3	2.9

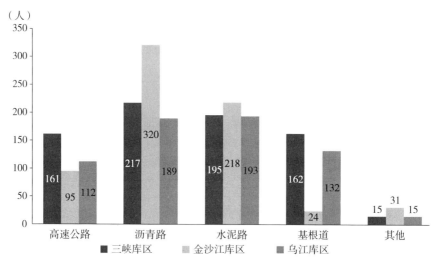

图6-3　长江上游典型库区移民居住地区的道路状况

第一，三峡库区。在三峡库区750个移民中，28.9%、26.0%的移民从住房走路20分钟以内能到的路分别是沥青路、水泥路，21.6%、21.5%的移民从住房走路 20 分钟以内能到的路分别是基根道、高速公路，2.0% 的移民从住房走路 20 分钟以内能到的路是其他路。

第二，金沙江库区。在金沙江库区 688 个移民中，46.5%、31.7% 的移民从住房走路 20 分钟以内能到的路分别是沥青路、水泥路，13.8% 的移民从住房走路 20 分钟以内能到的路是高速公路，移民从住房走路 20 分钟以内能到的路是基根道、其他路占比是 3.5%、4.5%。

第三，乌江库区。在乌江库区 641 个移民中，30.1%、29.5% 的移民从住房走路 20 分钟以内能到的路分别是水泥路、沥青路，20.6%、17.5% 的移民从住房走路 20 分钟以内能到的路分别是基根道、高速公路，2.3% 的移民从住房走路 20 分钟以内能到的路是其他路。

从上述数据可知，长江上游典型库区移民居住地区的道路状况大多为水泥路和沥青路，道路状况较好，这说明长江上游典型库区政府在改善民生方面做出了诸多努力，显著地改善了移民的道路交通状况。

2. 长江上游典型库区移民的出行方式分析

本章将出行方式用"到县城中心或到城镇中心的出行方式"来测量，根据长江上游典型库区移民生计状况的调研结果，本章将长江上游典型库区移民到县城中心或城镇中心的出行方式分为汽车、摩托车或电瓶车、自行车、轮渡以及其他等多种方式。根据长江上游典型库区 2079 个移民的调研数据，本章对长江上游典型库区移民的出行方式进行了分析，具体如表 6-4、图 6-4 所示：

表6-4 长江上游典型库区移民的出行方式

库区类型		自行车	摩托车或电瓶车	汽车	轮渡	其他
三峡库区（n=750）	计数（人）	168	228	263	73	18
	占比（%）	22.4	30.4	35.1	9.7	2.4
金沙江库区（n=688）	计数（人）	79	203	204	166	36
	占比（%）	11.5	29.5	29.7	24.1	5.2
乌江库区（n=641）	计数（人）	142	191	225	66	17
	占比（%）	22.2	29.8	35.1	10.3	2.7
合计（n=2079）	计数（人）	389	622	692	305	71
	占比（%）	18.7	29.9	33.3	14.7	3.4

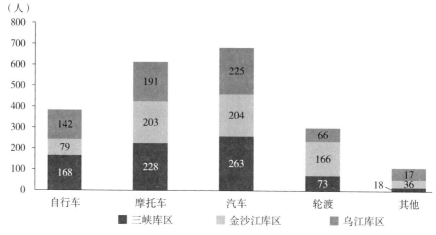

图6-4　长江上游典型库区移民的出行方式

第一，三峡库区。在750个移民中，35.1%的移民选择坐汽车到县城中心或城镇中心，30.4%的移民选择骑摩托车或电瓶车到县城中心或城镇中心，22.4%的移民选择骑自行车到县城中心或城镇中心，9.7%的移民选择坐轮渡到县城中心或城镇中心，2.4%的移民选择其他方式到县城中心或城镇中心。

第二，金沙江库区。在688个移民中，29.7%的移民选择坐汽车到县城中心或城镇中心，29.5%的移民选择骑摩托车或电瓶车到县城中心或城镇中心，24.1%的移民选择坐轮渡到县城中心或城镇中心，11.5%的移民选择骑自行车到县城中心或城镇中心；5.2%的移民选择其他方式到县城中心或城镇中心。

第三，乌江库区。在641个移民中，35.1%的移民选择坐汽车到县城中心或城镇中心，29.8%的移民选择骑摩托车或电瓶车到县城中心或城镇中心，22.2%的移民选择骑自行车到县城中心或城镇中心，10.3%的移民选择坐轮渡到县城中心或城镇中心，2.7%的移民选择其他方式到县城中心或城镇中心。

从上述数据可知，长江上游典型库区移民大多通过乘坐汽车、骑摩托车或电瓶车的方式到县城中心或城镇中心。

三、长江上游典型库区移民的用水情况

1. 长江上游典型库区移民的水源情况分析

根据长江上游典型库区移民生计状况的调研结果，本章将长江上游典型库区移民的用水方式分为自来水、井水、江河水、山泉水以及其他五种类型。

根据长江上游典型库区 2079 个移民的调研数据，本章对长江上游典型库区移民的用水情况进行了分析，具体如表 6-5、图 6-5 所示：

表 6-5　长江上游典型库区移民的水源情况

库区类型		自来水	井水	江河水	山泉水	其他
三峡库区 （n=750）	计数（人）	546	136	27	37	4
	占比（%）	72.8	18.1	3.6	4.9	0.5
金沙江库区 （n=688）	计数（人）	278	145	176	74	15
	占比（%）	40.4	21.1	25.6	10.8	2.2
乌江库区 （n=641）	计数（人）	468	108	25	36	4
	占比（%）	73.0	16.8	3.9	5.6	0.6
合计 （n=2079）	计数（人）	1292	389	228	147	23
	占比（%）	62.1	18.7	11.0	7.1	1.1

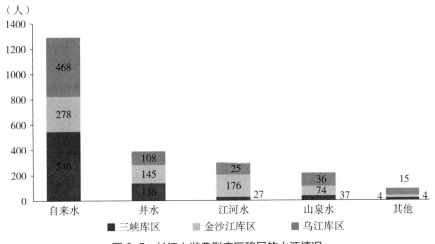

图 6-5　长江上游典型库区移民的水源情况

第一，三峡库区。在 750 个移民中，72.8% 的移民家庭使用自来水，18.1% 的移民家庭使用井水，4.9% 的移民家庭使用山泉水，3.6% 的移民家庭使用江河水，0.5% 的移民家庭使用其他水源。

第二，金沙江库区。在 688 个移民中，40.4% 的移民家庭使用自来水，25.6% 的移民家庭使用江河水，21.1% 的移民家庭使用井水，10.8% 的移民家庭使用山泉水，2.2% 的移民家庭使用其他水源。

第三，乌江库区。在 641 个移民中，73.0% 的移民家庭使用自来水，16.8% 的移民家庭使用井水，5.6% 的移民家庭使用山泉水，3.9% 的移民家庭使用江河水，0.6% 的移民家庭使用其他水源。

从上述数据可知，自来水和井水是长江上游典型库区移民家庭生活用水和生产用水的主要渠道。

2. 长江上游典型库区移民的取水方式分析

根据长江上游典型库区移民生计状况的调研结果，本章将长江上游典型库区移民的取水方式分为自来水、自流引水、水泵提水、溪沟蓄水、水井挑水以及其他方式六种方式。根据长江上游典型库区 2079 个移民的调研数据，本章对长江上游典型库区移民的取水方式进行了分析，具体如表 6-6、图 6-6 所示：

表 6-6　长江上游典型库区移民家庭的取水方式情况

库区类型		自流引水	自来水	水泵提水	溪沟蓄水	水井挑水	其他
三峡库区 （n=750）	计数（人）	38	502	40	44	126	0
	占比（%）	5.1	66.9	5.3	5.9	16.8	0.0
金沙江库区 （n=688）	计数（人）	5	492	25	37	129	0
	占比（%）	0.7	71.5	3.6	5.4	18.8	0.0
乌江库区 （n=641）	计数（人）	9	427	35	43	127	0
	占比（%）	1.4	66.6	5.5	6.7	19.8	0.0
合计 （n=2079）	计数（人）	52	1421	100	124	382	0
	占比（%）	2.5	68.4	4.8	6.0	18.3	0.0

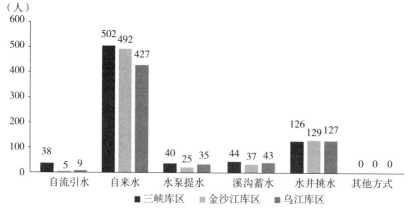

图 6-6　长江上游典型库区移民家庭的取水方式

第一，三峡库区。在 750 个移民中，66.9% 的移民家庭的取水方式为自来水，16.8% 的移民家庭的取水方式为水井挑水，5.9% 的移民家庭的取水方式为溪沟蓄水，5.3% 的移民家庭的取水方式为水泵提水，5.1% 的移民家庭的取水方式为自流引水。

第二，金沙江库区。在 688 个移民中，71.5% 的移民家庭的取水方式为自来水，18.8% 的移民家庭的取水方式为水井挑水，5.4% 的移民家庭的取水方式为溪沟蓄水，3.6% 的移民家庭的取水方式为水泵提水，0.7% 的移民家庭的取水方式为自流引水。

第三，乌江库区。在 641 个移民中，66.6% 的移民家庭的取水方式为自来水，19.8% 的移民家庭的取水方式为水井挑水，6.7% 的移民家庭的取水方式为溪沟蓄水，5.5% 的移民家庭的取水方式为水泵提水，1.4% 的移民家庭的取水方式为自流引水。

从上述数据可知，大多数移民家庭的取水方式为自来水，部分移民采取水井挑水、自流引水、水泵提水以及溪沟蓄水等取水方式相结合。

3. 长江上游典型库区移民的水质情况分析

根据长江上游典型库区移民生计状况的调研结果，本章将"移民对水质情况的评价"作为衡量长江上游典型库区移民家庭饮水的水质情况指标。根据长江上游典型库区 2079 个移民的调研数据，本章对长江上游典型库区移民的水质情况进行了分析，具体如表 6-7、图 6-7 所示：

表 6-7　长江上游典型库区移民家庭饮水的水质情况

库区类型		非常不满意	比较不满意	一般	比较满意	非常满意
三峡库区（n=750）	计数（人）	24	48	182	418	78
	占比（%）	3.2	6.4	24.3	55.7	10.4
金沙江库区（n=688）	计数（人）	44	47	38	441	118
	占比（%）	6.4	6.8	5.5	64.1	17.2
乌江库区（n=641）	计数（人）	145	65	123	233	75
	占比（%）	22.6	10.1	19.2	36.3	11.7
合计（n=2079）	计数（人）	213	160	343	1092	271
	占比（%）	10.2	7.7	16.5	52.5	13.0

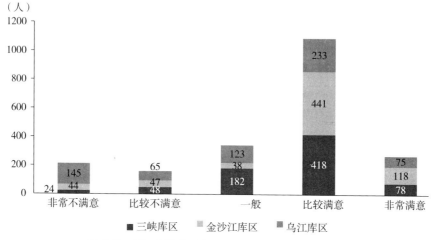

图 6-7 长江上游典型库区移民家庭饮水的水质情况

第一，三峡库区。在 750 个移民中，55.7% 的移民对水质状况是比较满意的，10.4% 的移民对水质状况是非常满意的，这说明三峡库区移民对水质情况是比较满意的。

第二，金沙江库区。在 688 个移民中，64.1% 的移民对水质状况是比较满意的，17.2% 的移民对水质状况是非常满意的，这说明金沙江库区移民对水质情况是比较满意的。

第三，乌江库区。在 641 个移民中，36.3% 的移民对水质状况是比较满意的，11.7% 的移民对水质状况非常满意。

从上述数据可知，长江上游典型库区移民对水质状况是比较满意的，这说明长江上游典型库区水资源保护措施得力。

四、长江上游典型库区移民的供电情况

根据长江上游典型库区移民生计状况的调研结果，本章将长江上游典型库区移民的供电情况主要从电压稳定情况以及停电情况两个方面来衡量。根据长江上游典型库区 2079 个移民的调研数据，本章对长江上游典型库区移民的供电情况进行了分析，具体如表 6-8 所示：

表6-8 长江上游典型库区移民的供电情况

库区类型		电压稳定		停电情况		
		电压稳定	电压不稳定	很少停电	偶尔停电	经常停电
三峡库区 （n=750）	计数（人）	647	103	75	657	18
	占比（%）	86.3	13.7	10.0	87.6	2.4
金沙江库区 （n=688）	计数（人）	533	155	538	105	45
	占比（%）	77.5	22.5	78.2	15.3	6.5
乌江库区 （n=641）	计数（人）	556	85	68	556	17
	占比（%）	86.7	13.3	10.6	86.7	2.7
合计 （n=2079）	计数（人）	1736	343	681	1318	80
	占比（%）	83.5	16.5	32.8	63.4	3.8

第一，三峡库区。在750个移民中，647个移民认为电压比较稳定，占总数的86.3%，103个移民认为电压不太稳定，占总数的13.7%，657个移民认为三峡库区偶尔停电，占总数的87.6%，75个移民认为三峡库区很少停电，占总数的10.0%，18个移民认为三峡库区经常停电，占总数的2.4%。

第二，金沙江库区。在688个移民中，77.5%的移民认为金沙江库区电压比较稳定，22.5%的移民认为库区电压不太稳定，78.2%的移民认为金沙江库区很少停电，15.3%的移民认为金沙江库区偶尔停电，6.5%的移民认为金沙江库区经常停电。

第三，乌江库区。在641个移民中，86.7%的移民认为乌江库区电压比较稳定，13.3%的移民认为乌江库区电压不太稳定，86.7%的移民认为乌江库区偶尔停电，10.6%的移民认为乌江库区很少停电，2.7%的移民认为乌江库区经常停电。

从上述数据可知，长江上游典型库区供电情况较好，大部分移民认为库区电压比较稳定，家里偶尔停电。

五、长江上游典型库区移民的医疗服务情况

根据长江上游典型库区移民生计状况的调研结果，本章将长江上游典型库区移民的医疗服务情况主要从移民对药品价格的满意度、医院服务态度的满

意度、报销医保方便程度的满意度、治疗费用的满意度、治疗效果的满意度、医疗设施满意度六个方面来衡量。基于长江上游典型库区2079个移民的调研数据，本章对长江上游典型库区移民的医疗服务情况进行了调查分析，具体如下：

1. 药品价格的满意度现状调查

第一，三峡库区。在三峡库区750个移民中，308个移民对药品价格评价一般，占总数的41.1%，194个移民对药品价格比较不满意，占总数的25.9%，104个移民对药品价格非常不满意，占总数的13.9%，这说明三峡库区移民对药品价格不太满意。

第二，金沙江库区。在金沙江库区688个移民中，605个移民对药品价格非常不满意，占总数的87.9%，75个移民对药品价格比较不满意，占总数的10.9%，这说明金沙江库区移民对药品价格不太满意。

第三，乌江库区。在乌江库区641个移民中，267个移民对药品价格评价一般，占总数的41.7%，166个移民对药品价格比较不满意，占总数的25.9%，84个移民对药品价格非常不满意，占总数的13.1%，这说明乌江库区移民对药品价格不太满意（见表6-9、图6-8）。总之，从上述数据可知，长江上游典型库区移民对药品价格不太满意。

表6-9　长江上游典型库区移民对药品价格满意度的现状调查

库区类型		非常不满意	比较不满意	一般	比较满意	非常满意
三峡库区（n=750）	计数（人）	104	194	308	126	18
	占比（%）	13.9	25.9	41.1	16.8	2.4
金沙江库区（n=688）	计数（人）	605	75	8	0	0
	占比（%）	87.9	10.9	1.2	0.0	0.0
乌江库区（n=641）	计数（人）	84	166	267	110	14
	占比（%）	13.1	25.9	41.7	17.2	2.2
合计（n=2079）	计数（人）	188	360	583	841	107
	占比（%）	9.0	17.3	28.0	40.5	5.1

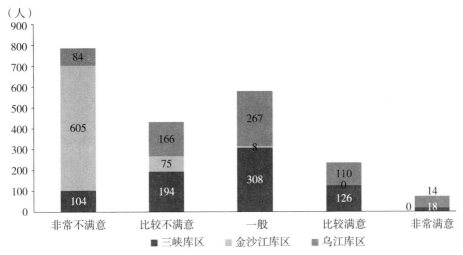

图6-8　长江上游典型库区移民对药品价格满意度的现状调查

2. 医院服务态度的满意度现状调查

第一，三峡库区。在三峡库区750个移民中，174个移民对医院服务态度评价一般，占总数的23.2%，167个移民对医院服务态度比较不满意，占总数的22.3%，124个移民对医院服务态度非常不满意，占总数的16.5%，这说明三峡库区大部分移民对医院服务态度不太满意（见表6-10、图6-9）。

第二，金沙江库区。在金沙江库区688个移民中，278个移民对医院服务态度评价一般，占总数的40.4%，184个移民对医院服务态度比较不满意，占总数的26.7%，116个移民对医院服务态度非常不满意，占总数的16.9%，这说明金沙江库区移民对医院服务态度不太满意（见表6-10、图6-9）。

第二，乌江库区。在乌江库区641个移民中，190个移民对医院服务态度评价一般，占总数的29.6%，119个移民对医院服务态度比较不满意，占总数的18.6%，47个移民对医院服务态度非常不满意，占总数的7.3%，这说明乌江库区移民对药品价格满意度不太高（见表6-10、图6-9）。

表6-10　长江上游典型库区移民对医院服务态度满意度的现状调查

库区类型		非常不满意	比较不满意	一般	比较满意	非常满意
三峡库区 （n=750）	计数（人）	124	167	174	265	20
	占比（%）	16.5	22.3	23.2	35.3	2.7

库区类型		非常不满意	比较不满意	一般	比较满意	非常满意
金沙江库区 （n=688）	计数（人）	116	184	278	96	14
	占比（%）	16.9	26.7	40.4	14.0	2.0
乌江库区 （n=641）	计数（人）	47	119	190	262	23
	占比（%）	7.3	18.6	29.6	40.9	3.6
合计 （n=2079）	计数（人）	287	470	642	623	57
	占比（%）	13.8	22.6	30.9	30.0	2.7

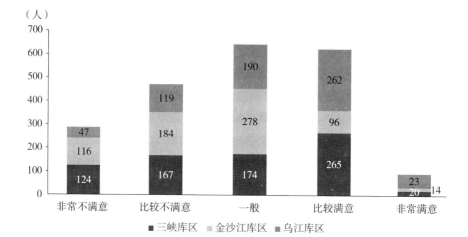

图 6-9　长江上游典型库区移民对医院服务态度满意度的现状调查

总之，从上述数据可知，长江上游典型库区移民对医院服务态度的满意度不太高。

3. 报销医保方便程度的满意度现状调查

第一，三峡库区。在三峡库区 750 个移民中，321 个移民对报销医保方便程度比较满意，占总数的 42.8%，71 个移民对报销医保方便程度非常满意，占总数的 9.5%，这说明三峡库区移民对报销医保方便程度比较满意（见表 6-11、图 6-10）。

第二，金沙江库区。在金沙江库区 688 个移民中，299 个移民对报销医保方便程度比较满意，占总数的 43.5%，106 个移民对报销医保方便程度非常满意，占总数的 15.4%，这表明金沙江库区移民对报销医保方便程度比较满意（见表 6-11、图 6-10）。

第三，乌江库区。在乌江库区 641 个移民中，161 个移民对报销医保方便程度比较满意，占总数的 25.1%，169 个移民对报销医保方便程度非常满意，占总数的 26.4%，这表明乌江库区移民对报销医保方便程度比较满意（见表 6-11、图 6-10）。

表 6-11　长江上游典型库区移民对报销医保方便程度满意度的现状调查

库区类型		非常不满意	比较不满意	一般	比较满意	非常满意
三峡库区 （n=750）	计数（人）	114	99	145	321	71
	占比（%）	15.2	13.2	19.3	42.8	9.5
金沙江库区 （n=688）	计数（人）	64	73	145	299	106
	占比（%）	9.3	10.6	21.1	43.5	15.4
乌江库区 （n=641）	计数（人）	25	107	179	161	169
	占比（%）	3.9	16.7	27.9	25.1	26.4
合计 （n=2079）	计数（人）	203	279	469	781	346
	占比（%）	9.8	13.4	22.6	37.6	16.6

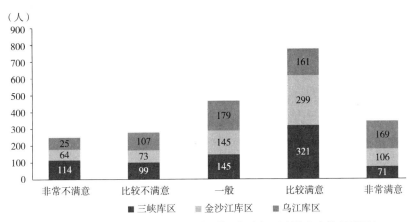

图 6-10　长江上游典型库区移民对报销医保方便程度满意度的现状调查

从上述数据可知，长江上游典型库区移民对报销医保方便程度比较满意。

4. 治疗费用满意度的现状调查

第一，三峡库区。在三峡库区 750 个移民中，267 个移民对治疗费用满意度评价一般，占总数的 35.6%，218 个移民对治疗费用比较不满意，占总数的 29.1%，96 个移民对治疗费用非常不满意，占总数的 12.8%，这说明三峡库区移民对治疗费用不太满意（见表 6-12、图 6-11）。

第二，金沙江库区。在金沙江库区 688 个移民中，272 个移民对治疗费用满意度评价一般，占总数的 39.5%，109 个移民对治疗费用比较不满意，占总数的 15.8%，68 个移民对治疗费用非常不满意，占总数的 9.9%，这说明金沙江库区移民对治疗费用不太满意（见表 6-12、图 6-11）。

第三，乌江库区。在乌江库区 641 个移民中，227 个移民对治疗费用满意度评价一般，占总数的 35.4%，179 个移民对治疗费用比较不满意，占总数的 27.9%，88 个移民对治疗费用非常不满意，占总数的 13.7%，这说明乌江库区移民对治疗费用不太满意（见表 6-12、图 6-11）。

表 6-12　长江上游典型库区移民对治疗费用满意度的现状调查

库区类型		非常不满意	比较不满意	一般	比较满意	非常满意
三峡库区（n=750）	计数（人）	96	218	267	150	19
	占比（%）	12.8	29.1	35.6	20.0	2.5
金沙江库区（n=688）	计数（人）	68	109	272	193	46
	占比（%）	9.9	15.8	39.5	28.1	6.7
乌江库区（n=750）	计数（人）	88	179	227	131	16
	占比（%）	13.7	27.9	35.4	20.4	2.5
合计（n=2079）	计数（人）	252	506	766	474	81
	占比（%）	12.1	24.3	36.8	22.8	3.9

总之，从上述数据可知，长江上游典型库区移民对治疗费用不太满意，他们认为治疗费用普遍偏高。

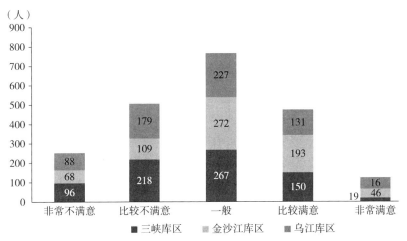

图6-11　长江上游典型库区移民对治疗费用满意度的现状调查

5.治疗效果满意度的现状调查

第一，三峡库区。在三峡库区750个移民中，263个移民对治疗效果评价一般，占总数的35.1%，160个移民对治疗效果比较不满意，占总数的21.3%，23个移民对治疗效果非常不满意，占总数的3.1%，这说明三峡库区移民对治疗效果不太满意（见表6-13、图6-12）。

第二，金沙江库区。在金沙江库区688个移民中，150个移民对治疗效果评价一般，占总数的21.8%，224个移民对治疗效果比较不满意，占总数的32.6%，68个移民对治疗效果非常不满意，占总数的9.9%，这说明金沙江库区移民对治疗效果不太满意（见表6-13、图6-12）。

第三，乌江库区。在乌江库区641个移民中，237个移民对治疗效果评价一般，占总数的37.0%，132个移民对治疗效果比较不满意，占总数的20.6%，这说明乌江库区移民对治疗效果不太满意（见表6-13、图6-12）。

表6-13　长江上游典型库区移民对治疗效果满意度的现状调查

库区类型		非常不满意	比较不满意	一般	比较满意	非常满意
三峡库区	计数（人）	23	160	263	231	73
（n=750）	占比（%）	3.1	21.3	35.1	30.8	9.7
金沙江库区	计数（人）	68	224	150	135	111
（n=688）	占比（%）	9.9	32.6	21.8	19.6	16.1

续表

库区类型		非常不满意	比较不满意	一般	比较满意	非常满意
乌江库区 （n=641）	计数（人）	19	132	237	203	50
	占比（%）	3.0	20.6	37.0	31.7	7.8
合计 （n=2079）	计数（人）	110	516	650	569	234
	占比（%）	5.3	24.8	31.3	27.4	11.3

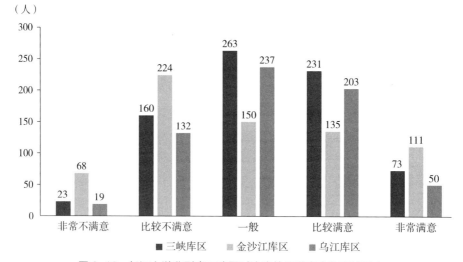

图6-12　长江上游典型库区移民对治疗效果满意度的现状调查

总之，从上述数据可知，长江上游典型库区移民对治疗效果不太满意。

6. 医疗设施满意度的现状调查

第一，三峡库区。在三峡库区750个移民中，390个移民对医疗设施比较满意，占总数的52.0%，39个移民对医疗设施非常满意，占总数的5.2%，这说明三峡库区移民对医疗设施比较满意。

第二，金沙江库区。在金沙江库区688个移民中，390个移民对医疗设施比较满意，占总数的56.7%，20个移民对医疗设施非常满意，占总数的2.9%，这说明金沙江库区移民对医疗设施比较满意。

第三，乌江库区。在乌江库区641个移民中，347个移民对医疗设施比较满意，占总数的54.1%，29个移民对医疗设施非常满意，占总数的4.5%，这说明乌江库区移民对治疗设施满意度较高（见表6-14、图6-13）。

表6-14　长江上游典型库区移民对医疗设施满意度的现状调查

库区类型		非常不满意	比较不满意	一般	比较满意	非常满意
三峡库区 （n=750）	计数（人）	21	143	157	390	39
	占比（%）	2.8	19.1	20.9	52.0	5.2
金沙江库区 （n=688）	计数（人）	34	96	148	390	20
	占比（%）	4.9	14.0	21.5	56.7	2.9
乌江库区 （n=641）	计数（人）	17	117	131	347	29
	占比（%）	2.7	18.3	20.4	54.1	4.5
合计 （n=2079）	计数（人）	72	356	436	1127	88
	占比（%）	3.5	17.1	21.0	54.2	4.2

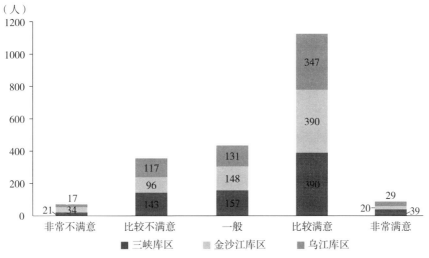

图6-13　长江上游典型库区移民对医疗设施满意度的现状调查

总之，从上述数据可知，长江上游典型库区移民普遍对医疗设施比较满意。

六、长江上游典型库区移民的就业服务情况

1. 参加的就业培训项目

根据长江上游典型库区移民生计状况的调研结果，本章将移民参加的就业培训项目划分为以下六种类型：种植养殖培训、创业培训、建筑培训、电

工培训、家政培训以及其他培训。基于长江上游典型库区 2079 个移民的调研数据，本章对长江上游典型库区移民参加就业培训情况进行了调查分析，具体如表 6-15、图 6-14 所示：

表 6-15　长江上游典型库区移民参加就业培训项目情况

库区类型		种植养殖培训	创业培训	建筑培训	电工培训	家政培训	其他培训
三峡库区 （n=750）	计数（人）	283	101	106	142	76	42
	占比（%）	37.7	13.5	14.1	18.9	10.1	5.6
金沙江库区 （n=688）	计数（人）	38	158	348	100	44	0
	占比（%）	5.5	23.0	50.6	14.5	6.4	0.0
乌江库区 （n=641）	计数（人）	231	86	93	133	61	37
	占比（%）	36.0	13.4	14.5	20.7	9.5	5.8
合计 （n=2079）	计数（人）	552	345	547	375	181	79
	占比（%）	26.6	16.6	26.3	18.0	8.7	3.8

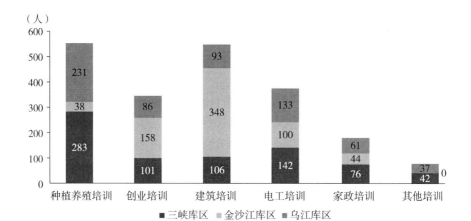

图 6-14　长江上游典型库区移民参加就业培训项目情况

第一，三峡库区。在三峡库区 750 个移民中，283 个移民参加了种植养殖培训，占总数的 37.7%，142 个移民参加了电工培训，占总数的 18.9%，106 个移民参加了建筑培训，占总数的 14.1%，101 个移民参加了创业培训，占总数的 13.5%，76 个移民参加了家政培训，占总数的 10.1%，42 个移民参加了其他培训，占总数的 5.6%。从上述数据可知，三峡库区移民参加的就业培训项目种类比较多，参加的就业培训以技能型培训为主，种植养殖培训、电工培训以及建筑培训较多。

第二，金沙江库区。在金沙江库区 688 个移民中，348 个移民参加了建筑培训，占总数的 50.6%，158 个移民参加了创业培训，占总数的 23.0%，100 个移民参加了电工培训，占总数的 14.5%，44 个移民参加了家政培训，占总数的 6.4%，38 个移民参加了种植养殖培训，占总数的 5.5%。从上述数据可知，金沙江库区移民参加的就业培训项目种类比较多，金沙江库区移民以建筑培训、创业培训以及电工培训为主。

第三，乌江库区。在乌江库区 641 个移民中，231 个移民参加了种植养殖培训，占总数的 36.0%，133 个移民参加了电工培训，占总数的 20.7%，93 个移民参加了建筑培训，占总数的 14.5%，86 个移民参加了创业培训，占总数的 13.4%。这说明乌江库区移民以种植养殖培训、电工培训以及建筑培训为主。

从以上分析可知，长江上游典型库区参加的就业培训种类以种植养殖培训、建筑培训、电工培训以及创业培训为主。

2. 就业培训效果的评价

根据长江上游典型库区移民生计状况的调研结果，本章将就业培训效果的评价运用移民对就业培训效果的满意度来测量，具体赋值如下：非常不满意 =1，比较不满意 =2，一般 =3，比较满意 =4，非常满意 =5。基于长江上游典型库区 2079 个移民的调研数据，本章对长江上游典型库区移民的就业培训效果进行了调查分析，具体如表 6-16、图 6-15 所示：

表 6-16　长江上游典型库区移民的就业培训效果情况

库区类型		非常不满意	比较不满意	一般	比较满意	非常满意
三峡库区 （n=750）	计数（人）	46	200	143	266	95
	占比（%）	6.1	26.7	19.1	35.5	12.7
金沙江库区 （n=688）	计数（人）	46	182	274	118	68
	占比（%）	6.7	26.5	39.8	17.2	9.9
乌江库区 （n=641）	计数（人）	42	178	120	226	75
	占比（%）	6.6	27.8	18.7	35.3	11.7
合计 （n=2079）	计数（人）	134	560	537	610	238
	占比（%）	6.4	26.9	25.8	29.3	11.4

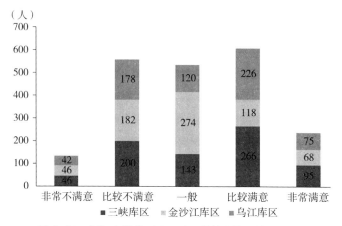

图6-15　长江上游典型库区移民的就业培训效果情况

第一，三峡库区。在三峡库区750个移民中，200个移民对就业培训效果比较不满意，占总数的26.7%，46个移民对就业培训效果非常不满意，占总数的6.1%，143个移民对就业培训效果评价一般，占总数的19.1%。从上述数据可知，三峡库区移民对就业培训效果不太满意。

第二，金沙江库区。在金沙江库区688个移民中，274个移民对就业培训效果评价一般，占总数的39.8%，182个移民对就业培训效果比较不满意，占总数的26.5%，46个移民对就业培训效果非常不满意，占总数的6.7%，这表明金沙江库区大部分移民对就业培训效果不太满意。

第三，乌江库区。在乌江库区641个移民中，178个移民对就业培训效果比较不满意，占总数的27.8%，120个移民对就业培训效果评价一般，占总数的18.7%，42个移民对就业培训效果非常不满意，占总数的6.6%，这说明乌江库区大部分移民对就业培训满意度并不高。

从上述数据可知，长江上游典型库区移民对就业培训效果不太满意。

3. 就业培训频率

根据长江上游典型库区移民生计状况的调研结果，本章将就业培训频率用移民参加就业培训的次数来测量，具体赋值如下：非常少=1，比较少=2，一般=3，比较多=4，非常多=5。基于长江上游典型库区2079个移民的调研数据，本章对长江上游典型库区移民的就业培训频率进行了调查分析，具体如表6-17、图6-16所示：

表6-17　长江上游典型库区移民的就业培训频率

库区类型		非常少	比较少	一般	比较多	非常多
三峡库区	计数（人）	56	211	307	117	59
（n=750）	占比（%）	7.5	28.1	40.9	15.6	7.9
金沙江库区	计数（人）	234	109	139	132	74
（n=688）	占比（%）	34.0	15.8	20.2	19.2	10.8
乌江库区	计数（人）	46	187	263	102	43
（n=641）	占比（%）	7.2	29.2	41.0	15.9	6.7
合计	计数（人）	336	507	709	351	176
（n=2079）	占比（%）	16.2	24.4	34.1	16.9	8.5

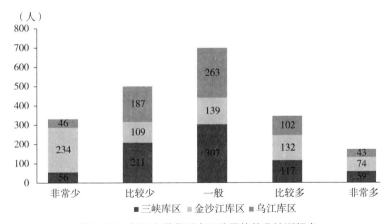

图6-16　长江上游典型库区移民的就业培训频率

　　第一，三峡库区。在三峡库区的750个移民中，307个移民对参加就业培训的频率评价一般，占总数的40.9%，211个移民参加就业培训的频率比较少，占总数的28.1%，56个移民参加就业培训的频率非常少，占总数的7.5%。从上述数据可知，长江上游典型库区移民参加就业培训的频率并不高。

　　第二，金沙江库区。在金沙江库区的688个移民中，234个移民参加就业培训的频率非常少，占总数的34.0%，109个移民参加就业培训的频率比较少，占总数的15.8%，139个移民参加就业培训的次数一般，占总数的20.2%，这表明金沙江库区移民参加就业培训的频率并不高。

　　第三，乌江库区。在乌江库区的641个移民中，263个移民参加就业培训的次数一般，占总数的41.0%，187个移民参加就业培训的频率比较少，占总数的29.2%，46个移民参加就业培训的频率非常少，占总数的7.2%，这表明乌江库区移民参加就业培训的频率并不高。

总之，从上述数据可知长江上游典型库区移民参加就业培训的频率并不高。

4. 就业信息发布的评价

根据长江上游典型库区移民生计状况的调研结果，本章将就业信息发布评价情况设计如下：发布信息全面、及时、准确=1，发布信息及时、准确=2，发布信息滞后=3，不了解=4。基于长江上游典型库区2079个移民的调研数据，本章对长江上游典型库区移民的就业信息发布的评价进行了调查分析，具体如表6-18、图6-17所示：

表6-18　长江上游典型库区移民就业信息发布的评价

库区类型		发布信息全面、及时、准确	发布信息及时、准确	发布信息滞后	不了解
三峡库区（n=750）	计数（人）	246	261	170	73
	占比（%）	32.8	34.8	22.7	9.7
金沙江库区（n=688）	计数（人）	109	275	119	185
	占比（%）	15.8	40.0	17.3	26.9
乌江库区（n=641）	计数（人）	209	224	142	66
	占比（%）	32.6	34.9	22.2	10.3
合计（n=2079）	计数（人）	495	760	431	393
	占比（%）	23.8	36.6	20.7	18.9

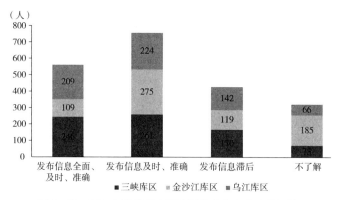

图6-17　长江上游典型库区移民就业信息发布的评价

第一，三峡库区。在三峡库区的 750 个移民中，261 个移民认为就业信息发布及时、准确，占总数的 34.8%，246 个移民认为就业信息发布全面、及时、准确，占总数的 32.8%，这表明三峡库区大多数移民认为就业信息发布比较及时、准确。

第二，金沙江库区。在金沙江库区的 688 个移民中，275 个移民认为就业信息发布及时、准确，占总数的 40.0%，109 个移民认为就业信息发布全面、及时、准确，占总数的 15.8%，这表明金沙江库区大多数移民认为就业信息发布比较及时、准确。

第三，乌江库区。在乌江库区的 641 个移民中，224 个移民认为就业信息发布及时、准确，占总数的 34.9%，209 个移民认为就业信息发布全面、及时、准确，占总数的 32.6%。这表明乌江库区大多数移民认为就业信息发布比较及时、准确而且信息全面。

总之，从上述数据分析可知，长江上游典型库区移民认为就业信息发布比较及时，而且信息全面、准确，这说明长江上游典型库区政府在移民就业方面做出了诸多努力，也取得了较大成效。

七、长江上游典型库区移民的教育服务情况

1. 孩子入学情况

根据长江上游典型库区移民生计状况的调研结果，本章将孩子入学便利情况作为衡量孩子入学情况的指标，具体度量如下：非常不容易 =1，比较不容易 =2，一般 =3，比较容易 =4，非常容易 =5。基于长江上游典型库区 2079 个移民的调研数据，本章对长江上游典型库区移民子女的入学情况进行了调查分析，具体如表 6-19、图 6-18 所示：

表 6-19　孩子入学便利情况

库区类型		非常不容易	比较不容易	一般	比较容易	非常容易
三峡库区 （n=750）	计数（人）	3	21	181	340	205
	占比（%）	0.4	2.8	24.1	45.3	27.3
金沙江库区 （n=688）	计数（人）	56	217	35	171	209
	占比（%）	8.1	31.5	5.1	24.9	30.4

库区类型		非常不容易	比较不容易	一般	比较容易	非常容易
乌江库区 （n=641）	计数（人）	3	14	162	285	177
	占比（%）	0.5	2.2	25.3	44.5	27.6
合计 （n=2079）	计数（人）	62	252	378	796	591
	占比（%）	3.0	12.1	18.2	38.3	28.4

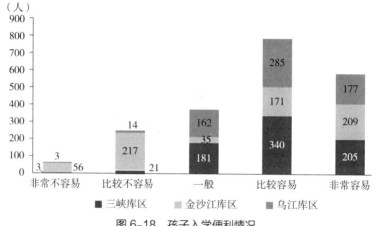

图 6-18 孩子入学便利情况

第一，三峡库区。在三峡库区 750 个移民中，340 个移民认为孩子入学比较容易，占总数的 45.3%，205 个移民认为孩子入学非常容易，占总数的 27.3%，从上述数据可知，三峡库区移民的子女入学比较便利。

第二，金沙江库区。在金沙江库区 688 个移民中，171 个移民认为孩子入学比较容易，占总数的 24.9%，209 个移民认为孩子入学非常容易，占总数的 30.4%，从上述数据可知，金沙江库区移民的子女入学比较便利。

第三，乌江库区。在乌江库区 641 个移民中，285 个移民认为孩子入学比较容易，占总数的 44.5%，177 个移民认为孩子入学非常容易，占总数的 27.6%，从上述数据可知，乌江库区移民的子女入学比较便利。

2. 教育负担情况

根据长江上游典型库区移民生计状况的调研结果，本章将教育负担情况评价如下：不重 =1，不是很重 =2，一般 =3，比较重 =4，非常重 =5。基于长江上游典型库区 2079 个移民的调研数据，本章对长江上游典型库区移民的教育负担情况进行了调查分析，具体如表 6-20、图 6-19 所示：

表6-20　长江上游典型库区移民的教育负担情况

库区类型		不重	不是很重	一般	比较重	非常重
三峡库区	计数（人）	17	83	115	374	161
（n=750）	占比（%）	2.3	11.1	15.3	49.9	21.5
金沙江库区	计数（人）	38	149	150	221	130
（n=688）	占比（%）	5.5	21.7	21.8	32.1	18.9
乌江库区	计数（人）	16	82	94	315	134
（n=641）	占比（%）	2.5	12.8	14.7	49.1	20.9
合计	计数（人）	71	314	359	910	425
（n=2079）	占比（%）	3.4	15.1	17.3	43.8	20.4

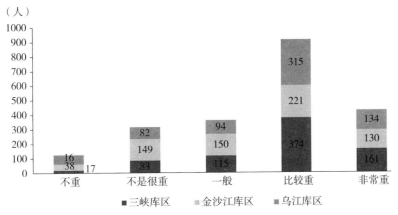

图6-19　长江上游典型库区移民的教育负担情况

　　第一，三峡库区。在三峡库区750个移民中，374个移民认为教育负担比较重，占总数的49.9%，161个移民认为教育负担非常重，占总数的21.5%，从上述数据可知，三峡库区大部分移民认为教育负担比较重。

　　第二，金沙江库区。在金沙江库区688个移民中，221个移民认为教育负担比较重，占总数的32.1%，130个移民认为教育负担非常重，占总数的18.9%，从上述数据可知，金沙江库区大部分移民认为教育负担比较重。

　　第三，乌江库区。在乌江库区641个移民中，315个移民认为教育负担比较重，占总数的49.1%，134个移民认为教育负担非常重，占总数的20.9%，从上述数据可知，乌江库区大部分移民认为教育负担比较重。

总之，从以上数据分析可知，长江上游典型库区移民家庭的教育负担较重。

八、长江上游典型库区移民的社会保障服务情况

基于长江上游典型库区 2079 个移民的调研数据，本章对长江上游典型库区移民的社会保障现状进行了分析，具体如表 6-21 所示：

表 6-21　移民社会保障情况

库区类型		养老保险	医疗保险	低保
三峡库区 （n=750）	计数（人）	252	544	88
	占比（%）	33.6	72.5	11.7
金沙江库区 （n=688）	计数（人）	222	500	49
	占比（%）	32.3	72.7	7.1
乌江库区 （n=641）	计数（人）	193	470	73
	占比（%）	30.1	73.3	11.4
合计 （n=2079）	计数（人）	667	1514	210
	占比（%）	32.1	72.8	10.1

第一，三峡库区。在三峡库区 750 个移民户样本中，移民购买养老保险的比重约为 33.6%，购买医疗保险的比重约为 72.5%，享受低保的移民比重约为 11.7%。从上述数据可知三峡库区社会保障体系不太完善，移民的养老保险覆盖率还不太高，部分移民可能会面临老无所养和疾病治疗缺失的风险。

第二，金沙江库区。在金沙江库区 688 个移民户样本中，移民购买养老保险的比重约为 32.3%，购买医疗保险的比重约为 72.7%，享受低保的移民比重约为 7.1%。

第三，乌江库区。在乌江库区 641 个移民户样本中，移民购买养老保险的比重约为 30.1%，购买医疗保险的比重约为 73.3%，享受低保的移民比重约为 11.4%。

总之，长江上游典型库区移民搬迁后，人均耕地不足，生产生活困难，部分移民基本生活难以保障，老龄移民存在老无所养等问题；农村移民进城集镇安置后，失去赖以生存的耕地，城镇社会保障尚未完全覆盖，面临养老无着落和疾病治疗缺失的风险。移民群众社会保障的缺失，一定程度影响了

城乡统筹发展和基本公共服务均等化目标的实现，因此，长江上游典型库区要加大对移民社会保障的覆盖范围，特别是对那些因病因残的致贫移民、因自然灾害致贫的移民、因教育致贫的移民等。

第二节　长江上游典型库区不同个体特征移民生活状况的对比分析

一、城镇移民和农村移民生活状况的对比分析

1. 住房及交通情况

表 6-22 提供了城镇移民和农村移民住房情况以及交通状况的比较情况，从卡方检验结果可知，城镇移民和农村移民的住房面积、道路状况存在显著差异，但是住房结构、出行方式不存在显著性差异。从样本均值来看，农村移民拥有的住房面积（均值为 3.14）大于城镇移民（均值为 2.57），城镇移民附近的道路状况（均值为 2.80）略好于农村移民（均值为 2.21）。

表 6-22　城镇移民和农村移民的住房以及交通情况比较

住房及交通情况	总体	农村移民	城镇移民	显著性水平
住房面积	2.85	3.14	2.57	***
住房结构	1.82	1.97	1.67	NS
道路状况	2.51	2.21	2.80	***
出行方式	2.54	2.60	2.49	NS

注：*** 表示 P<0.001；** 表示 P<0.01；* 表示 P<0.05；+ 表示 P<0.10；NS 为不显著。检验方法：卡方检验。

2. 用水及供电情况

表 6-23 提供了城镇移民和农村移民用水以及供电状况的比较情况，从卡方检验结果可知，农村移民和城镇移民的水源情况、取水方式和电压稳定情况三个方面存在显著性差异，但是水质情况、停电情况差异不太显著。

表6-23　城镇移民和农村移民的用水及供电情况比较

用水和供电情况	总体	农村移民	城镇移民	显著性水平
水源情况	1.66	1.74	1.59	**
取水方式	2.69	2.79	2.60	***
水质情况	3.50	3.51	3.50	NS
电压稳定情况	1.16	1.15	1.18	*
停电情况	1.71	1.70	1.72	NS

注：*** 表示 P<0.001；** 表示 P<0.01；* 表示 P<0.05；+ 表示 P<0.10；NS 为不显著。检验方法：卡方检验。

3. 医疗服务情况

表6-24 提供了城镇移民和农村移民医疗服务状况的比较情况，从卡方检验结果可知，农村移民和城镇移民的药品价格的满意度、医院服务态度的满意度、报销医保方便程度的满意度、医院治疗效果的满意度以及医疗设施的满意度五个方面存在显著性差异，但是城镇移民和农村移民对治疗费用的满意度并不存在显著性差异。从样本均值来看，农村移民对药品价格的满意度、医院服务态度的满意度、报销医保方便程度的满意度、医院治疗效果的满意度以及医疗设施的满意度五个方面略高于城镇移民。

表6-24　城镇移民和农村移民的医疗服务情况比较

医疗服务情况	总体	农村移民	城镇移民	显著性水平
药品价格	2.85	2.86	2.83	**
医院服务态度	3.03	3.09	2.97	**
报销医保方便程度	2.83	2.92	2.75	*
治疗费用	3.18	3.20	3.16	NS
治疗效果	2.65	2.76	2.54	**
医疗设施满意度	2.54	3.45	3.32	*

注：*** 表示 P<0.001；** 表示 P<0.01；* 表示 P<0.05；+ 表示 P<0.10；NS 为不显著。检验方法：卡方检验。

4. 就业服务情况

表6-25提供了城镇移民和农村移民就业服务状况的比较情况，从卡方检验结果可知，农村移民和城镇移民的参加就业培训项目、就业培训效果的评价、参加就业培训的频率以及就业信息发布的评价四个方面存在显著性差异。从样本均值来看，农村移民参加就业培训的频率（均值为2.84）略高于城镇移民（均值为2.71），农村移民对就业培训效果的满意度（均值为3.18）略高于城镇移民（均值为3.07），农村移民对就业信息发布的满意度（均值为2.41）略高于城镇移民（均值为2.28）。

表6-25 城镇移民和农村移民的就业服务情况比较

就业服务情况	总体	农村移民	城镇移民	显著性水平
参加的就业培训项目	2.77	2.48	3.05	**
就业培训效果的评价	3.12	3.18	3.07	*
参加就业培训的频率	2.77	2.84	2.71	*
就业信息发布的评价	2.35	2.41	2.28	**

注：*** 表示 $P<0.001$；** 表示 $P<0.01$；* 表示 $P<0.05$；+ 表示 $P<0.10$；NS 为不显著。检验方法：卡方检验。

5. 教育服务情况

表6-26提供了城镇移民和农村移民教育服务状况的比较情况，从卡方检验结果可知，农村移民和城镇移民所居住区域的孩子入学便利情况、教育负担情况均存在显著性差异。从样本总体均值来看，移民家庭孩子入学便利情况的均值为3.77，接近4.0，这表明长江上游典型库区移民家庭孩子入学是比较便利的，教育负担情况的均值为3.63，介于3.0~4.0，这表明长江上游典型库区移民的教育负担比较重；从农村移民和城镇移民分样本均值来看，城镇移民的孩子入学的便利程度（均值为4.03）高于农村移民（均值为3.50），而农村移民所承受的教育负担（均值为3.74）略高于城镇移民（均值为3.52）。

表6-26 城镇移民和农村移民的教育服务情况比较

教育服务情况	总体	农村移民	城镇移民	显著性水平
孩子入学便利情况	3.77	3.50	4.03	***

续表

教育服务情况	总体	农村移民	城镇移民	显著性水平
教育负担情况	3.63	3.74	3.52	***

注：*** 表示 P<0.001；** 表示 P<0.01；* 表示 P<0.05；+ 表示 P<0.10；NS 为不显著。检验方法：卡方检验。

6. 社会保障服务情况

表 6-27 提供了长江上游典型库区城镇移民和农村移民社会保障服务状况的比较情况，从卡方检验结果可知，农村移民和城镇移民的养老保险存在显著性差异，但是医疗保险情况以及低保情况并不存在显著性差异。从样本均值来看，城镇移民购买养老保险情况（均值为1.48）略高于农村移民（均值为1.15），但是农村移民和城镇移民购买医疗保险和低保情况并不存在显著性差异。这说明长江上游典型库区移民的社会保障体系尚不完善，社会保险参保率较低，农村移民养老保险覆盖率较低。因此，政府需要对库区实施特殊的社会保障政策，对支持库区生态建设、维护库区稳定具有特别重要的意义。

表 6-27　城镇移民和农村移民的社会保障服务情况比较

社会保障情况	总体	农村移民	城镇移民	显著性水平
养老保险情况	1.32	1.15	1.48	***
医疗保险情况	1.73	1.72	1.73	NS
低保情况	1.10	1.10	1.10	NS

注：*** 表示 P<0.001；** 表示 P<0.01；* 表示 P<0.05；+ 表示 P<0.10；NS 为不显著。检验方法：卡方检验。

二、不同性别移民生活状况的对比分析

1. 住房及交通情况

表 6-28 提供了不同性别移民住房以及交通状况的比较情况，从卡方检验结果可知，不同性别移民的住房面积以及道路状况存在显著性差异，但是不同性别移民所拥有的住房结构以及出行方式并未呈现显著性差异。从不同性别移民的样本均值来看，男性移民拥有的住房面积（均值为3.01）大于女性移民（均值为2.60）。

表6-28 不同性别移民的住房以及交通情况比较

住房及交通情况	总体样本	男性移民	女性移民	显著性水平
住房面积	2.85	3.01	2.60	***
住房结构	1.81	1.74	1.86	NS
道路状况	2.51	2.62	2.43	+
出行方式	2.54	2.74	2.41	NS

注：*** 表示 P<0.001；** 表示 P<0.01；* 表示 P<0.05；+ 表示 P<0.10；NS 为不显著。检验方法：卡方检验。

2. 用水及供电情况

表6-29 提供了不同性别移民用水及供电状况的比较情况，从卡方检验结果可知，不同性别移民的水源情况、取水方式、电压稳定状况以及停电情况存在显著性差异，但是不同性别移民认为家里的水质情况并不存在显著性差异。

表6-29 不同性别移民的用水及供电情况比较

用水及供电情况	总体样本	男性移民	女性移民	显著性水平
水源情况	1.66	1.64	1.67	+
取水方式	2.69	2.55	2.78	**
水质情况	3.50	3.52	3.50	NS
电压稳定情况	1.17	1.21	1.14	+
停电情况	1.71	1.67	1.73	+

注：*** 表示 P<0.001；** 表示 P<0.01；* 表示 P<0.05；+ 表示 P<0.10；NS 为不显著。检验方法：卡方检验。

3. 医疗服务情况

表 6-30 提供了不同性别移民对医疗服务满意度的比较情况，从卡方检验结果可知，不同性别移民的药品价格的满意度、医院服务态度的满意度、报销医保方便程度的满意度、治疗费用的满意度、治疗效果的满意度、医疗设施满意度均存在显著性差异。从样本均值来看，女性移民对药品价格的满意度、医院服务态度、报销医保方便程度、治疗费用的满意度、医疗设施满意度均高于男性移民，但是男性移民认为医疗效果的满意度（均值为 2.77）

略高于女性移民（均值为2.57）。

表6-30　不同性别移民的医疗服务情况比较

医疗服务情况	总体样本	男性移民	女性移民	显著性水平
药品价格	2.85	2.64	2.98	+
医院服务态度	3.03	3.02	3.04	+
报销医保方便程度	2.83	2.71	2.91	*
治疗费用	3.18	3.05	3.27	**
治疗效果	2.65	2.77	2.57	**
医疗设施满意度	2.54	2.40	2.63	*

注：*** 表示 P<0.001；** 表示 P<0.01；* 表示 P<0.05；+ 表示 P<0.10；NS 为不显著。检验方法：卡方检验。

4. 就业服务情况

表6-31提供了不同性别移民就业服务情况的比较情况，从卡方检验结果可知，不同性别移民参加的就业培训项目、对就业培训效果的评价以及就业信息发布的评价均存在显著性差异，但是参加就业培训的频率不存在显著性差异。从样本均值来看，女性移民对就业培训效果的评价（均值为3.19）略高于男性移民（均值为3.02），男性移民对就业信息发布的评价的满意度（均值为2.36）略高于女性移民（均值为2.34）。

表6-31　不同性别移民的就业服务情况比较

就业服务情况	总体样本	男性移民	女性移民	显著性水平
参加的就业培训项目	2.78	2.85	2.73	+
就业培训效果的评价	3.12	3.02	3.19	*
参加就业培训的频率	2.77	2.80	2.75	NS
就业信息发布的评价	2.35	2.36	2.34	**

注：*** 表示 P<0.001；** 表示 P<0.01；* 表示 P<0.05；+ 表示 P<0.10；NS 为不显著。检验方法：卡方检验。

5. 教育服务情况

表6-32提供了不同性别移民居住区域的教育服务状况的比较情况，从

卡方检验结果可知，不同性别移民居住区域的孩子入学便利情况以及教育负担情况存在显著性差异。从样本均值来看，男性移民的孩子入学便利情况（均值为3.81）略好于女性移民（均值为3.71），男性移民承受的教育负担（均值为3.66）重于女性移民（均值为3.56）。

表6-32　不同性别移民的教育服务情况比较

教育服务情况	总体样本	男性移民	女性移民	显著性水平
孩子入学便利情况	3.77	3.81	3.71	**
教育负担情况	3.62	3.66	3.56	**

注：*** 表示 P<0.001；** 表示 P<0.01；* 表示 P<0.05；+ 表示 P<0.10；NS 为不显著。检验方法：卡方检验。

6. 社会保障服务情况

表6-33 提供了不同性别移民社会保障服务状况的比较情况，从卡方检验结果可知，不同性别移民所享受的养老保险情况存在显著性差异，但是不同性别移民所享受的医疗保险、低保情况并不存在显著性差异。从样本均值来看，男性移民购买养老保险的人数（均值为1.40）略多于女性移民（均值为1.27）。

表6-33　不同性别移民的社会保障服务情况比较

社会保障服务情况	总体样本	男性移民	女性移民	显著性水平
养老保险情况	1.32	1.40	1.27	**
医疗保险情况	1.73	1.71	1.74	NS
低保情况	1.10	1.10	1.10	NS

注：*** 表示 P<0.001；** 表示 P<0.01；* 表示 P<0.05；+ 表示 P<0.10；NS 为不显著。检验方法：卡方检验。

三、不同婚姻状况移民生活状况的对比分析

1. 住房及交通情况

表6-34 提供了长江上游典型库区不同婚姻状况移民住房及交通情况的比较情况，从卡方检验结果可知，不同婚姻状况移民的住房面积、住房结构

存在显著性差异，已婚移民的住房面积（均值为2.86）大于未婚移民（均值为2.85），但是道路状况、出行方式不存在显著性差异。

表6-34 不同婚姻状况移民住房及交通情况的对比分析

住房及交通情况	总体样本	未婚	已婚	离异	丧偶	显著性水平
住房面积	2.85	2.85	2.86	2.69	3.01	*
住房结构	1.82	1.74	1.87	1.91	1.94	+
道路状况	2.51	2.50	2.50	2.52	2.62	NS
出行方式	2.54	2.53	2.58	2.42	2.51	NS

注：*** 表示 $P<0.001$；** 表示 $P<0.01$；* 表示 $P<0.05$；+ 表示 $P<0.10$；NS 为不显著。检验方法：卡方检验。

2. 用水及供电情况

表6-35提供了长江上游典型库区不同婚姻状况移民的用水及供电情况的比较情况，从卡方检验结果可知，不同婚姻状况移民的水源情况、水质情况、电压情况和停电情况存在显著性差异，但是取水方式不存在显著性差异。

表6-35 不同婚姻状况移民的用水及供电情况的对比分析

用水及供电情况	总体样本	未婚	已婚	离异	丧偶	显著性水平
水源情况	1.66	1.60	1.73	1.59	1.77	*
取水方式	2.69	2.64	2.73	2.72	2.87	NS
水质情况	3.50	3.55	3.46	3.51	3.49	+
电压情况	1.16	1.16	1.18	1.11	1.20	+
停电情况	1.71	1.73	1.69	1.77	1.52	**

注：*** 表示 $P<0.001$；** 表示 $P<0.01$；* 表示 $P<0.05$；+ 表示 $P<0.10$；NS 为不显著。检验方法：卡方检验。

3. 医疗服务情况

表6-36提供了长江上游典型库区不同婚姻状况移民医疗服务的比较情况，从卡方检验结果可知，不同婚姻状况移民对治疗费用的满意度、治疗效果的满意度以及医疗设施的满意度三个方面存在显著性差异，但是不同婚姻

状况移民对药品价格的满意度、医院服务态度的满意度以及报销医保方便程度的满意度三个方面不存在显著性差异。

表6-36　不同婚姻状况移民的医疗服务情况比较

医疗服务情况	总体样本	未婚	已婚	离异	丧偶	显著性水平
药品价格满意度	2.87	2.89	2.82	2.85	2.68	NS
医院服务态度	3.03	3.00	3.06	2.90	3.25	NS
报销医保方便程度	2.85	2.83	2.85	2.77	2.93	NS
治疗费用	3.18	3.18	3.22	2.99	3.28	*
治疗效果	2.67	2.65	2.65	2.48	2.97	**
医疗设施满意度	2.54	2.49	2.62	2.45	2.41	*

注：*** 表示 P<0.001；** 表示 P<0.01；* 表示 P<0.05；+ 表示 P<0.10；NS 为不显著。检验方法：卡方检验。

4. 就业服务情况

表6-37 提供了长江上游典型库区不同婚姻状况移民就业服务的比较情况，从卡方检验结果可知，不同婚姻状况移民参加就业培训项目以及参加就业培训的频率不存在显著性差异，但是不同婚姻状况移民对就业培训效果的评价以及对就业信息发布的评价两个方面存在显著性差异。其中，未婚移民对就业培训效果的满意度、就业信息发布的满意度的评价（均值分别为 3.19、2.34）均高于已婚移民（均值分别为 3.04、2.33）。

表6-37　不同婚姻状况移民就业服务情况的对比分析

就业服务情况	总体样本	未婚	已婚	离异	丧偶	显著性水平
参加的就业培训项目	2.77	2.77	2.75	2.83	2.93	NS
参加就业培训的频率	2.77	2.72	2.82	2.73	2.96	NS
就业培训效果的评价	3.12	3.19	3.04	3.22	3.04	*
就业信息发布的评价	2.35	2.34	2.33	2.30	2.68	*

注：*** 表示 P<0.001；** 表示 P<0.01；* 表示 P<0.05；+ 表示 P<0.10；NS 为不显著。检验方法：卡方检验。

5. 教育服务情况

表 6-38 提供了长江上游典型库区不同婚姻状况移民教育服务的比较情况，从卡方检验结果和不同婚姻状况移民教育服务情况的分样本均值来看，不同婚姻状况移民的孩子入学便利情况以及教育负担情况两个方面都存在显著性差异。其中丧偶移民的教育负担最重（均值为 3.87），未婚移民的教育负担最轻（均值为 3.60）。

表 6-38　不同婚姻状况移民的教育服务情况比较

教育服务情况	总体样本	未婚	已婚	离异	丧偶	显著性水平
孩子入学便利情况	3.77	3.73	3.80	3.89	3.63	*
教育负担情况	3.63	3.60	3.70	3.61	3.87	**

注：*** 表示 P<0.001；** 表示 P<0.01；* 表示 P<0.05；+ 表示 P<0.10；NS 为不显著。检验方法：卡方检验。

6. 社会保障服务情况

表 6-39 提供了长江上游典型库区不同婚姻状况移民社会保障服务的比较情况，从卡方检验结果和不同婚姻状况移民社会保障服务情况的分样本均值来看，不同婚姻状况移民的养老保险情况以及医疗保险情况不存在显著性差异，但是低保情况存在显著性差异，如丧偶的移民享受低保的人数要高于已婚、未婚以及离异的移民。

表 6-39　不同婚姻状况移民的社会保障服务情况比较

社会保障服务情况	总体样本	未婚	已婚	离异	丧偶	显著性水平
养老保险情况	1.32	1.32	1.32	1.29	1.42	NS
医疗保险情况	1.73	1.70	1.74	1.77	1.75	NS
低保情况	1.10	1.10	1.10	1.06	1.17	+

注：*** 表示 P<0.001；** 表示 P<0.01；* 表示 P<0.05；+ 表示 P<0.10；NS 为不显著。检验方法：卡方检验。

四、不同年龄段移民生活状况的对比分析

1. 住房及交通情况

第一，住房面积。运用 SPSS19.0 软件对住房面积与年龄状况进行了方

差分析，由表 6-40 可知，F 值为 2.193，由于这里的显著值 0.067 小于 0.10，这表明年龄状况对住房面积产生显著影响。因此，从方差分析结果可知，不同年龄段移民拥有的住房面积呈现显著性差异。从总体样本均值来看，移民的住房面积均值为 2.85，这表明移民拥有的住房面积大多在 50~100 平方米，如 30 岁以下移民的住房面积均值为 2.71，50~60 岁移民的住房面积均值为 2.90，存在显著性差异。

第二，住房结构。运用 SPSS19.0 软件对住房结构与年龄状况进行了方差分析，由表 6-40 可知，F 值为 1.199，由于这里的显著值 0.309 大于 0.05，这表明年龄状况对住房结构并未产生显著影响。因此，从总体样本均值来看，移民的住房结构均值为 1.82，这表明移民居住的住房结构为框架结构或砖混结构；从方差分析结果可知，不同年龄段移民的住房结构并不存在显著性差异，不同年龄段移民的住房结构均值在 1.80 上下，并不存在显著性差异。

第三，道路状况。运用 SPSS19.0 软件对道路状况与年龄状况进行了方差分析，由表 6.40 可知，F 值为 1.362，由于这里的显著值 0.245 大于 0.05，这表明年龄状况对道路状况并未产生显著影响。因此，从总体样本均值来看，移民的道路状况均值为 2.51，这表明移民居住区域的道路状况较好，大多为水泥路或者沥青路。从方差分析结果可知，不同年龄段移民的道路状况不具有显著性差异。从表 6-40 可知：不同年龄段移民的道路状况均值在 2.50 上下，并不具有显著性差异。

第四，出行方式。运用 SPSS19.0 软件对出行方式与年龄状况进行了方差分析，由表 6-40 可知，F 值为 3.585，由于这里的显著值 0.006 小于 0.05，这表明年龄状况对出行方式产生显著影响。因此，从总体样本均值来看，移民的出行方式均值为 2.54，这表明不同年龄段的出行方式主要为汽车、摩托车或电瓶车；从方差分析结果可知，不同年龄段移民的出行方式具有显著性差异，如 30 岁以下的移民出行方式的均值为 2.36，而 60 岁以上移民的出行方式均值为 2.73，存在显著性差异。

表 6-40 不同年龄段的移民的住房及交通情况的对比分析

住房及交通情况	总体样本	30 岁以下	30~40 岁	40~50 岁	50~60 岁	60 岁以上	F 值	显著性水平
住房面积	2.85	2.71	2.74	2.90	2.90	2.81	2.193+	0.067
住房结构	1.82	1.74	1.87	1.80	1.77	1.80	1.199	0.309

续表

住房及交通情况	总体样本	30岁以下	30~40岁	40~50岁	50~60岁	60岁以上	F值	显著性水平
道路状况	2.51	2.53	2.55	2.48	2.59	2.40	1.362	0.245
出行方式	2.54	2.36	2.59	2.54	2.45	2.73	3.585*	0.006

注：*** 表示 P<0.001；** 表示 P<0.01；* 表示 P<0.05；+ 表示 P<0.10；NS 为不显著。检验方法：F 检验。

2. 用水及供电情况

第一，水源情况。运用 SPSS19.0 软件对水源情况与年龄状况进行了方差分析，由表 6-41 可知，F 值为 3.017，由于这里的显著值 0.002 小于 0.05，这表明水源情况对年龄状况产生显著影响。从总体样本均值来看，水源情况的均值为 1.66，这表明移民家庭的水源主要是自来水或井水，但是从方差分析结果可知，不同年龄段移民家庭的水源情况呈现显著性差异，如 40~50 岁的移民家庭的水源情况均值为 1.72，而 30 岁以下的移民家庭的水源情况均值则为 1.58。

第二，取水方式。运用 SPSS19.0 软件对取水方式与年龄状况进行了方差分析，由表 6-41 可知，F 值为 3.670，由于这里的显著值 0.006 小于 0.05，这表明年龄状况对取水方式产生显著影响。因此，从方差分析结果可知，不同年龄段的移民家庭的取水方式具有显著性差异，如 50~60 岁移民家庭的取水方式的均值为 2.54，60 岁以上的移民家庭的取水方式的均值为 2.95，存在显著性差异。

第三，水质状况。运用 SPSS19.0 软件对水质状况与年龄状况进行了方差分析，由表 6-41 可知，F 值为 17.280，由于这里的显著值 0.000 小于 0.05，这表明年龄状况对水质状况产生显著影响。因此，从方差分析结果可知，不同年龄段移民家庭的水质状况具有显著性差异，如 30 岁以下的移民家庭的水质状况满意度的平均值为 2.79，而 40~50 岁的移民家庭的水质状况满意度的平均值为 3.53，存在显著性差异。

第四，电压稳定情况。运用 SPSS19.0 软件对电压稳定情况与年龄状况进行了方差分析，由表 6-41 可知，F 值为 0.754，由于这里的显著值 0.556 大于 0.05，这表明年龄状况对电压稳定情况并未产生显著影响。因此，从方差分析结果可知，不同年龄移民认为电压稳定情况的均值在 1.15 上下，并不存在显著性差异。

第五，停电情况。运用 SPSS19.0 软件对停电情况与年龄状况进行了方差分析，由表 6-41 可知，F 值为 6.612，由于这里的显著值 0.000 小于 0.05，这表明年龄状况对停电情况产生显著影响。从总体样本均值来看，停电情况的平均值为 1.71，接近 2.0，这表明移民家庭大多是偶尔停电。从方差分析结果可知，不同年龄段移民认为家庭的停电情况，存在显著性差异，如 30~40 岁的移民认为停电情况的均值为 1.63，30 岁以下的移民认为停电情况的均值为 1.81。

表 6-41　不同年龄段移民的用水及供电情况的对比分析

用水及供电情况	总体样本	30 岁以下	30~40 岁	40~50 岁	50~60 岁	60 岁以上	F 值	显著性水平
水源情况	1.66	1.58	1.65	1.72	1.51	1.70	3.017**	0.002
取水方式	2.69	2.79	2.67	2.68	2.54	2.95	3.670**	0.006
水质情况	3.50	2.79	3.62	3.53	3.53	3.64	17.280***	0.000
电压稳定情况	1.16	1.17	1.18	1.17	1.14	1.15	0.754	0.556
停电情况	1.71	1.81	1.63	1.71	1.81	1.68	6.612***	0.000

注：*** 表示 P<0.001；** 表示 P<0.01；* 表示 P<0.05；+ 表示 P<0.10；NS 为不显著。检验方法：F 检验。

3. 医疗服务情况

第一，药品价格。运用 SPSS19.0 软件对药品价格与年龄状况进行了方差分析，由表 6-42 可知，F 值为 11.281，由于这里的显著值 0.000 小于 0.05，这表明年龄状况对药品价格产生显著影响。因此，从方差分析结果可知，不同年龄段的移民对药品价格的满意度呈现显著性差异。如 30~40 岁的移民对药品价格的满意度的均值为 2.65，30 岁以下的移民对药品价格的满意度的均值为 3.30。

第二，医院服务态度。运用 SPSS19.0 软件对医院服务态度与年龄状况进行了方差分析，由表 6-42 可知，F 值为 0.588，由于这里的显著值 0.672 大于 0.05，这表明年龄状况对医院服务态度并未产生显著影响。因此，从方差分析结果可知，不同年龄段移民对医院服务态度的满意度并不具有显著性差异。从表 6-42 可知：不同年龄段移民对医院服务态度的满意度的均值在 3.0 上下，并不具有显著性差异。

第三，报销医保方便程度。运用 SPSS19.0 软件对报销医保方便程度与年龄状况进行了方差分析，由表 6-42 可知，F 值为 0.941，由于这里的显著值 0.439 大于 0.05，这表明年龄状况对报销医保方便程度并未产生显著影响。因此，从方差分析结果可知，不同年龄段移民对报销医保方便程度的满意度，并不具有显著性差异。

第四，治疗费用。运用 SPSS19.0 软件对治疗费用与年龄状况进行了方差分析，由表 6-42 可知，F 值为 1.083，由于这里的显著值 0.363 大于 0.05，这表明年龄状况对治疗费用并未产生显著影响。因此，从方差分析结果可知，不同年龄段移民对治疗费用的满意度，不存在显著性差异。从表 6-42 可知：不同年龄段移民对治疗费用的满意度的均值在 3.20 上下，并不具有显著性差异。

第五，治疗效果。运用 SPSS19.0 软件对治疗效果与年龄状况进行了方差分析，由表 6-42 可知，F 值为 2.798，由于这里的显著值 0.025 小于 0.05，这表明年龄状况对治疗效果产生显著影响。因此，从方差分析结果可知，不同年龄段的移民对治疗效果的满意度具有显著性差异，如 30 岁以下的移民对治疗效果满意度的均值为 2.41，而 60 岁以上移民对治疗效果满意度的均值为 2.76。

第六，医疗设施满意度。运用 SPSS19.0 软件对医疗设施与年龄状况进行了方差分析，由表 6-42 可知，F 值为 0.133，由于这里的显著值 0.970 大于 0.05，这表明年龄状况对医疗设施满意度并未产生显著性影响。因此，从方差分析结果可知，不同年龄段的移民对医疗设施的满意度，并不存在显著性差异，从表 6-42 可知，不同年龄段的移民对医疗设施的满意度的均值均在 2.53 上下，并不存在显著性差异。

表 6-42　不同年龄段移民的医疗服务情况比较

医疗服务情况	总体样本	30 岁以下	30~40 岁	40~50 岁	50~60 岁	60 岁以上	F 值	显著性水平
药品价格	2.85	3.30	2.65	2.88	2.83	2.79	11.281***	0.000
医院服务态度	3.03	2.97	3.07	3.04	3.00	2.96	0.588	0.672
报销医保方便程度	2.83	2.93	2.76	2.84	2.87	2.82	0.941	0.439
治疗费用	3.18	3.34	3.18	3.17	3.16	3.14	1.083	0.363
治疗效果	2.65	2.41	2.61	2.69	2.60	2.76	2.798*	0.025
医疗设施满意度	2.54	2.50	2.53	2.55	2.53	2.53	0.133	0.970

注：*** 表示 P<0.001；** 表示 P<0.01；* 表示 P<0.05；+ 表示 P<0.10；NS 为不显著。检验方法：F 检验。

4. 就业服务情况

第一，参加的就业培训项目。运用SPSS19.0软件对参加就业培训项目与年龄状况进行了方差分析，由表6-43可知，F值为1.384，由于这里的显著值0.237大于0.05，这表明就业培训项目对年龄状况并未产生显著影响。因此，从方差分析结果可知不同年龄段的移民参加的就业培训项目并未呈现显著性差异。

第二，就业培训效果的评价。运用SPSS19.0软件对就业培训效果与年龄状况进行了方差分析，由表6-43可知，F值为1.442，由于这里的显著值0.218大于0.05，这表明年龄状况对就业培训效果并未产生显著影响。因此，从方差分析结果可知，不同年龄段的移民对就业培训效果评价的均值为3.10上下，这说明不同年龄段移民对就业培训效果的评价并没有存在显著性差异。

第三，参加就业培训的频率。运用SPSS19.0软件对参加就业培训的频率与年龄状况进行了方差分析，由表6-43可知，F值为1.849，由于这里的显著值0.117大于0.05，这表明年龄状况对参加就业培训频率并未产生显著影响。因此，从方差分析结果可知不同年龄段移民参加就业培训的频率并不具有显著性差异。

第四，就业信息发布的评价。运用SPSS19.0软件对就业信息发布的评价与年龄状况进行了方差分析，由表6-43可知，F值为2.211，由于这里的显著值0.065小于0.10，这表明年龄状况对就业信息发布的评价产生显著影响。因此，从方差分析结果可知不同年龄段移民对就业信息发布的评价存在显著性差异，如30岁以下的移民对就业信息发布评价的均值为2.25，而60岁以上的移民对就业信息发布评价的均值为2.43。

表6-43　不同年龄段的移民的就业服务情况的对比分析

就业服务情况	总体样本	30岁以下	30~40岁	40~50岁	50~60岁	60岁以上	F值	显著性水平
参加的就业培训项目	2.77	2.82	2.84	2.73	2.88	2.64	1.384	0.237
就业培训效果的评价	3.12	3.15	3.02	3.13	3.21	3.16	1.442	0.218
参加就业培训的频率	2.77	2.95	2.69	2.75	2.85	2.79	1.849	0.117
就业信息发布的评价	2.35	2.25	2.31	2.40	2.24	2.43	2.211+	0.065

注：*** 表示 P<0.001；** 表示 P<0.01；* 表示 P<0.05；+ 表示 P<0.10；NS 为不显著。检验方法：F检验。

从方差分析结果可知，不同年龄段的移民参加的就业培训项目、就业培训效果的评价、参加就业培训的频率三个方面不存在显著性差异，但是不同年龄段移民对就业信息发布的评价存在显著性差异。

5. 教育服务情况

第一，孩子入学便利情况。运用SPSS19.0软件对孩子入学便利情况与年龄状况进行了方差分析，由表6-44可知，F值为1.685，由于这里的显著值0.151大于0.05，这表明孩子入学便利情况对年龄状况并未产生显著影响。

第二，教育负担情况。运用SPSS19.0软件对教育负担情况与年龄状况进行了方差分析，由表6-44可知，F值为1.727，由于这里的显著值0.141大于0.05，这表明年龄状况对教育负担情况并未产生显著影响。

表6-44 不同年龄段移民教育服务情况的对比分析

教育服务情况	总体样本	30岁以下	30~40岁	40~50岁	50~60岁	60岁以上	F值	显著性水平
孩子入学便利情况	3.77	3.85	3.68	3.76	3.86	3.82	1.685	0.151
教育负担情况	3.63	3.69	3.56	3.60	3.73	3.71	1.727	0.141

注：*** 表示 $P<0.001$；** 表示 $P<0.01$；* 表示 $P<0.05$；+ 表示 $P<0.10$；NS 为不显著。检验方法：F检验。

6. 社会保障服务情况

第一，养老保险情况。运用SPSS19.0软件对养老保险状况与年龄状况进行了方差分析，由表6-45可知，F值为7.358，由于这里的显著值0.000小于0.05，这表明年龄状况对养老保险情况产生显著影响。因此，从方差分析结果可知，不同年龄段的移民购买养老保险情况呈现显著性差异。从方差分析结果可知不同年龄段的移民购买养老保险的频率存在显著性差异，如60岁以上的移民购买养老保险的均值为1.52，30岁以下的移民购买养老保险的均值为1.32，存在显著性差异。

第二，医疗保险情况。运用SPSS19.0软件对医疗保险情况与年龄状况进行了方差分析，由表6-45可知，F值为5.563，由于这里的显著值0.000小于0.05，这表明年龄状况对医疗保险情况产生显著影响。因此，从方差分析结果可知，不同年龄段移民购买医疗保险状况存在显著性差异，如60岁以上的移民购买医疗保险的均值为1.77，而30岁以下的移民购买医疗保险的均值为1.60。

第三，低保情况。运用 SPSS19.0 软件对低保情况与年龄状况进行了方差分析，由表 6-45 可知，F 值为 2.681，由于这里的显著值 0.030 小于 0.05，这表明年龄状况对低保情况产生显著影响。因此，从方差分析结果可知，不同年龄段的移民购买低保的频率存在显著性差异，如 60 岁以上的移民享受低保情况的均值为 1.14，30 岁以下的移民享受低保情况的均值为 1.04。

表 6-45　不同年龄段移民的社会保障服务情况比较

社会保障服务情况	总体样本	30 岁以下	30~40 岁	40~50 岁	50~60 岁	60 岁以上	F 值	显著性水平
养老保险情况	1.32	1.32	1.31	1.29	1.29	1.52	7.358***	0.000
医疗保险情况	1.73	1.60	1.73	1.70	1.70	1.77	5.563***	0.000
低保情况	1.10	1.04	1.10	1.12	1.12	1.14	2.681*	0.030

注：*** 表示 P<0.001；** 表示 P<0.01；* 表示 P<0.05；+ 表示 P<0.10；NS 为不显著。检验方法：F 检验。

第三节　长江上游典型库区移民的生产生活存在的问题

一、移民的生产生活条件存在的问题

长江上游典型库区移民的生产生活条件较差。长江上游典型库区由于人多地少的基础性矛盾约束，加上大量土地由于迁建占用，移民安置耕田地下降较多，且耕田地土质较差、土层瘠薄、缺乏水利配套，没有达到基本农田要求。此外，库区后靠移民人均耕地面积比淹没前大幅下降。在已安置后靠移民的土地中，保水、保土、保肥能力弱，土壤熟化程度低，水利设施大多不配套，抵御自然灾害能力弱，生产条件比淹没前明显下降，来自土地的收入出现较大幅度的减少，加之缺乏其他的收入来源，部分移民的人均收入降低，生活水平下降。

二、库区社会公共产品服务能力相对不足

长江上游典型库区社会公共产品服务能力严重不足，具体表现在以下两

个方面：第一，库区优质基础教育和职业教育发展比较滞后。库区有劳动力丰富的优势，但存在劳动者受教育年限低、新型劳动技能缺乏等问题。因此，需要在长江上游典型库区发展职业教育。第二，库区医疗卫生服务水平有待进一步提高。长江上游典型库区尽管医疗卫生条件明显改善，医疗设备和医疗水平有所提高，移民的就医便利程度有所增加，库区移民就医更加方便，就医质量有所提高。但是部分区县的医疗卫生资源供给相对不足，如医疗卫生设施简陋、设备不全，医疗卫生条件差，且药品价格偏高。

三、库区基础设施存在的问题

第一，长江上游典型库区基础设施较为落后。长江上游典型库区的基础设施落后主要体现在交通、通信、农田水利资源等物质基础设施方面，具体表现如下：部分库区的交通落后，通达性低，对畜力交通依赖程度较高；电视和电话普及缺乏；农户炊事和取暖主要使用的能源为薪柴；农业科技推广困难，农业生产率低，卫生站缺乏，医疗条件落后，再加上移民的家庭收入低，就医困难。

第二，库区基础设施薄弱，阻碍了库区的可持续发展。长江上游典型库区修建水库之后，淹没了大批公路、港口码头和桥梁，对库区交通影响巨大。库区基础设施配套规模不足、标准较低，不能满足城乡均等化要求。此外，库区的基础设施建设标准偏低问题十分突出。如库区乡镇公路通畅水平低，且道路等级低、路况差，对水路运输过分依赖，不利于货物通畅地对外运输；库区骨干水源工程缺乏，库区城集镇居民不同程度地存在饮水安全问题等。

第三，交通基础设施配套标准偏低，不能满足城乡均等化要求。长江上游典型库区发展的最大制约因素之一是交通基础设施通达率不高，等级偏低。在移民搬迁建设中，交通设施在补偿基础之上，交通设施状况得到了较大改善。但是，库区很多地方乡镇公路通畅水平低，且道路等级低、路况差，行政村公路通达率低（机耕路），部分区域还是渡口形式，不利于货物通畅地对外运输。从移民安稳致富角度，重点解决区县以下移民安置区交通连接及标准提高问题。

四、库区社会保障体系尚不健全

长江上游典型库区移民的社会保障体系尚不完善，社会保险参保率低。

移民的社会保障体系尚未完全覆盖，农村养老保险覆盖率低。在调查的 2079 个移民中，32.1% 的移民购买了养老保险，72.8% 的移民购买了医疗保险。对库区实施特殊的社会保障政策，对支持库区生态建设、维护库区稳定具有特别重要意义：

第一，养老和医疗保险尚未完全覆盖，部分移民面临老无所养和疾病治疗风险。库区后靠农村移民搬迁后，人均耕地不足，生产生活困难，部分移民基本生活难以保障，老龄农村移民存在老无所养等问题。农村移民进城集镇安置后，失去赖以生存的耕地，城镇社会保障尚未完全覆盖，面临养老无着落和疾病治疗缺失风险，需要将这部分人口及时纳入城镇养老、医疗等社会保障体系，保障其生活水平不下降。同时，移民群众社会保障的缺失，一定程度影响了城乡统筹发展和基本公共服务均等化目标的实现。

第二，移民参加城乡社会保障体系的意愿较弱。受限于信息获取能力及教育水平，大部分移民不具有长远规划、前瞻性投资能力，他们往往以获取现金收入最为心安，一般不会拿出大笔资金积极参加社会保险。部分移民失去最基本的生产资料——土地后，安置补助费划入移民社会保障资金，明显减少了移民的现金补偿，实践中移民参保意愿不高。

第三，移民社会保障资金存在缺口，县一级地方政府财政压力大。在水利工程移民安置实施过程中，受制于国家水利工程征地补偿政策规定，征地补偿资金满足不了移民社会保障资金需求。人民政府从土地出让金等土地有偿使用收益中安排社会保障费用。被征地农民社会保障资金不足的，由库区人民政府负责解决，移民社会保障资金缺口很大部分需要当地政府从财政中弥补，尤其对于财政薄弱的地区压力甚大。加之在集体经营性建设用地入市改革的趋势下，地方政府土地出让经费相对缩减，这样一来，如何保证移民社会保障资金足额到账就成为难以解决的问题。

本章小结

本章基于长江上游典型库区 2079 个移民的调研数据，对移民的生活现状进行了分析，主要从以下两个方面展开：首先，从移民的住房情况、交通状况、用水情况、供电情况、医疗服务情况、就业服务情况、教育服务情况以及社会保障情况八个方面，探讨了长江上游典型库区移民的生活现状；其次，采取对比研究的方法，分析了不同户籍、不同婚姻状况、不同性别、不同年龄段的移民的生活现状的差异。本章的主要研究内容如下：

一、长江上游典型库区移民的生活现状评价

本章基于长江上游典型库区 2079 个移民的调研数据，对库区移民的生活现状进行了分析，具体如下：

第一，住房情况。①住房面积。长江上游典型库区移民的住房面积大多在 50~100 平方米，基本能满足日常生活需要。②住房结构。长江上游典型库区移民的住房结构大多为框架结构和砖混结构，如三峡库区 750 个移民样本中，住房为框架结构的移民人数最多，占总数的 47.2%，住房为砖混结构的移民人数占总数的 43.2%；在金沙江库区 688 个移民中，住房为砖混结构的移民人数最多，占总数的 46.4%，住房为框架结构的移民人数占总数的 38.2%。

第二，交通情况。①道路状况。长江上游典型库区移民居住地区的道路状况大多为水泥路和沥青路，道路状况较好，这说明长江上游典型库区政府在改善民生方面做出了诸多努力，显著地改善了移民的道路交通状况。②出行方式。长江上游典型库区移民大多通过乘坐汽车、骑摩托车或电瓶车的方式到县城中心或城镇中心。如三峡库区 750 个移民样本中，35.1% 的移民选择坐汽车到县城中心或城镇中心，30.4% 的移民选择骑摩托车或电瓶车到县城中心或城镇中心；在金沙江库区 688 个移民样本中，29.7% 的移民选择坐汽车到县城中心或城镇中心，29.5% 的移民选择骑摩托车或电瓶车到县城中心或城镇中心。

第三，用水情况。①水源情况。长江上游典型库区移民家庭生活用水和生产用水的主要渠道为自来水和井水。如在三峡库区 750 个移民中，72.8% 的移民家庭使用自来水，18.1% 的移民家庭使用井水；在金沙江库区 688 个移民中，40.4% 的移民家庭使用自来水，21.1% 的移民家庭使用井水。②取水方式。长江上游典型库区大多数移民家庭的取水方式为自来水，部分移民采取水井挑水、自流引水、水泵提水以及溪沟蓄水等取水方式相结合。③水质情况。长江上游典型库区移民对水质状况是比较满意的，这说明长江上游典型库区水资源保护措施得力。如在三峡库区 750 个移民中，55.7% 的移民

对水质状况是比较满意的；在金沙江库区 688 个移民中，64.1% 的移民对水质状况是比较满意的。

第四，供电情况。基于长江上游典型库区 2079 个移民的调研数据，笔者发现长江上游典型库区供电情况较好，大部分移民认为库区电压比较稳定，家里偶尔停电。如在三峡库区 750 个移民中，647 个移民认为电压比较稳定，占总数的 86.3%，657 个移民认为三峡库区偶尔停电，占总数的 87.6%；在金沙江库区 688 个移民中，77.5% 的移民认为库区电压比较稳定，78.2% 的移民认为金沙江库区很少停电。

第五，医疗服务情况。长江上游典型库区移民普遍认为库区报销医保比较方便，库区的医疗卫生设施比较满意，但是移民对药品价格、医院服务态度、治疗费用、医疗效果四个方面不太满意。

第六，就业服务情况。①参加的就业培训项目。长江上游典型库区的移民参加的就业培训项目种类比较多，培训内容多以就业培训或技能培训为主，如三峡库区移民培训的内容以种植养殖培训、电工培训以及建筑培训为主，而金沙江库区移民以建筑培训、创业培训以及电工培训为主。②就业培训效果。长江上游典型库区移民对就业培训效果不太满意，且参加就业培训的频次不高，如三峡库区 26.7% 的移民对就业培训效果比较不满意，6.1% 的移民对就业培训效果非常不满意，19.1% 的移民对就业培训效果评价一般；在乌江库区 641 个移民中，27.8% 的移民对就业培训效果比较不满意，18.7% 的移民对就业培训效果评价一般，6.6% 的移民对就业培训效果非常不满意。三峡库区 40.9% 对参加就业培训的频率评价一般，28.1% 的移民参加就业培训的频率比较少；金沙江库区 34.0% 的移民参加就业培训的频率非常少，20.2% 的移民参加就业培训的次数一般。③就业信息发布的评价。长江上游典型库区移民对就业信息发布比较及时，而且信息全面、及时、准确，这说明长江上游典型库区政府在移民就业方面做出了诸多努力，也取得了较大成效。

第七，教育服务情况。①孩子入学情况。从调研数据可知，长江上游典型库区移民的孩子入学是比较便利的，如三峡库区 750 个移民中，340 个移民认为孩子入学比较容易，占总数的 45.3%，205 个移民认为孩子入学非常容易，占总数的 27.3%；在乌江库区 641 个移民中，44.5% 的移民认为孩子入学比较便利。②教育负担情况。长江上游典型库区大多数移民认为教育负担比较重，如在三峡库区 750 个移民中，49.9% 的移民认为教育负担比较重；在乌江库区 641 个移民中，49.1% 的移民认为教育负担比较重。

第八，社会保障服务情况。从调研数据分析可知，长江上游典型库区的社会保障体系尚不完善，移民的养老保险覆盖率不太高，部分移民可能会面临老无所养和疾病治疗缺失的风险。

二、长江上游典型库区不同个体特征移民生活现状的比较分析

1. 城镇移民和农村移民生活状况的对比分析

第一，城镇移民和农村移民的住房面积、道路状况存在显著性差异。从卡方检验结果可知，城镇移民和农村移民的住房面积、道路状况存在显著差异，但是住房结构、出行方式不存在显著性差异。从样本均值来看，农村移民拥有的住房面积（均值为3.14）大于城镇移民（均值为2.57），城镇移民附近的道路状况（均值为2.80）略好于农村移民（均值为2.21），这说明农村移民居住区域的道路状况还有待进一步改善。

第二，城镇移民和农村移民的用水情况和供电情况存在一定差异。从卡方检验结果可知，农村移民和城镇移民的水源情况、取水方式和电压稳定情况三个方面存在显著性差异，但是水质情况、停电情况差异不太显著。

第三，农村移民和城镇移民对医疗服务的满意度存在一定差异。从卡方检验结果可知，农村移民和城镇移民的药品价格的满意度、医院服务态度的满意度、报销医保方便程度的满意度、医院治疗效果的满意度以及医疗设施的满意度五个方面存在显著性差异。但是城镇移民和农村移民对治疗费用的满意度并不存在显著性差异。从样本均值来看，农村移民对药品价格的满意度、医院服务态度的满意度、报销医保方便程度的满意度、医院治疗效果的满意度以及医疗设施的满意度五个方面略高于城镇移民。

第四，农村移民和城镇移民参加就业服务情况存在显著性差异。从卡方检验结果可知，农村移民和城镇移民的参加就业培训项目、就业培训效果的评价、参加就业培训的频率以及就业信息发布的评价四个方面存在显著性差异。从样本均值来看，农村移民参加就业培训的频率、就业培训效果的满意度以及就业信息发布的满意度均高于城镇移民。

第五，农村移民和城镇移民的教育服务状况存在显著性差异。从卡方检验结果可知，农村移民和城镇移民所居住区域的孩子入学便利情况、教育负担情况均存在显著性差异。从样本均值来看，城镇移民的孩子入学的便利程

度高于农村移民，而农村移民所承受的教育负担略高于城镇移民。

第六，农村移民和城镇移民的养老保险状况存在显著性差异。从卡方检验结果可知，农村移民和城镇移民的养老保险存在显著性差异，但是医疗保险情况以及低保情况并不存在显著性差异。从样本均值来看，城镇移民购买养老保险的情况略高于农村移民，但是农村移民和城镇移民购买医疗保险和低保情况并不存在显著性差异。

2. 不同性别移民生活状况的对比分析

第一，不同性别移民的住房面积、道路状况存在显著性差异。从卡方检验结果可知，不同性别移民的住房面积以及道路状况存在显著性差异，但是不同性别移民所拥有的住房结构以及出行方式并未呈现显著性差异。从样本均值来看，男性移民拥有的住房面积（均值为3.01）大于女性移民（均值为2.60）。

第二，不同性别移民的用水及供电情况存在一定差异。从卡方检验结果可知，不同性别移民的水源情况、取水方式、电压稳定状况以及停电情况存在显著性差异，但是不同性别的移民认为家里的水质情况并不存在显著性差异。

第三，不同性别移民的医疗服务情况存在一定差异。从卡方检验结果可知，不同性别移民的药品价格的满意度、医院服务态度的满意度、报销医保方便程度的满意度、治疗费用的满意度、治疗效果的满意度、医疗设施满意度均存在显著性差异。从样本均值来看，女性移民对药品价格的满意度、医院服务态度、报销医保方便程度、治疗费用的满意度、医疗设施满意度均高于男性移民，但是男性移民认为医疗效果的满意度略高于女性移民。

第四，不同性别的移民参加就业培训的项目、对培训效果的评价、对就业信息发布的评价均存在显著性差异。从卡方检验结果可知，不同性别移民参加的就业培训项目、对就业培训效果的评价以及就业信息发布的评价均存在显著性差异，但是参加就业培训的频率不存在显著性差异。从样本均值来看，女性移民对就业培训效果的评价略高于男性移民，男性移民对就业信息发布的评价的满意度略高于女性移民。

第五，不同性别移民的教育服务情况存在显著性差异。从卡方检验结果可知，不同性别移民居住区域的孩子入学便利情况以及教育负担情况存在显著性差异。从样本均值来看，男性移民的孩子入学便利情况（均值为3.81）

略好于女性移民（均值为3.71），男性移民承受的教育负担（均值为3.66）重于女性移民（均值为3.56）。

第六，不同性别移民享受养老保险的情况存在显著性差异。从卡方检验结果可知，不同性别移民所享受的养老保险情况存在显著性差异，但是他们所享受的医疗保险、低保情况并不存在显著性差异。从样本均值来看，男性移民中购买养老保险的人数（均值为1.40）略多于女性移民（均值为1.27）。

3. 不同婚姻状况的移民生活状况的对比分析

第一，不同婚姻状况移民的住房面积及住房结构存在显著性差异。从卡方检验结果可知，不同婚姻状况移民的住房面积、住房结构存在显著性差异，但是道路状况、出行方式不存在显著性差异。

第二，不同婚姻状况移民的水源情况、水质情况和供电情况存在显著性差异。从卡方检验结果可知，不同婚姻状况移民的水源情况、水质情况、电压和停电情况存在显著性差异，但是取水方式不存在显著性差异。

第三，不同婚姻状况的移民对治疗费用的满意度、治疗效果的满意度以及医疗设施的满意度存在显著性差异。从卡方检验结果可知，不同婚姻状况的移民对治疗费用的满意度、治疗效果的满意度以及医疗设施的满意度三个方面存在显著性差异，但是不同婚姻状况的移民对药品价格的满意度、医院服务态度的满意度以及报销医保方便程度的满意度三个方面不存在显著性差异。

第四，不同婚姻状况的移民对就业培训效果的评价以及对就业信息发布的评价存在显著性差异。从卡方检验结果可知，不同婚姻状况的移民参加就业培训项目以及参加就业培训的频率不存在显著性差异，但是不同婚姻状况的移民对就业培训效果的评价以及对就业信息发布的评价两个方面存在显著性差异。其中，未婚移民对就业培训效果的满意度、就业信息发布的满意度的评价均高于已婚移民。

第五，不同婚姻状况移民的教育服务情况存在显著性差异。从卡方检验结果可知，不同婚姻状况移民的孩子入学便利情况以及教育负担情况两个方面都存在显著性差异。其中丧偶移民的教育负担最重（均值为3.87），未婚移民的教育负担最轻（均值为3.60）。

第六，不同婚姻状况的移民享受低保情况存在显著性差异。从卡方检验结果可知，不同婚姻状况移民的养老保险情况以及医疗保险情况不存在显著性差异，但是低保情况存在显著性差异，如丧偶的移民享受低保的人数要高于已婚、未婚以及离异的移民。

4. 不同年龄段的移民生活状况的对比分析

第一，不同年龄段移民的住房面积、出行方式存在显著性差异。①住房及交通情况。从方差分析结果可知，不同年龄段移民拥有的住房面积呈现显著性差异，如 30 岁以下移民的住房面积均值为 2.71，50~60 岁移民的住房面积均值为 2.90 存在显著性差异。但是，从方差分析结果可知，不同年龄段移民的住房结构并不存在显著性差异。②交通情况。从方差分析结果可知，不同年龄段移民的道路状况不具有显著性差异，但是出行方式存在显著性差异，如 30 岁以下的移民出行方式的均值为 2.36，而 60 岁以上的移民的出行方式的均值为 2.73。

第二，不同年龄段移民的用水情况、停电情况存在显著性差异。①用水情况。从方差分析结果可知，不同年龄段的移民家庭的水源情况、取水方式、水质情况均呈现显著性差异。②供电情况。从方差分析结果可知，不同年龄段移民认为电压稳定情况的均值在 1.15 上下，并不存在显著性差异。从方差分析结果可知，不同年龄段移民认为家庭的停电情况存在显著性差异，如 30~40 岁的移民认为停电情况的均值为 1.63，30 岁以下的移民认为停电情况的均值为 1.81。

第三，不同年龄段的移民对药品价格的满意度、治疗效果的满意度存在显著性差异。从方差分析结果可知，不同年龄段移民对药品价格的满意度、治疗效果的满意度存在显著性差异，但是对医院服务态度的满意度、报销医保方便程度的满意度、治疗费用的满意度以及医疗设施满意度四个方面均不存在显著性差异。

第四，不同年龄段的移民对就业信息发布的评价存在显著性差异。从方差分析结果可知，不同年龄段移民参加的就业培训项目、就业培训效果的评价、参加就业培训的频率三个方面不存在显著性差异，但是不同年龄段移民对就业信息发布的评价存在显著性差异。

第五，不同年龄段移民的教育服务情况存在显著性差异。①孩子入学情况。从方差分析结果可知，不同年龄段的移民对孩子入学便利情况并未呈现显著性差异。从不同年龄段移民的样本均值来看，不同年龄段移民的孩子入学便利情况的均值在 3.80 上下浮动，并不存在显著性差异。②教育负担情况。

从方差分析结果可知，不同年龄段移民家庭的教育负担情况存在显著性差异，如 30~40 岁的移民的教育负担较轻（均值为 3.56），而 50~60 岁的移民的教育负担较重（均值为 3.73）。

第六，不同年龄段移民的社会保障服务情况存在显著性差异。①养老保险情况。从方差分析结果可知，不同年龄段的移民购买养老保险的频率存在显著性差异，如 60 岁以上的移民购买养老保险的均值为 1.52，30 岁以下的移民购买养老保险的均值为 1.32，存在显著性差异。②医疗保险情况。从方差分析结果可知，不同年龄段移民购买医疗保险状况存在显著性差异，如 60 岁以上的移民购买医疗保险的均值为 1.77，而 30 岁以下的移民购买医疗保险的均值为 1.60。③低保情况。从方差分析结果可知，不同年龄段的移民购买低保的频率存在显著性差异，如 60 岁以上的移民享受低保情况的均值为 1.14，30 岁以下的移民享受低保情况的均值为 1.04。

三、长江上游典型库区移民的生产生活存在的问题

基于长江上游典型库区移民的生活现状，本章认为库区移民的生活现状存在以下四个问题：第一，移民的生产生活条件较差。第二，库区社会公共产品服务能力相对不足，如移民的教育负担过重，移民对药品价格、医院服务态度、治疗费用、治疗效果都不太满意；此外库区移民的就业服务水平还有待进一步提高，如库区移民参加就业培训频率不高，就业培训效果不佳等。第三，长江上游典型库区的基础设施比较落后，移民的户外道路通达性不强，尤其是农村移民安置区附近的道路状况不佳。此外，库区交通基础设施配套标准偏低，不能满足城乡均等化要求，同时阻碍了库区的可持续发展。第四，长江上游典型库区移民的社会保障体系尚不完善，社会保险参保率低。移民的社会保障体系尚未完全覆盖，农村养老保险覆盖率低。

第七章

长江上游典型库区移民生计资本现状的调查与比较研究

生计资本是移民家庭所拥有的具有经济价值的生产能力与可依赖的物质基础[①]。对于长江上游库区的移民而言，生计资本是他们维持长远生计的重要基础和保障。鉴于生计资本的重要性，本章主要对长江上游典型库区移民的生计资本现状进行深入分析，具体如下：首先对长江上游典型库区移民的生计资本现状进行了描述性统计分析，其次，采取方差分析法、卡方检验的方法，对长江上游典型库区不同个体特征移民的生计资本现状进行了分析。

第一节　长江上游典型库区移民生计资本现状的描述性统计

基于长江上游典型库区 2079 个移民的调研数据，本章对长江上游典型库区移民的生计资本现状进行了分析，具体如表 7-1 所示：第一，人力资本。移民人力资本变量的均值为 2.992，这说明移民的人力资本水平并不高。第二，金融资本。移民金融资本的均值为 3.097，这说明移民的金融资本水平不太高。第三，物质资本。移民物质资本的均值为 3.100，这表明移民物质资本的总体水平不太高。第四，自然资本。移民自然资本的均值为 3.092，这表明移民的自然资本存量较低。第五，社会资本，移民社会资本的均值为 3.764，这表明移民的社会资本水平相对较高。总之，移民的人力资本水平、金融资本水平、

---

① 赵锋 . 水库移民可持续生计发展研究［M］. 北京：经济科学出版社，2015.

物质资本水平、自然资本水平不太高，但是社会资本水平指标适度偏高，这说明搬迁后，移民社会关系网络的规模和质量均有所提高。

表7-1　生计资本的描述性统计

生计资本的变量	移民样本数	极小值	极大值	均值	标准差
人力资本	2079	1	5	2.992	0.999
金融资本	2079	1	5	3.097	0.983
物质资本	2079	1	5	3.100	0.933
自然资本	2079	1	5	3.092	0.929
社会资本	2079	1	5	3.764	0.996

第二节　长江上游典型库区不同个体特征移民的生计资本比较分析

一、城镇移民和农村移民生计资本状况的比较分析

表7-2提供了城镇移民和农村移民生计资本状况的比较情况，从卡方检验结果可知，城镇移民和农村移民的人力资本、金融资本、物质资本、自然资本以及社会资本五个方面存在显著性差异。从总体样本均值来看，人力资本、金融资本、物质资本、自然资本的总体均值为2.992、3.097、3.010、3.092，这说明长江上游典型库区移民的人力资本、金融资本、物质资本、自然资本的总体水平不太高；社会资本的总体均值为3.764，介于3.0~4.0，这表明长江上游典型库区移民的社会资本水平相对较高。从城镇移民和农村移民的分样本均值来看，城镇移民的人力资本、金融资本、物质资本、社会资本水平均高于农村移民，而农村移民的自然资本水平高于城镇移民。

表7-2　城镇移民和农村移民生计资本情况的比较分析

生计资本	总体样本	城镇移民	农村移民	显著性水平
人力资本	2.992	3.037	2.950	***
金融资本	3.097	3.145	3.047	**
物质资本	3.010	3.147	3.050	*

续表

生计资本	总体样本	城镇移民	农村移民	显著性水平
自然资本	3.092	2.140	3.141	*
社会资本	3.764	3.776	3.752	***

注：*** 表示 P<0.001；** 表示 P<0.01；* 表示 P<0.05；+ 表示 P<0.10；NS 为不显著。检验方法：卡方检验。

二、不同性别移民生计资本状况的比较分析

表 7-3 提供了男性移民和女性移民生计资本状况的比较情况，从卡方检验结果可知，男性移民和女性移民的人力资本、金融资本、物质资本以及社会资本四个方面存在显著性差异，但是男性移民和女性移民的自然资本并不存在显著性差异。从不同性别移民的分样本均值来看，男性移民的人力资本、金融资本、物质资本、社会资本水平均高于女性移民。

表 7-3 不同性别移民生计资本情况的比较分析

生计资本	总体样本	女性移民	男性移民	显著性水平
人力资本	2.992	2.926	3.037	*
金融资本	3.097	3.084	3.107	**
物质资本	3.010	3.066	3.123	*
自然资本	3.092	3.063	3.111	NS
社会资本	3.764	3.710	3.797	***

注：*** 表示 P<0.001；** 表示 P<0.01；* 表示 P<0.05；+ 表示 P<0.10；NS 为不显著。检验方法：卡方检验。

三、不同年龄移民生计资本状况的比较分析

第一，人力资本。运用 SPSS19.0 软件对人力资本与年龄进行了方差分析，由表 7-4 可知 F 值为 4.457，显著值 0.001 小于 0.05，这表明年龄对人力资本产生显著影响。因此，从方差分析结果可知不同年龄段移民的人力资本水平具有显著性差异，如 30 岁以下的移民人力资本最高（均值为 3.254），50~60 岁的移民人力资本最低（均值为 3.027），存在显著性差异。

第二，金融资本。运用 SPSS19.0 软件对金融资本与年龄进行了方差分析，

由表 7-4 可知 F 值为 2.245，由于这里的显著值 0.062 小于 0.10，这表明年龄对金融资本产生显著影响。因此，从方差分析结果可知不同年龄段移民的金融资本水平具有显著性差异，如 30 岁以下的移民金融资本的均值为 3.049，60 岁以上的移民金融资本的均值为 3.267，具有显著性差异。

第三，物质资本。运用 SPSS19.0 软件对物质资本与年龄进行了方差分析，由表 7-4 可知 F 值为 2.439，由于这里的显著值 0.045 小于 0.05，这表明年龄对物质资本产生显著影响。因此，从方差分析结果可知不同年龄段移民的物质资本水平具有显著性差异。从表 7-4 可知：60 岁以上移民的物质资本均值为 3.252，30 岁以下移民的物质资本均值为 3.012。

第四，自然资本。运用 SPSS19.0 软件对自然资本与年龄进行了方差分析，由表 7-4 可知 F 值为 2.708，由于这里的显著值 0.029 小于 0.05，这表明年龄对自然资本产生了显著影响。因此，从方差分析结果可知不同年龄段移民的自然资本水平具有显著性差异。从表 7-4 可知：60 岁以上移民的自然资本均值为 3.181，30~40 岁移民的自然资本均值为 3.002，存在显著性差异。

第五，社会资本。运用 SPSS19.0 软件对社会资本与年龄进行了方差分析，由表 7-4 可知 F 值为 2.081，由于这里的显著值 0.081 小于 0.10，这表明年龄对社会资本产生显著影响。因此，从方差分析结果可知不同年龄段移民的社会资本水平具有显著性差异，如 30 岁以下移民的社会资本均值为 3.930，50~60 岁移民的社会资本均值为 3.710，存在显著性差异。

表 7-4 不同年龄段移民在生计资本的不同维度得分上的方差分析

生计资本	总体样本	30 岁以下	30~40 岁	40~50 岁	50~60 岁	60 岁以上	F 值	显著性水平
人力资本	2.992	3.254	3.104	3.058	3.027	3.201	4.457**	0.001
金融资本	3.097	3.049	3.133	3.082	3.016	3.267	2.245*	0.062
物质资本	3.010	3.012	3.105	3.070	3.036	3.252	2.439***	0.045
自然资本	3.092	3.201	3.002	2.946	2.910	3.181	2.708**	0.029
社会资本	3.764	3.930	3.689	3.777	3.710	3.819	2.081*	0.081

注：*** 表示 P<0.001；** 表示 P<0.01；* 表示 P<0.05；+ 表示 P<0.10；NS 为不显著。检验方法：F 检验。

总之，从方差分析结果可知，长江上游典型库区不同年龄段移民的人力资本、金融资本、社会资本、物质资本、自然资本以及社会资本五个方面均存在显著性差异。其中 30 岁以下移民的人力资本水平、自然资本、社会资本水平较高，60 岁以上移民的金融资本、物质资本水平较高。

四、不同婚姻状况移民生计资本状况的比较分析

表 7-5 提供了不同婚姻状况的移民生计资本状况的比较情况，从卡方检验结果可知，不同婚姻状况移民的金融资本、社会资本两个方面存在显著性差异，但是不同婚姻状况移民的人力资本、物质资本以及自然资本并不存在显著性差异。从不同婚姻状况移民的分样本均值来看，已婚移民的人力资本、金融资本、物质资本、自然资本、社会资本均高于未婚移民。

表 7-5　不同婚姻状况移民在生计资本的不同维度得分上的方差分析

生计资本	总体样本	未婚	已婚	离异	丧偶	显著性水平
人力资本	2.992	2.970	3.011	3.007	3.023	NS
金融资本	3.097	3.061	3.128	3.122	3.113	***
物质资本	3.010	3.079	3.120	3.123	3.042	NS
自然资本	3.092	3.062	3.120	3.121	3.038	NS
社会资本	3.764	3.740	3.771	3.808	3.884	***

注：*** 表示 P<0.001；** 表示 P<0.01；* 表示 P<0.05；+ 表示 P<0.10；NS 为不显著。检验方法：卡方检验。

第三节　长江上游典型库区移民生计资本存在的问题

在长江上游典型库区，除了自然资本、社会资本以外，移民的物质资本、金融资本、人力资本较为匮乏，具体体现在以下几个方面：

第一，移民的总体住房情况、居住条件以及家庭拥有的财产均处于较低水平；现金收入低，融资和借贷仍然比较困难，对政府的依赖程度较高；家庭成年劳动力比例低，文盲比例较高，劳动技能低，外出打工困难。生计资本

157

缺乏导致移民抵御生计风险能力不足，生计发展十分脆弱。

第二，由于长江上游典型库区水电开发区域多位于边远山区①，库区移民平均受教育年限普遍低于全国平均水平，目前并不完全适应第二、第三产业安置方式，较妥善的办法还是以土为本，大农业安置。同时，库区现有第二、第三产业起点低，企业规模小，经济效益差，市场竞争力不强，可吸纳安置农村移民的能力有限，且安置极不稳定。

第三，长江上游典型库区移民的社会资本有待进一步提高，比如外出务工的渠道仍然较少（主要依靠亲友或熟人介绍），专业性合作经济组织发育程度不高等。此外，由于移民在迁入地需建新居，而迁出地的房屋属补偿性质，标准偏低，到迁入地后只能将房屋补偿费、其他人头费、生产性发展补偿资金等全部用于新居建设，以至于以后几年的生产生活出现一定的困难。移民到迁入地后，人生地不熟，又无亲朋好友，当地政府和信贷机构又不了解其信用状况，以致部分移民生产、生活资金缺乏，还曾出现部分移民想到沿海打工又缺乏路费的情况。

第四，长江上游典型库区移民的人力资本还需要进一步优化，例如，农村移民所拥有的文化知识以及掌握的劳动技能不能适应现代农业发展的需要，城镇移民大多外出务工，主要从事劳动密集型工作。此外，移民的物质资产存量有待进一步提高，部分移民的住房条件以及居住条件比较差。

本章小结

一、长江上游典型库区移民生计资本现状的描述性统计

基于长江上游典型库区 2079 个移民的调研数据，本章对长江上游典型库区移民的生计资本现状进行了分析，具体如下：移民的人力资本水平（均值为 2.992）、金融资本水平（均值为 3.097）、物质资本水平（均值为 3.100）、自然资本水平（均值为 3.092）都不太高，但是社会资本水平指标（均值为

---

① 李金雄. 水电站日常运行管理中存在的问题及对策［J］. 科学时代，2014（1）：50-55.

3.764）适度偏高。这说明搬迁后，移民社会关系网络的规模和质量均有所提高。

二、不同个体特征移民的生计资本比较分析

基于长江上游典型库区 2079 个移民的调研数据，本章对长江上游典型库区不同个体特征移民的生计资本现状进行了比较分析，具体如下：

第一，城镇移民和农村移民生计资本的五个维度均存在显著性差异。从卡方检验结果可知，城镇移民和农村移民的人力资本、金融资本、物质资本、自然资本以及社会资本五个方面均存在显著性差异。从城镇移民和农村移民的分样本均值来看，城镇移民的人力资本、金融资本、物质资本、社会资本水平均高于农村移民，而农村移民的自然资本水平高于城镇移民。

第二，不同性别移民的人力资本、金融资本、物质资本、社会资本均存在显著性差异。从卡方检验结果可知，男性移民和女性移民的人力资本、金融资本、物质资本以及社会资本四个方面存在显著性差异，但是男性移民和女性移民的自然资本并不存在显著性差异。从不同性别移民的分样本均值来看，男性移民的人力资本、金融资本、物质资本、社会资本水平均高于女性移民。

第三，不同年龄移民生计资本的五个维度均存在显著性差异。长江上游典型库区不同年龄段移民的人力资本、金融资本、社会资本、物质资本、自然资本以及社会资本五个方面均存在显著性差异。其中 30 岁以下移民的人力资本水平、自然资本社会资本水平较高，60 岁以上移民的金融资本、物质资本水半较高。

第四，不同婚姻状况移民的金融资本、社会资本存在显著性差异。从卡方检验结果可知，不同婚姻状况移民的金融资本、社会资本两个方面存在显著性差异，但是不同婚姻状况移民的人力资本、物质资本以及自然资本并不存在显著性差异。从不同婚姻状况移民的分样本均值来看，已婚移民的人力资本，金融资本、物质资本、自然资本、社会资本均高于未婚移民。

三、长江上游典型库区移民生计资本存在的问题

在长江上游典型库区，除了自然资本、社会资本以外，移民的物质资本、

金融资本、人力资本较为匮乏，具体体现在以下三个方面：第一，移民的总体住房情况、居住条件以及家庭拥有的财产均处于较低水平；现金收入低，融资和借贷仍然比较困难，对政府的依赖程度较高；家庭成年劳动力比例低，文盲比例较高，劳动技能低，外出打工困难。第二，长江上游典型库区移民的社会资本有待进一步提高，比如外出务工的渠道仍然较少（主要依靠亲友或熟人介绍），专业性合作经济组织发育程度不高等。第三，长江上游典型库区移民的人力资本还需要进一步优化，例如，农村移民所拥有的文化知识以及掌握的劳动技能不能适应现代农业发展的需要，城镇移民大多外出务工，主要从事劳动密集型工作。此外，移民的物质资产存量有待于进一步提高，部分移民的住房条件以及居住条件比较差。

第八章

长江上游典型库区移民可持续生计的影响因素分析

前几章基于长江上游典型库区 2079 个移民的调研数据，对移民的生计现状进行了评价，主要包括移民的就业现状、生活现状、生计资本等方面，为本章研究长江上游典型库区移民的可持续生计影响因素奠定了良好的现实基础。本章主要探讨了影响长江上游典型库区移民可持续生计的因素。赵锋（2015）提出"资本—能力—策略"的理性选择是水库移民实现内源式生计发展的重要基石。可见，生计资本是实现移民可持续生计的重要基础。由于移民可持续生计发展面临着诸多生计风险，这些生计风险影响着移民的可持生计发展，因此移民需要重视生计风险管理的作用。此外，随着库区经济社会的发展，促进移民生计发展的制度环境得到较为明显的改善，制度环境的改善是否对改善移民的生计状况产生了明显的影响？这些问题有待进一步研究。因此，本章基于长江上游典型库区 2079 个移民的调研数据，主要从生计资本、生计风险管理、制度环境三个维度，探讨这三个因素对移民可持续生计的影响。运用回归模型，对本章提出的假设进行了验证，具体如下：验证了移民的生计资本对可持续生计影响的关系假设、生计资本对生计风险管理影响的关系假设、生计风险管理对移民可持续生计影响的关系假设、生计风险管理在生计资本和移民可持续生计之间的中介效应作用。本章通过层次回归分析法，验证了制度环境在生计资本与移民可持续生计之间的调节作用。

第一节 研究模型的设定

本章的研究模型如图 8-1 所示，图中生计资本为自变量，生计资本包括人力资本、金融资本、社会资本、物质资本以及自然资本，因变量为可持续生计，中介变量为生计风险管理，调节变量为制度环境。本章探讨了长江上游典型库区移民可持续生计的影响因素，具体从以下五个方面展开研究：第一，研究生计资本对移民可持续生计的影响；第二，研究生计资本对生计风险管理的影响；第三，研究生计风险管理对移民可持续生计的影响；第四，研究生计风险管理在生计资本与可持续生计之间的中介效应；第五，研究制度环境在生计资本与移民可持续生计之间的调节效应。

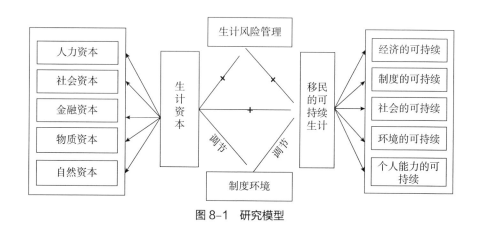

图 8-1　研究模型

第二节　变量选择及测量

一、可持续生计变量的测量

因变量为可持续生计水平（SJSP）。Chambers（1995）[1]认为农户的可持续生计是指农户不仅有能力应对外部冲突和压力，而且能够在不破坏原有自然资源的前提下，生计资产以及自身能力呈现出维持或不断增加的良好态势。DFID（2000）[2]将农户的可持续生计划分为四个维度：第一，环境的

---

　　[1]　Chambers R.Poverty and Livelihoods：Whose Reality Countries？［J］.Environment and Urbanization，1995，7（1），173–204.

　　[2]　DFID.Sustainable Livelihood Guidance Sheets［M］.London：Department for International Development，2000.

可持续。环境的可持续是指随着时间的流逝，维持生计的自然资源处于不断增加或维持的状态；第二，经济的可持续。经济的可持续是指随着时间的流逝，既定的收入水平以及支出水平处于不断增加或保持的状态；第三，社会的可持续。社会的可持续是指社会呈现出社会排斥不断减少，社会公平不断增加的和谐状态；第四，制度的可持续。制度的可持续是指从长远来看，政府能够有效履行自身职责，有能力对社会资源进行有效管理。

结合长江上游典型库区移民的访谈调查结果以及结合专家意见，同时参考DFID（2000）、Mahdi 等（2009）[①]、袁斌（2008）[②]，本章在可持续生计量表四个维度基础之上，新增了一个维度，即个人发展能力的可持续性。因此，可持续生计的测量指标主要从环境的可持续性、经济的可持续性、社会的可持续性、制度的可持续性、个人能力的可持续性五个维度进行测量，具体如表 8-1 所示：

表 8-1　可持续生计的测量量表

变量	维度	题项	来源或依据
可持续生计（SJSP）	经济的可持续性	稳定的经济来源是我的生活保障	DFI（2000）；Mahdi 等（2009）；袁斌（2008）
	制度的可持续性	政府能够有效履行自身职责，为我提供社会保障，是维持长远生计的重要方面	
	社会的可持续性	社会和谐是维持长远生计的重要条件	
	环境的可持续性	当地的生态环境是维持长远生计的重要基础	
	个人发展能力的可持续性	对于我的长远生计，我需要不断提高自身的能力，增强自身的竞争能力	

二、生计资本变量的测量

Scoones（1998）[③]认为生计资本包括自然资本、金融资本、人力资本、社会资本、物质资本五个维度，国内外学者普遍都比较认可这一观点。鉴于生计资本的复杂性和多样性，国内外不同学者运用不同指标，对生计资本的五

[①]　Mahdi G P, Shivakoti D S.Livelihood Change and Livelihood Sustainability in the Uplands of Lembang Subwatershed, West Sumatra, Indonesia, in a Changing Natural Resource Management Context [J].Environmental Management, 2009, 43（1）: 84-99.

[②]　袁斌. 失地农民可持续生计研究［D］.大连：大连理工大学，2008.

[③]　Scoones I.Sustainable Livelihood: A Framework for Analysis［Z］.Brighton: IDS Working Paper, 1998.

个维度进行了度量，但是学界目前尚未形成生计资本公认的测量量表。本章结合我国长江上游典型库区移民的生计现状，将自然资本、金融资本、人力资本、社会资本、物质资本作为移民生计资本的测量指标，探讨生计资本对移民可持续生计的影响。

1. 人力资本的测量

20世纪80年代，美国著名经济学家 Schultz 首次提出"人力资本"的概念。Schultz 认为人力资本是对人的投资而形成的，主要体现为人的知识、技能、经历、经验和熟练程度，如受教育程度、技能水平等属于人力资本的范畴[①]。Flora（2001）[②]提出人力资本包括家庭中劳动力数量、身体状况和教育状况。Mahdi 等（2009）[③]认为人力资本包括教育水平、劳动力数量两个维度；Edward（2013）[④]认为人力资本包括教育水平、技能水平、劳动力数量、身体状况等方面；李聪等（2013）[⑤]认为人力资本包括劳动力数量、平均受教育年限、是否参加非农培训等多个维度。基于长江上游典型库区移民的访谈调查结果，同时结合专家意见，本章将教育水平、技能水平、劳动力数量三个指标作为度量人力资本的指标（见表8-2）。

2. 社会资本的测量

社会资本是指人们为了实现其生计目标所使用的社会资源，如个人资源、商业资源、政府资源等。一个人能从这些关系中获取的利益越高，那么他的社

① Schultz T W.Investing in People：The Economics of Population Quality［M］.California：University of California Press，1982.

② Flora C B.Access and Control of Resources Lessons from the SANREM CRSP［J］.Agric HumanValues，2001，18（1）：41-48.

③ Mahdi G P，Shivakoti D S.Livelihood Change and Livelihood Sustainability in the Uplands of Lembang Subwatershed，West Sumatra，Indonesia，in a Changing Natural Resource Management Context［J］.Environmental Management，2009，43（1）：84-99.

④ Edward R C.Livelihoods as Intimate Government：Reframing the Logic of Livelihoods for Development［J］.Third World Quarterly，2013，34（1）：77-108.

⑤ 李聪，柳玮，冯伟林，等.移民搬迁对农户生计策略的影响——基于陕南安康地区的调查［J］.中国农村观察，2013（6）：31-44.

会资本就越高。国外学者 Vincent（2007）[①]认为社会资本包括社会网络、团体成员、信任关系、组织机构之间的交流。Minamoto（2010）[②]将"人们彼此之间相互帮助""人们彼此之间相互信任""家人和亲戚之间联系紧密"作为测量社会资本的重要指标；Muhammad 等（2015）[③]将"社会成员之间的关系""社会支持"以及"各种社会组织的会员身份"作为度量社会资本的测量指标；国内学者郭红东和丁高洁（2012）[④]用"强关系规模""弱关系规模""创业亲友资源""相关部门任职亲友资源""是否加入农民专业合作社""是否是信用社成员"作为测量社会资本的指标；国内学者丁高洁和郭红东（2013）[⑤]采用李克特五级量表，设置了九个题项来测量社会资本，分别是："春节期间，联系密切的亲戚有多少人""春节期间，联系密切的朋友有多少人""春节期间，联系密切的其他人有多少人""我拥有很多来往频繁的家人和亲戚""我拥有很多来往频繁的朋友""我和绝大部分家人、亲戚互相信任""我和绝大部分朋友互相信任""我可以得到很多家人和亲戚的支持""我可以得到很多朋友的支持"。基于以上研究成果，同时基于长江上游典型库区移民的生计现状以及结合专家意见，本章主要借鉴丁高洁和郭红东（2013）的研究，加入了政策资本的维度，使用四个题项来测量社会资本，社会资本的具体题项用李克特五点量表来打分（见表 8-2）。

3. 金融资本的测量

金融资本是指实现人们生计目标的金融资源，如现金收入、银行存款、库存现金、其他货币资金等。国外学者 Muhammad 等（2015）[⑥]将现金收入、获得贷款的渠道、储蓄以及其他经济资源作为测量金融资本的指标。国内学

① Vincent K.Uncertainty in Adaptive Capacity and the Importance of Scale［J］.Global Environmental Change，2007，17（1），12-24.

② Minamoto Y.Social Capital and Livelihood Recovery：Post-tsunami Sri Lanka as a Case［J］. Disaster Prevention & Management，2010，19（5）：548-564.

③ Muhammad M M，Fatimah K，Siti R B Y，et al.Livelihood Assets and Vulnerability Context of Marine Park Community Development in Malaysia［J］.Soc Indic Res，2015（1）：1-23.

④ 郭红东，丁高洁.社会资本、先验知识与农民创业机会识别［J］.华南农业大学学报（社会科学版），2012，11（3）：78-85.

⑤ 丁高洁，郭红东.社会资本对农民创业绩效的影响研究［J］.华南农业大学学报（社会科学版），2013，12（2）：50-57.

⑥ Muhammad M M，Fatimah K，Siti R B Y，et al.Livelihood Assets and Vulnerability Context of Marine Park Community Development in Malaysia［J］.Soc Indic Res，2015（1）：1-23.

者杨云彦和赵锋（2009）①将年现金收入、融资渠道、获得政府救助与补贴作为测量金融资本的指标；伍艳（2015）②将家庭年收入、获得信贷的机会、获得补贴的机会三个变量作为度量金融资本的指标。基于上述研究，同时结合长江上游典型库区移民生计现状以及专家意见，金融资本的测量主要采用移民家庭的年现金收入、存款情况、获得政府补助情况三个指标来测算，其中年现金收入主要包括他们出售农产品获取的现金收入，外出务工获取的工资性收入，自主创业获取的现金收入，获得政府的补贴、养老金收入等，这是移民金融资本的主要来源（见表8-2）。

4. 物质资本的测量

物质资本是指人们为了实现其生计目标所使用的物质资源，如生产工具、生活用具等。国外学者 Knutsson（2006）③将基础设施的可利用性、住房资产、交通工具作为测量物质资本的指标；国内学者任义科、杜海峰和白萌（2011）④将房屋数量、房屋质量及家庭拥有的设施、设备作为测量物质资本的指标；蒙吉军等（2013）⑤将生活资产、生产资产、住房资产、牲畜资产作为测量物质资本的指标；郭圣乾和张纪伟（2013）⑥将住房情况、生产工具、公共基础设施作为测量物质资本的指标；国内学者伍艳（2015）⑦将生产工具、住房质量、交通工具、牲畜数量作为测量物质资本的指标。参考上述研究成果，同时根据调研的情况以及结合专家意见，将物质资本指标主要从生活资产、生产资产、基础设施状况三个维度进行测量。根据研究变量设计，本章

---

① 杨云彦，赵锋．可持续生计分析框架下农户生计资本的调查与分析——以南水北调（中线）工程库区为例［J］．农业经济问题，2009（3）：58-65.

② 伍艳．农户生计资本与生计策略的选择［J］．华南农业大学学报（社会科学版），2015,14(2)：57-66.

③ Knutsson P M.Ostwald M.A Process-Oriented Sustainable Livelihood Approach-A Tool for Increased Understanding of Vulnerability，Adaptation and Resilience［J］.Mitigation and Adaptation Strategies for Global Change，2006，12（12）：365-372.

④ 任义科，杜海峰，白萌．生计资本对农民工返乡自雇就业的影响［J］.西安交通大学学报（社会科学版），2011，31（4）：51-57.

⑤ 蒙吉军，艾木入拉，刘洋等．农牧户可持续生计资产与生计策略的关系研究［J］.北京大学学报（自然科学版），2013，49（2）：321-328.

⑥ 郭圣乾，张纪伟．农户生计资本脆弱性分析［J］.经济经纬，2013（3）：26-30.

⑦ 伍艳．农户生计资本与生计策略的选择［J］.华南农业大学学报（社会科学版），2015,14(2)：57-66.

研究修订后的生计资本问卷共 16 个题项，具体如表 8-2 所示：

5. 自然资本的测量

自然资本主要包括维持人们现在生计或未来生计需要的有价值的产品流或服务流的自然资源（Daly，1996）[1]，如耕地面积、耕地质量、水资源、矿产资源等。国外学者 Merritt 等（2016）[2] 将公共资源、耕地面积、耕地质量以及水的质量作为测量自然资本的指标；Knutsson（2006）[3] 将灌溉设施作为测量自然资本的重要指标；国内学者杨云彦和赵锋（2009）[4]、赵锋（2015）[5] 将耕地面积、耕地质量作为测量自然资本的指标；任义科、杜海峰和白萌（2011）[6] 将土地数量和土地质量作为测量自然资本的指标。基于以上研究，同时结合长江上游典型库区移民的生计现状以及专家意见，将耕地面积、耕地质量、灌溉设施的使用情况三个指标作为测量自然资本的指标（见表 8-2）。

表 8-2　生计资本的测量量表

变量	维度	题项	来源或依据
生计资本	物质资本（WZZB）	您家所拥有的生产工具较多，这些生产工具能够极大改善您的生产生活状况	Knutsson（2006）；任义科、杜海峰和白萌（2011）；蒙吉军等（2013）；郭圣乾和张纪伟（2013）；伍艳（2015）
		您家所拥有的生活资产较多，这些生活资产能够极大改善您的生计状况	
		基础设施状况较好，极大地改善您的生产生活状况	
	金融资本（JRZB）	您家庭的年现金收入是多少？	Muhammad（2015）；杨云彦和赵锋（2009）；伍艳（2015）

① Daly H B.Beyolld Growth the Economics of Sustainable Development［M］. Boston：Beacon Press,1996.

② Merritt W S，Patch B，Reddy V R，et al.Modelling Livelihoods and Household Resilience to Droughts Using Bayesian Networks［J］.Environment，Development and Sustainability，2016,18（2）：1-32.

③ Knutsson P M.Ostwald M.A Process-Oriented Sustainable Livelihood Approach-A Tool For Increased Understanding of Vulnerability，Adaptation and Resilience［J］. Mitigation and Adaptation Strategies for Global Change，2006,12（12）：365-372.

④ 杨云彦，赵锋.可持续生计分析框架下农户生计资本的调查与分析——以南水北调（中线）工程库区为例［J］.农业经济问题，2009（3）：58-65.

⑤ 赵锋.可持续生计分析框架的理论比较与研究述评［J］. 兰州财经大学学报,2015,31（5）：86-93.

⑥ 任义科，杜海峰，白萌.生计资本对农民工返乡自雇就业的影响［J］.西安交通大学学报（社会科学版），2011，31（4）：51-57.

续表

变量	维度	题项	来源或依据
生计资本	金融资本（JRZB）	您家的存款有多少？	
		您获得过政府补助吗？	
	人力资本（RLZB）	您的文化程度？	Flora（2001）；Mahdi 等（2009）；Edward（2013）；李聪等（2013）
		您学习了很多技能，您掌握的这些技能有助于提高您的生计水平	
		目前家里劳动力有多少人？	
	社会资本（SHZB）	您拥有很多交往频繁的家人和亲戚	Vincent（2007）；Minamoto（2010）；Muhammad（2015）；郭红东和丁高洁（2012）；丁高洁和郭红东（2013）
		您拥有很多交往频繁的朋友及其他人	
		您可以得到很多家人、亲戚朋友及其他人的信任和支持	
		您经常获得政府部门的扶持和救助	
	自然资本（ZRZB）	您家有几亩耕地？	Merritt 等（2016）；Knutsson（2006）；杨云彦和赵锋（2009）；赵锋（2015）；任义科、杜海峰和白萌（2011）
		您家的耕地质量很好，给家庭增加了很多收入	
		您家灌溉设施的使用非常方便，能满足日常农业生产需要	

三、生计风险管理变量测量

生计风险管理是指个体或家庭在生产和生活中所遭遇到的一切不确定性的可能情况，个体或家庭能有效识别生计风险、评估生计风险以及控制生计风险的过程，力争以最小的成本达到最大的分散风险的效果。国外学者 Acs（1985）[①]认为风险管理主要包括以下六个题项："有效识别身边潜在生计风险""有效识别风险所带来的危害""分析测量与这些风险相关的损失""选择最有效处理这些风险的替代方法""能够有效实施选择的这些方法""能够监测这些结果"；Rajbhandari 等（2011）[②]认为风险管理包括风险识别、风险评估以及风险治理三个维度，其中风险识别主要包括生计资产识别、生计风险

[①] Acs J.A Comparison of Models for Strategic Planning，Risk Analysis and Risk Management［J］.Theory and Decision，1985，19（3）：205-248.

[②] Rajbhandari L，Snekkenes E A.Mapping between Classical Risk Management and Game Theoretical Approaches［J］.Communications & Multimedia Security，Ifip Tc，2011，147-154.

识别、生计脆弱性识别、风险结果识别四个维度；风险评估主要包括风险结果评估、风险发生的概率评估、风险的级别评估三个维度；风险治理主要包括风险处理能力、风险承受能力、风险监控能力三个维度。国内学界关于生计风险管理的相关研究较少，对于生计风险管理的相关测量指标也较少，陈传波（2004）[①]、刘学文（2014）[②]指出风险管理主要包括风险识别、风险评估以及风险治理三个维度。参考上述研究成果，同时根据调研的情况以及结合专家意见，本章将移民的生计风险管理变量主要从生计风险识别、生计风险评估以及生计风险治理三个维度进行测量。生计风险管理变量的测量题项如表8-3所示：

表8-3　生计风险管理的测量量表

变量	维度	题项	来源或依据
生计风险管理	生计风险识别（SBFX）	您能够有效识别身边潜在的风险，如养老风险、医疗风险、教育风险等	Acs（1985）；Rajbhandari等（2011）；陈传波（2004）；刘学文（2011）
		您能有效识别潜在生计风险所带来的危害，以及判断风险大小	
		您能有效识别潜在生计风险造成的原因	
	生计风险评估（PGFX）	您能够非常准确地估计潜在风险发生的次数、具体特征	
		您能够非常准确地分析测量与这些风险相关的损失	
生计风险管理	生计风险评估（PGFX）	您总是能够合理确定自己能否承受这些损失	
	生计风险治理（ZFLX）	您总是能够找到规避生计风险的有效决策	
		您总是能够实施所选择的这些方法，来规避风险	
		您总是能够实时监测规避生计风险的结果	

四、制度环境变量测量

本章所指的制度环境是指政府为促进移民安稳致富，而制定的相关政策或措施，如创业政策、金融政策、税收政策、贷款政策、培训政策、补贴政策等。

---

① 陈传波.中国小农户的风险及风险管理研究［D］.武汉：华中农业大学，2004.

② 刘学文.中国农业风险管理研究［D］.成都：西南财经大学，2014.

学界关于制度环境的测量指标主要围绕宏观经济、区域经济、产业经济展开，而对微观个体的制度环境的相关研究相对较少。朱红根（2013）[1]将基础设施、经济环境、投资环境、政府支持作为测量制度环境的指标；周立新等（2014）[2]将政府制定的创业培训政策、税收政策、贷款政策，以及创建的帮扶体系、基础设施建设等作为测量制度环境的指标。本章结合长江上游典型库区移民的生计发展现状，将制度环境分为经济环境、社会环境两个维度。制度环境变量的测量题项如表8-4所示：

表8-4　制度环境的测量量表

变量	维度	题项	来源或依据
制度环境（ZDHJ）	经济环境	政府为移民提供优惠的税收政策、贷款政策等	周立新等（2014）；朱红根（2013）；部分区县移民的发展规划
		政府积极为移民就业搭建平台，提供很多就会就业	
		政府注重对移民的就业培训、技能培训	
	社会环境	政府重视移民的社会保障问题，积极为移民办理养老保险、医疗保险等	
制度环境（ZDHJ）	社会环境	政府重视移民小区的供水供电、道路交通、通信等基础设施的建设与完善	
		政府注重移民社区建设与公共服务设施的完善	

第三节　问卷的信度和效度分析

为了有效掌握长江上游典型库区移民的生计状况，笔者组织本书研究的课题组成员以及部分学生到长江上游典型库区进行实地调研收集一手数据。2015~2018年笔者以及部分调研员多次赴长江上游典型库区对移民的生计状

---

①　朱红根.个体特征、制度环境与返乡创业农民工政治联系：一项实证研究［J］.财贸研究，2013，24（1）：16-21.

②　周立新，苟靠敏，杨于桃.政策环境、关系网络与微型企业创业成长［J］.重庆大学学报（社会科学版），2014，20（3）：70-76.

况进行调研。本次问卷总共发放 2250 份[①]，回收 2170 份，问卷的回收率为 96.4%。在进行数据处理时，去掉因数据缺失、极端化等因素导致的无效问卷 91 份，最终确定有效问卷 2079 份，问卷有效率达 95.8%。在正式问卷开始调查之前，笔者首先通过小样本调查对问卷进行预调研，通过对预调研数据的统计分析，对调查问卷的信度和效度进行初步验证，结果表明对小样本测试收集数据的信度和效度较高。其次，根据被试者对问卷的反馈情况对问卷再次进行适当修正。最后，开始正式问卷的调查，正式问卷的信度和效度分析结果如下。

一、正式问卷的信度分析

本章使用 SPSS19.0 对问卷的信度进行了检验，如表 8-5 所示：生计资本、生计风险管理、可持续生计、制度环境各个分量表的 Cronbach's α 值分别为 0.921、0.958、0.761、0.739。具体如下：第一，生计资本五个维度的 Cronbach's α 值分别为 0.861、0.829、0.785、0.792、0.791，均大于 0.70，这说明生计资本量表的信度较高。第二，生计风险管理的三个维度的 Cronbach's α 值分别为 0.853、0.835、0.845，均大于 0.70，这说明生计风险管理量表的信度较高。第三,正式问卷的整体量表的 Cronbach's α 值为 0.957，大于 0.70，这说明正式问卷的信度很高。

表 8-5　整体量表的信度分析结果

变量类型	变量名称	Cronbach's α 值	题项数量	参考范围	信度分析结果
自变量	整体：生计资本	0.921	16 个	>0.70	信度很好
	维度 1：社会资本	0.861	4 个	>0.70	信度很好
	维度 2：人力资本	0.829	3 个	>0.70	信度很好
	维度 3：金融资本	0.785	3 个	>0.70	信度较好
	维度 4：自然资本	0.792	3 个	>0.70	信度较好
	维度 5：物质资本	0.791	3 个	>0.70	信度较好

① 样本收集方法具体参见第四章。

变量类型	变量名称	Cronbach's α 值	题项数量	参考范围	信度分析结果
中介变量	整体：生计风险管理	0.958	9 个	>0.70	信度很好
	维度 1：生计风险识别	0.853	3 个	>0.70	信度很好
	维度 2：生计风险评估	0.835	3 个	>0.70	信度很好
	维度 3：生计风险治理	0.845	3 个	>0.70	信度很好
调节变量	制度环境	0.739	6 个	>0.70	信度较好
因变量	可持续生计	0.761	5 个	>0.70	信度较好
	正式问卷的整体量表	0.957	36 个	>0.70	信度很好

二、正式问卷的效度分析

为了提高问卷量表的效度，本章尽量采用国内外文献已使用过的成熟量表，并经预调查和专家研讨论证，设计了问卷。设计完问卷后，首先，本章研究将问卷进行了预调研，并对预调研的问卷进行了信度和效度分析，并形成正式问卷；其次，开始正式的问卷调查；最后，运用 SPSS19.0 软件对正式问卷进行了探索性因子分析。本章使用 SPSS19.0 对问卷的效度进行了检验，如表 8-6 所示：生计资本、生计风险管理、可持续生计、制度环境各个分量表的 KMO 值分别为 0.839、0.819、0.736、0.762，均大于 0.70，Bartlett 球形检验的 P 值均为 0.000，小于 0.05，这说明各个分量表效度较高。具体如下：第一，生计资本的五个维度的 KMO 值分别为 0.785、0.719、0.701、0.701、0.703，均大于 0.70，Bartlett 球形检验的 P 值均为 0.000，小于 0.05，这说明生计资本量表的效度较高。第二，生计风险管理的三个维度的 KMO 值分别为 0.719、0.713、0.717，均大于 0.70，Bartlett 球形检验的 P 值均为 0.000，小于 0.05，这说明生计风险管理量表的效度较高。第三，正式问卷的整体量表的 KMO 值为 0.886，大于 0.70，Bartlett 球形检验的 P 值为 0.000，小于 0.05，这说明正式问卷的效度很高。

表 8-6 各个量表的效度分析

变量类型	变量名称	KMO 值	Bartlett 球形检验的 P 值	参考范围	效度分析结果
自变量	整体：生计资本	0.839	0.000	>0.70	效度很好
	维度 1：社会资本	0.785	0.000	>0.70	效度较好
	维度 2：人力资本	0.719	0.000	>0.70	效度较好
	维度 3：金融资本	0.701	0.000	>0.70	效度较好
	维度 4：自然资本	0.701	0.000	>0.70	效度较好
	维度 5：物质资本	0.703	0.000	>0.70	效度较好
中介变量	整体：生计风险管理	0.819	0.000	>0.70	效度很好
	维度 1：生计风险识别	0.719	0.000	>0.70	效度较好
	维度 2：生计风险评估	0.713	0.000	>0.70	效度较好
	维度 3：生计风险治理	0.717	0.000	>0.70	效度较好
调节变量	制度环境	0.762	0.000	>0.70	效度较好
因变量	可持续生计	0.736	0.000	>0.70	效度较好
	正式问卷的整体量表	0.886	0.000	>0.70	效度很好

第四节　理论分析与研究假设

一、移民的生计资本与可持续生计的关系假设

在研究生计资本与可持续生计两者之间关系的文献中，在研究对象上大多集中在农户上，研究表明生计资本有助于促进农户的可持续生计。Chambers（1995）[①] 提出穷人要依据自身生计资本状况，采取复杂多样化的生计策略，制定合理的减贫和预防政策措施，从而维持他们的长远生计。Shiferaw 等（2009）[②]

---

① Chambers R.Poverty and Livelihoods：Whose Reality Countries？［J］.Environment and Urbanization，1995，7（1），173-204.

② Shiferaw B A，Okello J，Reddy R V. Adoption and Adaptation of Natural Resource Management Innovations in Smallholder Agriculture：Reflections on Key Lessons and Best Practices［J］.Environment，Development and Sustainability，2009，11（3）：601-619.

研究表明：拥有优质生计资本的农民，可能会找到资源合理利用的做法，例如采取以市场为导向的农艺策略或集约化经营策略，从而实现可持续生计。Oumer 等（2011）[1]研究表明：拥有更高生计资本的人们，不仅有更多机会获取更多资源以及得到政府帮助，而且能够对资源进行有效管理，促进生计活动更好地开展。

　　生计资本对移民的可持续生计的影响主要体现在以下三个方面：第一，移民的生计资本的数量和质量是促进可持续发展的重要条件（王沛沛、许佳君，2013）[2]。生计资本是移民开展生计活动的重要基础，拥有优质生计资本的移民，往往可以获取更多的生计资源。拥有优质生计资本的移民，可能会有更多机会获取更多资源以及政府帮助，对生计资本进行有效管理，从而为他们开展生计活动提供良好的基础，实现生计的可持续性。第二，生计资本的优化组合是实现移民的可持续生计的重要保障。人们的生计状况很大程度上取决于各种生计资本的综合作用。对于移民而言，单靠某一个生计资本的力量，很难实现可持续生计，因此，移民必须基于自身生计资本现状，权衡利弊，实现各类生计资本组合，最大化发挥各类生计资本的优势，这样才能实现可持续生计。第三，优质高效的生计资本，有利于减少生计脆弱性，实现可持续生计。生计资本是移民抵御各种生计风险的重要基础。优质、高效的生计资本又是降低生计脆弱性、增强风险防范能力的基础，也是移民抵御各种生计风险的重要屏障。拥有优质、高效生计资本的移民，可以充分利用这些资源优势，减少生计脆弱性，增强生计风险抵御能力，从而保障生计的可持续性。基于以上分析，本章提出如下假设：

　　H_1：生计资本与移民的可持续生计水平呈正相关。

　　基于以上分析可知，生计资本对移民可持续生计产生正向影响。移民生计资本包括人力资本、金融资本、社会资本、物质资本、自然资本五个维度，移民生计资本的不同维度与他们可持续生计的关系假设如下：

　　① Oumer A M, Neergaard A D. Understanding Livelihood Strategy-Poverty Links：Empirical Evidence from Central Highlands of Ethiopia［J］. Environment, Development and Sustainability，2011，13（3）：547-564.

　　② 王沛沛，许佳君. 生计资本对水库移民创业的影响分析［J］. 中国人口·资源与环境，2013，23（2）：150-156.

1. 人力资本对移民可持续生计的影响分析

20 世纪 80 年代，美国著名经济学家 Schultz（1982）[①] 提出人力资本（Human Capital）是对人的投资而形成的，主要体现为人的知识、技能、经历、经验和熟练程度，如受教育程度、技能水平等属于人力资本的范畴。Flora（2001）[②] 提出人力资本包括家庭中劳动力数量、身体状况和教育状况。基于以上关于人力资本内涵的界定，本章认为人力资本主要包括教育水平、技能水平、劳动力数量等方面。人力资本水平是影响生计活动的重要因素，人力资本主要从以下三个方面对移民的可持续生计产生正向影响：第一，教育水平是人力资本发展的关键因素。教育水平越高，劳动力越容易选择非农就业（Winters and Chiodi，2011）[③]，获得相对较高的收入，就越容易改善自身的生计状况。教育水平较高的移民，往往会拥有较高质量的社会关系网络，他们可以利用这些社会关系网络发掘更多的就业信息，获取更多的生计资源，拓展收入渠道，从而为移民的可持续生计发展创设良好的条件。第二，技能水平是提高移民生计水平的重要因素。技能水平越高的移民，越有可能适应劳动力市场需求，找到高质量的工作，获取更高的收入，从而改善他们的生计状况（Lutz，1997）[④]。第三，移民家庭的劳动力数量越多，意味着投入农业生产的劳动力也就越多，或者参加工作的人就越多，那么对于整个家庭而言，劳动力数量越多，意味着创造的收益也越多。基于此，本章提出假设如下：

H_{1a}：人力资本与移民的可持续生计水平呈正相关。

2. 金融资本对移民可持续生计的影响分析

金融资本是指实现人们生计目标的金融资源，如现金收入、银行存款、库存现金、其他货币资金等。金融资本是影响生计活动的重要因素。金融资本对移民可持续生计的影响主要体现在以下两个方面：第一，金融资本是提高移民生计水平的必要条件，金融资本水平越高的移民，往往会拥有较多的

① Schultz T W.Investing in People：The Economics of Population Quality［M］.California：University of California Press，1982.

② Flora C B.Access and Control of Resources Lessons from the SANREM CRSP［J］.Agric HumanValues，2001，18（1）：41–48.

③ Winters P C，Chiodi V.Human Capital Investment and Long–term Poverty Reduction in Rural Mexico［J］.Journal of International Development，2011，23（4）：513–538.

④ Lutz H.Migration and Human Capital［Z］.ASU Working Paper，1997（6）：1–27.

现金，或者融资渠道。移民可以利用这些资源，将更多的资金投入到生产中，获取更多的收益，从而为他们的可持续生计发展创设良好的条件。第二，金融资本的投入与回收是软化生计风险约束、降低生计风险的可行策略。当移民遇到生计风险时，他们可以通过资金投入或回收的方式，或动用储蓄，或向亲戚朋友借款，或减少消费，或外出务工挣钱等方式，有效缓解生计风险，从而促进自身可持续生计的发展。基于此，本章提出如下假设：

H_{1b}：金融资本与移民的可持续生计水平呈正相关。

3. 社会资本对移民可持续生计的影响分析

社会资本作为一个隐含的、缺失的解释变量，由于缺乏较为明确的定义，几乎每个人对社会资本的界定都不一样。Robison（2002）[1]认为社会资本就是一种社会网络；Maskell（2000）[2]认为社会资本是公民在日常生活中所分享的价值和信仰。综上可知，社会资本是指实现人们生计目标的社会网络资源，如亲戚朋友关系、邻里关系、商业伙伴关系等，人们通过社会网络资源可以建立相互之间的信任关系，促进人们之间的相互交流与合作。很多研究者都认为社会资本有助于促进人们的可持续生计，如 Shook 和 Fazio（2011）[3]认为社会资本不仅可以提高成员之间的熟悉程度和信任程度，而且还可以促进人与人之间的交流与合作，从而为人们的可持续生计创造良好的资源条件。

Michal 等（2005）[4]指出弱势群体，特别是那些没有受过正规教育或者没有专业技能的穷人，特别依赖于社会资本，如借助于组织机构的帮助，获取就业机会以及增收的渠道。作为弱势群体的移民，社会资本对他们的可持续生计的影响主要体现在以下两个方面：第一，提供信息，推荐就业。社会关系网络是移民获取就业信息的重要渠道。移民可以通过社会关系网络，如从亲戚朋友那里获取廉价、及时、真实的就业信息，提高就业概率。第二，降低就业风险，拓展收入渠道。移民通过社会网络不仅可以获取更多有价值的

① Robison A A.Is Social Capital Really Capital？［J］.Review of Social Economy, 2002, 60（1）：1–21.

② Maskell P.Social Capital, Innovation and Competitiveness［M］.London ：Oxford University Press, 2000.

③ Shook N J，Fazio R H.Social Network Integration［J］.Group Processes & Intergroup Relations, 2011（14）：399–406.

④ Michal L，Simon S.Sustainable Urban Livelihoods and Marketplace Social Capital ：Crisis and Strategy in Petty Trade［J］.Urban Studies, 2005，42（8）：1301–1320.

增收渠道，降低就业风险，而且可以获取高质量的就业机会，拓展移民的收入渠道，从而提高生计水平。基于此，本章提出假设：

H_{1c}：社会资本与移民的可持续生计水平呈正相关。

4. 物质资本对移民可持续生计的影响分析

物质资本主要包括维持人们生计所需的生产工具、生活资产以及基础设施的总和。Moser（1998）[1]提出个人或家庭所拥有的物质资本是实现生计活动的必备条件；对于移民而言，物质资本对他们的可持续生计的影响主要体现在以下两个方面：第一，物质资本是维持移民可持续生计的重要物质基础。移民可以将大量的物质资产投放到农业生产中，从而提高土地的耕作效率，增加他们的收入，改善移民的生计状况。第二，物质资本可以降低生计风险，促进可持续生计。移民可以通过这些物质资产获取额外的资产收益，如通过出租门面、住房获得租金，或者通过变卖牲畜、生产工具、抵押房产等方式，最大限度地减少生计风险，增加移民的资产收益，从而促进他们的可持续生计发展。基于此，本章提出假设：

H_{1d}：物质资本与移民的可持续生计水平呈正相关。

5. 自然资本对移民可持续生计的影响分析

Daly（1996）[2]认为自然资本主要包括维持人们现在生计或未来生计需要的有价值的产品流或服务流的自然资源，如耕地面积、耕地质量、水资源、矿产资源等。Barbier 等（2014）[3]认为自然资本是指自然资源，自然界为人类的生产生活提供的资源，包括水、空气、阳光、生态环境等公共资源和土地、植被等私有资源。由上述关于自然资本内涵的界定可知，自然资本是人类一切经济活动的基础，它关系到人类的生存和发展。对于移民而言，自然资本是他们实现可持续生计的基石，它不仅是移民维持生计的重要物质基础，而

---

[1]　Moser C.The Asset Vulnerability Framework：Reassessing Urban Poverty Reduction Strategies［J］. World Development，1998（26）：1-19.

[2]　Daly H B.Beyoild Growth the Economics of Sustainable Development［M］.Boston：Beacon Press，1996.

[3]　Barbier E B，Hochard J P.Poverty and the Spatial Distribution of Rural Population［J］.Policy Research Working Paper，2014：1-30.

且是他们生计开展的空间条件（邢成举，2016）[1]，自然资本对移民可持续生计的影响主要体现在以下两个方面：第一，Merritt 等（2016）[2]认为农户的生计活动高度依赖于土地、公共资源等自然资源。自然资本是维持移民生计活动的基础性条件，是移民生计活动开展的空间条件。对于务农型的移民尤为如此，移民拥有自然资本的多寡在某种程度上影响着他们的收入状况。移民拥有的自然资本越多，越有可能产生更多收益，越有助于改善他们的生计状况。第二，自然资本质量的好坏直接影响着土地的产出效率。自然资本质量越高，则土地的产出率越高，那么移民获得的收益就越大。基于此，本章提出假设：

H_{1e}：自然资本与移民的可持续生计水平呈正相关。

二、移民生计资本与生计风险管理的关系假设

通过检索文献，笔者发现关于生计资本与生计风险管理之间关系的研究，在研究对象上大多集中在农户上，如 Siegel（2005）[3]指出，一个家庭生计资本的优化组合方式，不但可以提高现有家庭资产的运作效率，而且可以提高家庭的风险管理能力。Faurès 等（2008）[4]在可持续生计分析框架下，认为农户在遭遇风险时，应学会综合运用其所拥有的五大生计资本来应对；换句话来说，农户能否规避风险主要由家庭拥有的各种生计资产的质量和数量来决定。但是，学界对于移民的生计资本与生计风险管理之间关系的相关研究相对较少，仅有零星几篇文献涉及此研究。如迈克尔·谢若登（2002）[5]基于贫困风险理论，提出适应期扶贫移民可能遇到如下致贫风险：丧失原有的生产

① 邢成举.搬迁扶贫与移民生计重塑：陕省证据［J］.改革，2016（11）：65-73.

② Merritt W S，Patch B，Reddy V R，et al.Modelling Livelihoods and Household Resilience to Droughts Using Bayesian Networks［J］.Environment，Development and Sustainability，2016，18（2）：1-32.

③ Siegel P B.Using an Asset-Based Approach to Identify Drivers of Sustainable Rural Growth and Poverty Reduction in Central America：A Conceptual Framework［J］.Social Science Electronic Publishing，2005（1）：34-75.

④ Faurès J M，Santini G.Water and the Rural Poor：Interventions for Improving Livelihoods in Sub-Saharan Africa［J］.Giurisprudenza Commerciale，2008，40（11）：537-585.

⑤ 迈克尔·谢若登.资产与穷人：一项新的美国福利政策［M］.高鉴国，译.北京：商务印书馆，2005.

生活资源、社会关系网络受损、失去公共财产与服务等生计资本等风险。彭峰、周银珍和李燕萍（2016）[①] 提出移民的生计资本变化以及移民心理感知差异等因素影响他们的生计风险管理能力。

从以上分析可知，生计资本是影响人们生计风险管理的重要因素。对于移民而言，生计资本对生计风险管理的作用，主要体现在如下两个方面：第一，生计资本的数量和质量直接影响着移民的生计风险管理能力。张科静等（2016）[②] 认为人们在遭遇风险冲击时会综合运用其所拥有的五大生计资本来应对，而人们能否规避风险则由家庭拥有的各种生计资产的质量和数量来决定。同样，对于移民而言，生计资本是他们提高抗风险能力的重要基础，生计资本的数量和质量直接影响着他们的生计风险管理能力。移民生计风险的规避，必须要以生计资本为基础。如果移民拥有足够的生计资本，当他们在遭受到突发事件、疾病或意外事件时，他们可以通过资产性收入，降低生计风险，从而保障他们较高的生计水平。第二，生计资本的优化组合方式，有助于提高移民的生计风险管理能力。优质高效的生计资本是人们降低生计脆弱性，增强风险抵御能力的基础，人们的生计状况很大程度上取决于各种生计资本的综合作用。对于移民而言，尤为如此。优质高效的生计资本有利于降低移民的生计脆弱性，增强生计风险抵御能力的基础。移民应根据自身生计资本状况，对生计资本进行优化组合，不仅有助于提高生计资本的运作效率，而且有助于对生计风险的有效管理。基于此，本章提出如下假设：

H_2：移民的生计资本与生计风险管理水平呈正相关。

移民的生计资本包括人力资本、金融资本、社会资本、物质资本、自然资本五个维度，移民生计资本的不同维度与生计风险管理的关系假设如下：

1. 移民人力资本与生计风险管理的关系假设

通过检索人力资本与生计风险之间关系的文献，笔者发现现有文献主要

①　彭峰，周银珍，李燕萍. 水库移民生计风险的影响因素研究［J］.统计与决策,2016(6)：60–62.

②　张科静，黄朝阳，丁士军.失地农户生计风险认知及其影响因素分析［J］.湖北农业科学，2016，55（7）1889–1892.

研究农户的人力资本与生计风险管理之间的关系,Ingenillem 等（2014）[1] 提出教育背景影响着人们的风险管理水平。赵雪雁、赵海莉和刘春芳（2015）[2] 提出人力资本是影响风险管理的最重要因素。基于以上分析，本章认为移民人力资本的投入，有利于提高他们的生计风险管理能力，具体体现在如下三个方面：第一，移民的教育水平影响着他们的风险管理能力。移民的教育水平越高，越有利于识别身边存在的生计风险，以及对潜在的生计风险做出科学合理的评估。第二，移民的技能水平影响着他们的生计风险管理能力。移民的技能水平越高，越有利于识别、评估身边潜在的生计风险。第三，劳动力数量影响着移民的生计风险管理能力。移民家庭的劳动力数量越多，越有利于他们抵御各种生计风险。基于以上分析，本章提出如下假设：

H_{2a}：移民的人力资本与他们的生计风险管理水平呈正相关。

H_{2a1}：移民的人力资本与他们的生计风险识别水平呈正相关。

H_{2a2}：移民的人力资本与他们的生计风险评估水平呈正相关。

H_{2a3}：移民的人力资本与他们的生计风险治理水平呈正相关。

2. 移民金融资本与生计风险管理的关系假设

通过检索金融资本与生计风险管理之间关系的文献，发现很多研究者提出金融资本有助于提高人们的风险管理能力,如王丽霞（2006）[3] 认为人们可以使用金融资本来降低生计风险。郑永君（2016）[4] 提出资金的投入与回收是软化生计风险约束、降低生计风险的可行策略。对于移民而言，金融资本对生计风险管理可能会产生积极的正向影响，具体如下：第一，金融资本的积累，有助于提高移民识别、评估生计风险的能力。金融资本是生计风险管理的重要手段，

---

① Ingenillem J，Merz J，Baumgärtner S.Determinants and Interactions of Sustainability and Risk Management of Commercial Cattle Farmers in Namibia［J］.Social Science Electronic Publishing，2014（304）：1–67.

② 赵雪雁，赵海莉，刘春芳.石羊河下游农户的生计风险及应对策略——以民勤绿洲区为例［J］.地理研究，2015，34（5）：922–932.

③ 王丽霞.风险与处理：农户的自我保护——对一个村庄非正式社会安全网的研究［D］.北京：中国农业大学，2006.

④ 郑永君.生计风险约束下的返乡农民工创业实践——基于川北返乡农民工创业案例的比较［J］.南京农业大学学报（社会科学版）2016，16（3）：53–65.

金融资本越多的移民，他们拥有的储蓄、融资渠道可能会更多一些，越有能力识别、评估身边可能出现的生计风险。第二，金融资本的投入与回收有利于移民软化生计风险约束，降低生计风险。当遇到生计风险时，移民可以通过投入金融资本或回收金融资本等方式，分散或转移生计风险，从而提升生计风险防范能力，规避更多的生计风险。因而，移民的金融资本越多，越有利于他们实现生计风险管理的有效管理。基于以上分析，本章提出如下假设：

H_{2b}：移民的金融资本与他们的生计风险管理水平呈正相关。

H_{2b1}：移民的金融资本与他们的生计风险识别水平呈正相关。

H_{2b2}：移民的金融资本与他们的生计风险评估水平呈正相关。

H_{2b3}：移民的金融资本与他们的生计风险治理水平呈正相关。

3. 移民社会资本与生计风险管理的关系假设

通过检索社会资本与生计风险之间关系的文献，很多研究者认为社会资本有助于提高人们的风险管理能力，如黄岩和陈泽华（2011）[1]认为社会资本可以转化为信息手段，转化为风险控制手段。Linkov等（2013）[2]认为大多数重要的风险管理决策并不是由个人来决定的，而是借助于群体、团队、组织等力量共同决定的。从以上研究可知，社会资本的积累有利于促进个体的风险管理，当个体遭遇潜在的生计风险时，往往会借助于社会网络的力量，获取有利于风险控制的信息，从而帮助他们做出合理的风险管理策略。

对于移民而言，社会资本对他们的生计风险管理可能会产生积极的正向影响，具体如下：第一，移民可以通过社会关系网络的力量，如通过亲戚朋友的关系，获取更多识别生计风险、评估生计风险的方法，从而提高他们的生计风险管理能力，做出科学合理的控制风险的决策。第二，移民可以通过社会关系网络，得到更多的资金、情感、方法上的帮助和支持，从而提高他们的生计风险治理能力。基于以上分析，本章提出如下假设：

H_{2c}：移民的社会资本与他们的生计风险管理水平呈正相关。

---

① 黄岩，陈泽华.信任、规范与网络：农民专业合作社的社会资本测量——以江西S县隆信渔业合作社为例［J］.江汉论坛，2011（8）：9-14.

② Linkov I，Wood M D，Ditmer R，et al.Collective Risk Management：Insights and Oportunities for Decision-makers［J］.Environment Systems and Decisions，2013，33（3）：335-340.

H_{2c1}：移民的社会资本与他们的生计风险识别水平呈正相关。

H_{2c2}：移民的社会资本与他们的生计风险评估水平呈正相关。

H_{2c3}：移民的社会资本与他们的生计风险治理水平呈正相关。

4. 移民物质资本与生计风险管理的关系假设

通过检索物质资本与生计风险之间关系的文献，发现很多研究者认为物质资本有助于加强人们的风险管理能力，如李昌荣（2015）[①]认为家庭所拥有的物质资产是农户以往经营成果的体现，包括房屋、农用固定资产以及一些耐用消费品等，这些资产反映他们的第二偿还能力和担保能力。就现实来讲，尽管大部分这类资产还无法用作抵押，很难起到抵押品的功能，但是在某种程度上，物质资本的多寡却也能象征一个家庭财富的富有程度。一般而言，移民所拥有的物质资产价值越高，意味着他们抵抗风险的能力越强。

对于移民而言，物质资本对其生计风险管理可能会产生积极的正向影响，具体如下：移民的物质资本反映着他们的第二偿还能力和担保能力，当移民身边存在潜在的生计风险时，他们可以充分利用物资资本，转移或缓解生计风险，如他们可以通过抵押、变卖物质资产的方式获得现金，应付潜在的生计风险。因此，对于移民而言，物质资本是提高他们的生计风险处理能力的重要物质基础，优质的物质资本有助于移民提高抵御风险的能力。基于以上分析，本章提出如下假设：

H_{2d}：移民的物质资本与他们的生计风险管理水平呈正相关。

H_{2d1}：移民的物质资本与他们的生计风险识别水平呈正相关。

H_{2d2}：移民的物质资本与他们的生计风险评估水平呈正相关。

H_{2d3}：移民的物质资本与他们的生计风险治理水平呈正相关。

5. 移民自然资本与生计风险管理的关系假设

关于自然资本与生计风险管理之间关系的研究较少，研究者主要从可持续生计角度，探讨当自然资本遭受到威胁时，人们采取的规避风险的措施。如陈传波（2004）[②]指出农户可以通过改变生产活动的安排来降低生计风险，如通过优化配置生产季节前和生产期间的资源来管理风险，促进农户获得稳

---

① 李昌荣.生计资本对农户信用的影响机制研究［D］.南昌：南昌大学，2015.

② 陈传波.中国小农户的风险及风险管理研究［D］.武汉：华中农业大学，2004.

定收入。自然资本对移民生计风险管理的影响主要体现在以下三个方面：第一，耕地质量影响土地的利用率，耕地质量越高，则土地的产出率越高，移民获得的收益就越大，越有助于他们处理各种生计风险。第二，移民所拥有的自然资本越多，当遇到潜在的生计风险时，他们可以扩大生产，积累更多的财富资源，转移或者规避各种生计风险。第三，移民根据自身自然资本情况，采取一系列降低生计风险的措施，如种植多种农作物，高效益的经济作物，实施多样化的种植模式等方式，提高土地的产出效率，进而规避潜在的生计风险。基于以上分析，本章提出如下假设：

H_{2e}：移民的自然资本与他们生计风险管理水平呈正相关。

H_{2e1}：移民的自然资本与他们生计风险识别水平呈正相关。

H_{2e2}：移民的自然资本与他们生计风险评估水平呈正相关。

H_{2e3}：移民的自然资本与他们生计风险治理水平呈正相关。

三、移民生计风险管理与可持续生计的关系假设

通过检索文献发现，关于生计风险管理与可持续生计之间关系的文献，研究者认为生计风险管理有助于提高人们的可持续生计水平。Martha 等（2003）[1]认为在可持续分析框架下，农户处在自由市场、制度、政策、自然因素等造成的风险环境中，应充分利用其拥有的生计财产、政策以及生计策略，提升自己的生计水平。Krysiak（2009）[2]认为生计风险管理是维持人们可持续生计的重要条件。风险管理不仅能够提供给决策者相关信息，而且可以帮助他们合理分配现有资源，从而平衡收益和风险的关系。Ingenillem 等（2014）[3]采取实证研究的方式，分析了风险管理与可持续生计之间的关系，结果表明，多种风险管理措施有利于提高人们的可持续生计水平。史俊宏

---

① Martha G Roberts，Yang G A.The International Progress of Sustainable Development Research：a Comparison of Vulnerability Analysis and the Sustainable livelihood Approach［J］.Progress in Geography，2003，22（1）：6–12.

② Krysiak F C.Risk Management as a Tool for Sustainability［J］.Journal of Business Ethics，2009，85（3）：483–492.

③ Ingenillem J，Merz J，Baumgärtner S.Determinants and Interactions of Sustainability and Risk Management of Commercial Cattle Farmers in Namibia［J］.Social Science Electronic Publishing，2014（304）：1–67.

（2015）[①]根据可预见的风险以及不可预见的风险，提出实施不同的风险管理策略是实现生态移民生计转型的重要条件。王永平等（2014）[②]指出贫困、生态、文化稳定及政策等一系列风险会对生态移民可持续发展造成一定影响，因此，移民要重视风险管理的作用。

基于以上分析可知，风险管理水平是维持人们可持续生计的重要条件。对于移民而言，更应重视生计风险管理的作用。移民是生产和经营的主体，也是生计风险管理的绝对主力。生计风险管理对移民可持续生计的影响主要体现在如下四个方面：第一，降低生计风险损失，促进移民的可持续生计发展。移民要充分重视生计风险管理的作用，这样才能有效治理生计风险，降低与风险有关的成本，减少因风险带来的损失，从而促进可持续生计发展。第二，建立有效的预警机制，促进移民的可持续生计发展。移民需要建立有效的预警机制，采取相应的措施，减少冲击或负面波动的发生概率，从而促进移民的可持续生计发展。第三，降低生计风险，促进移民的可持续生计发展。移民对生计风险进行有效管理，不仅有利于移民合理分配现有的生计资源，而且有助于提高生计资本的运作效率，降低生计风险，促进移民的可持续生计。第四，减少贫困，提高福利，促进可持续生计。移民对生计风险进行有效管理，有助于移民对影响生计风险因素进行充分的评估和控制，这样才能减少贫困，提高个体或家庭的福利水平，促进移民的可持续生计发展。基于以上分析，本章提出如下假设：

H_3：移民的生计风险管理水平与他们的可持续生计水平呈正相关。

基于以上分析可知，移民的风险管理水平对可持续生计产生正向影响。移民的生计风险管理包括生计风险识别、生计风险评估与生计风险治理三个维度。移民的生计风险管理的不同维度对他们的可持续生计的关系假设如下：

1. 生计风险识别与移民可持续生计的关系假设

欧勇胜和徐家奇（2012）[③]指出移民风险识别是指运用一定的方法，系统、连续地认识水电移民过程中所面临的各种风险因素和风险后果的行

①　史俊宏. 生态移民生计转型风险管理：一个整合的概念框架与牧区实证检验［J］. 干旱区资源与环境，2015，29（11）：37–42.

②　王永平，周丕东，黄海燕，等. 生态移民与少数民族传统生产生活方式的转型研究——基于贵州世居少数民族生态移民的调研［M］. 北京：科学出版社，2014.

③　欧勇胜，徐家奇. 试论水电工程移民风险识别及对策［J］. 四川水力发电，2012,31（2）：259–263.

为。通过检索生计风险识别与可持续生计之间关系的文献，发现很多研究者认为人们的风险识别能力有助于促进他们的可持续生计，Ingenillem 等（2014）[1]认为个体风险认识直接影响着人们维持生计和未来几代人的能力。可见，风险识别是维持人们可持续生计的重要条件。对于移民而言，生计风险识别有助于提高他们的可持续生计水平，具体表现在如下两个方面：第一，有助于事前的风险预警。移民若是能有效识别身边潜在的生计风险，有利于他们采取相应的防御措施，对生计风险发生前的事情进行有效控制，促进他们的可持续生计。第二，有助于事后的风险控制。移民若是能有效识别身边潜在的生计风险，有利于他们对风险发生后的事情进行有效管理，从而为他们的可持续生计发展创设良好的条件。基于以上分析，本章提出如下假设：

H_{3a}：移民的生计风险识别水平与他们的可持续生计水平呈正相关。

2. 生计风险评估与移民可持续生计的关系假设

陈传波（2004）[2]认为风险评估包括事前的风险发生的概率和事后的风险估计两个方面。刘学文（2014）[3]认为风险估计是指从风险发生的概率、可能造成的损失、风险度量等方面进行考量，确定风险等级、可接受水平以及风险决策等方面的问题。Guillemette 等（2015）[4]认为风险评估有助于科学设定一个最佳的资产配置策略，从而降低风险可能造成的损失。对于移民而言，风险评估有助于提高他们的可持续生计水平，具体表现在如下两个方面：第一，通过生计风险评估，移民可以合理确定生计风险发生的概率，分析可能造成的损失，以及造成这些风险的原因，自身是否承受这些风险等问题；确定这些问题之后，移民可以采取相应的措施，减少或转移生计风险。第二，通过生计风险评估，移民可以科学设定一个最佳的资产配置策略，降低生计

① Ingenillem J，Merz J，Baumgärtner S.Determinants and Interactions of Sustainability and Risk Management of Commercial Cattle Farmers in Namibia［J］.Social Science Electronic Publishing，2014（304）：1-67.

② 陈传波.中国小农户的风险及风险管理研究［D］.武汉：华中农业大学，2004.

③ 刘学文.农业风险管理研究——基于完善农业风险管理体系的视角［D］.成都：西南财经大学，2014.

④ Guillemette M A，Yao R，James R N.An Analysis of Risk Assessment Questions Based on Loss-Averse Preferences［J］.Journal of Financial Counseling & Planning，2015，26（1）：17-29.

风险的损失，有利于他们对风险发生后的事情进行有效管理，从而为可持续生计创设良好的条件。基于以上分析，本章提出如下假设：

H_{3b}：移民的生计风险评估水平与他们的可持续生计水平呈正相关。

3. 生计风险治理与移民可持续生计的关系假设

陈传波（2004）[①]认为风险治理策略包括事前的处理策略和事后的处理策略两个方面。对于移民而言，采取事前的风险处理策略以及事后的风险处理策略，均有助于促进可持续生计。生计风险治理对移民可持续生计的影响主要体现在如下两个方面：第一，事前的风险处理策略。移民根据事前风险情况，采取相应的防御措施，从而对事前风险进行有效控制，保障他们的可持续生计。第二，事后的风险处理策略。移民根据事后风险情况，采取相应的风险治理措施，有效控制生产、生活中存在的风险，从而保障他们的可持续生计。基于以上分析，本章提出如下假设：

H_{3c}：移民的生计风险治理水平与他们的可持续生计水平呈正相关。

四、生计风险管理在生计资本与移民可持续生计之间的中介作用假设

从前面的假设论述中可以看出，移民的生计风险管理水平不完全建立在个人的风险处理水平上，而是受到个人拥有的生计资本的影响。移民生计资本的积累，可以为他们积累更多的知识技能、社会网络资源、财富资源等。移民的人力资本、金融资本、社会资本、物质资本、自然资本的积累，又有利于提高他们的生计风险管理能力，如生计风险识别能力、生计风险评估能力、生计风险治理能力，而移民生计风险管理能力的提升，又有助于他们制定风险控制的策略，进而促进他们可持续生计水平的提高。因此，移民的生计资本对他们的可持续生计产生影响，是通过生计风险管理这个中介变量来实现的，也就是说，移民的生计资本会通过生计风险管理而作用于他们的可持续生计。基于此，本章提出如下假设：

H_4：生计资本通过中介变量生计风险管理对移民的可持续生计产生正向影响。

---

① 陈传波.中国小农户的风险及风险管理研究［D］.武汉：华中农业大学，2004.

H_{4a}：生计资本通过中介变量生计风险识别对移民的可持续生计产生正向影响。

H_{4b}：生计资本通过中介变量生计风险评估对移民的可持续生计产生正向影响。

H_{4c}：生计资本通过中介变量生计风险治理对移民的可持续生计产生正向影响。

五、制度环境在生计资本与移民的可持续生计之间的调节作用假设

近年来，我国中央政府和地方各级政府都相继出台了一系列有关促进移民生计发展的相关政策。国家层面上代表性的政策有《全国对口支援三峡库区合作规划（2014-2020年）》《大中型水利水电工程建设征地补偿和移民安置条例》《国务院关于完善大中型水库移民后期扶持政策的意见》等。地方层面代表性的政策有《重庆市三峡库区农村移民安置管理办法》《三峡库区移民后期扶持政策》《永善县库区移民后续发展规划》等。一系列支持移民政策的出台，标志着我国移民生计发展的制度环境得到了较大的改善。

良好的制度环境对人们的可持续生计发展具有积极的促进作用。如Stathopoulou 等（2004）[1]研究表明，强有力的地方治理能够消除地理、环境及经济等方面的障碍，能为经济发展营造有利的政策环境。Klapper 等（2006）[2]指出，完善的信贷市场和充分的创业信贷支持有利于为生计发展创设良好的条件。基于以上研究，本章认为良好的制度环境有利于促进移民的可持续生计。政府在移民可持续生计发展中起关键性作用。本章认为制度环境对移民可持续生计的影响主要体现在以下三个方面：第一，通过制定教育政策，技能培训政策，鼓励移民参与技能培训，提高其人力资本水平，为可持续生计水平的提升创造条件。第二，通过制定宽容的生计发展政策，如创业投资政策、信贷政策，减少生计风险，增加就业需求，促进移民的

---

① Stathopoulou S，Psaltopoulos D，Skuras D.Rural Entrepreneurship in Europe［J］. International Journal of Entrepreneurial Behavior & Research，2004，10（6）：404-425.

② Klapper L，Laeven L，Rajan R.Entry Regulation as a Barrier to Entrepreneurship［J］. Journal of Financial Economics，2006，82（3）：591-629.

物质资本积累，从而为他们的可持续生计发展积累良好的物质基础。第三，政府通过搭建各种就业平台，为移民就业创造良好的社会环境。移民可以借助于这些就业平台获取更多就业机会，促进他们的社会资本以及金融资本的积累，从而为移民的可持续生计发展创设良好的条件。基于此，本章提出如下假设：

H_{5a}：制度环境与移民可持续生计正相关。

H_{5b}：制度环境在人力资本、物质资本与移民的可持续生计关系中产生正向调节作用。

H_{5c}：制度环境在金融资本、社会资本与移民的可持续生计关系中产生正向调节作用。

第五节　实证分析

一、描述性统计分析与相关分析

表8-7中显示了各个变量的均值、标准差及各个变量之间的相关系数。总体上看，样本中移民的可持续生计水平较好（均值为3.533）；从生计资本的五个维度来看，移民的社会资本水平最高（均值为3.764），其次是物质资本（均值为3.100），再次是金融资本（均值为3.097）和自然资本（均值为3.092），最后是人力资本（均值为2.992），这表明长江上游典型库区移民的社会资本水平较高，但是移民的人力资本水平较低。从相关系数来看，长江上游典型库区移民的人力资本、金融资本、物质资本、自然资本、社会资本、生计风险管理水平以及制度环境与他们的可持续生计水平显著正相关，这为假设 H_1、H_{1a}、H_{1b}、H_{1c}、H_{1d}、H_{1e}、H_3、H_{3a}、H_{3b}、H_{3c}、H_{5a} 提供了一定的参考依据。

二、移民可持续生计的影响因素分析

判断中介变量是否存在中介效应，必须满足以下四个条件：①自变量与因变量显著相关；②自变量与中介变量显著相关；③中介变量与因变量显著相关；④引入中介变量之后，自变量的回归系数降低，自变量和因变量的关系发生了变化，显著性程度由显著变为不显著，或者显著性程度有所降低[1]。生计风险管理的中介作用验证如下。

1. 生计资本、生计风险识别与移民可持续生计 OLS 回归结果

生计风险识别的中介作用验证如下：第一，从表 8-8 模型 1 可知，移民的人力资本、金融资本、物质资本、社会资本与因变量移民的可持续生计显著正相关（$\beta=0.072$，$p<0.05$；$\beta=0.218$，$p<0.001$；$\beta=0.244$，$p<0.05$；$\beta=0.138$，$p<0.001$），假设 H1、H1a、H1b、H1c、H1d 得以验证，满足条件 1，这说明对于拥有较高人力资本、金融资本、物质资本以及社会资本的移民，他们的可持续生计水平相对较高。第二，从表 8-8 模型 3 可知，移民的人力资本、金融资本、物质资本、社会资本、自然资本与中介变量生计风险识别显著正相关（$\beta=0.029$，$p<0.10$；$\beta=0.255$，$p<0.001$；$\beta=0.586$，$p<0.001$；$\beta=0.060$，$p<0.05$；$\beta=0.272$，$p<0.05$），假设 H_2、H_{2a1}、H_{2b1}、H_{2c1}、H_{2d1}、H_{2e1} 得以验证，满足条件 2。第三，从表 8-8 模型 2 可知，中介变量生计风险识别与因变量移民的可持续生计显著正相关（$\beta=0.379$，$p<0.001$），假设 H_3 得以验证，满足条件 3。第四，从表 8-8 模型 2 的回归结果可知：加入中介变量生计风险识别之后，人力资本对移民的可持续生计的影响的回归系数由 0.072 降低为 0.033，显著性水平有所降低（$\beta=0.072$，$p<0.05$；$\beta=0.033$，$p<0.05$）；金融资本对移民可持续生计的影响回归系数由 0.218 降低为 0.122，显著性程度有所降低（$\beta=0.218$，$p<0.001$；$\beta=0.122$，$p<0.05$）；物质资本对移民可持续生计的影响回归系数由 0.244 降低为 0.025，显著性程度由显著变为不显著（$\beta=0.244$，$p<0.05$；$\beta=0.025$，$p>0.10$）；社会资本对移民可持续生计的影响回归系数由 0.138 降低为 0.115，显著性程度有所降低（$\beta=0.138$，$p<0.001$；$\beta=0.115$，$p<0.05$），满足条件 4。

参考 Baron 和 Kenny（1986）的中介效应模型检验方法，由于加入中介变量生计风险识别之后，人力资本、金融资本、物质资本以及社会资本对移民的可持续生计的影响程度均有所降低，这说明生计风险识别在生计资本与移民的可持续生计之间产生中介作用。也就是说，他们的生计风险识别在人力资本、金融资本、物质资本以及社会资本四个维度上产生中介作用，假设 H_{4a} 部分得以验证。

---

[1]　Baron R M，Kenny D A.The moderator–mediator variable distinction in social psychological research：conceptual，strategic，and statistical and statistical consideration［J］.Journal of Personality&Social Psychological，1986，51（6）：1173-1182.

表8-7　变量的均值、标准差与相关系数

变量	均值	标准差	1	2	3	4	5	6	7	8	9	10	11	12	13
1.SJSP	3.533	0.896	1												
2.RLZB	2.992	0.999	0.394**	1											
3.JRZB	3.097	0.983	0.451**	0.673**	1										
4.WZZB	3.100	0.933	0.427**	0.086*	0.076	1									
5.ZRZB	3.092	0.929	0.419**	0.082*	0.075**	0.092**	1								
6.SHZB	3.764	0.996	0.276**	0.259**	0.297**	0.299**	0.299**	1							
7 SBFX	3.309	1.066	0.486**	0.499**	0.505**	0.579**	0.519**	0.342**	1						
8.PGFX	3.287	1.036	0.470**	0.513**	0.592**	0.516**	0.504**	0.325**	0.270**	1					
9.ZLFX	3.284	1.046	0.471**	0.494**	0.485**	0.506**	0.516**	0.349**	0.388**	0.670**	1				
10 ZDHJ	3.485	0.798	0.491**	0.414**	0.434**	0.434**	0.434**	0.323**	0.482**	0.472**	0.468**	1			
11.AGE	2.980	1.006	0.019	-0.009	0.020	0.002	0.002	-0.006	-0.003	-0.008	0.001	0.003	1		
12.HYZK	1.710	0.769	0.024	0.018	0.026	0.010	0.010	0.030	0.018	0.031	0.017	0.024	-0.028	1	
13.BQSJ	3.255	1.465	0.099*	0.013	0.092*	-0.050*	0.050*	-0.094*	-0.016	-0.016	-0.048*	0.046*	0.022	0.002	1

注：+ 表示 p<0.10；* 表示 p<0.05；** 表示 p<0.01；*** 表示 p<0.001；双尾检验。

表 8-8　生计资本、生计风险识别与移民可持续生计 OLS 回归结果

类型	变量	移民的可持续生计		生计风险识别
		模型 1	模型 2	模型 3
控制变量	AGE	0.013	0.017	−0.010
	MAR	0.014	0.013	0.002
	BQSJ	0.060***	0.059***	0.002
自变量	RLZB	0.072*	0.033*	0.029+
	JRZB	0.218***	0.122*	0.255***
	WZZB	0.244*	0.025	0.586***
	ZRZB	−0.120	−0.225	0.272*
	SHZB	0.138***	0.115*	0.060*
中介变量	SBFX	—	0.379***	—
F 值		85.855***	87.095***	1797.058***
R^2		—	0.249	0.275	0.874
调整的 R^2		—	0.246	0.272	0.874

注：+ 表示 $p<0.10$；* 表示 $p<0.05$；** 表示 $p<0.01$；*** 表示 $p<0.001$。

2. 生计资本、生计风险评估与移民可持续生计 OLS 回归结果

生计风险评估的中介作用验证如下：第一，从表 8-9 模型 1 可知，移民的人力资本、金融资本、物质资本、社会资本与因变量移民的可持续生计显著正相关（$\beta=0.072$，$p<0.05$；$\beta=0.218$，$p<0.001$；$\beta=0.244$，$p<0.05$；$\beta=0.138$，$p<0.001$），假设 H_1、H_{1a}、H_{1b}、H_{1c}、H_{1d} 得以验证，满足条件 1，这说明对于拥有较高人力资本、金融资本、物质资本以及社会资本的移民，他们的可持续生计水平相对较高。第二，从表 8-9 模型 3 可知，移民的人力资本、金融资本、物质资本、社会资本、自然资本与中介变量生计风险评估显著正相关（$\beta=0.039$，$p<0.05$；$\beta=0.223$，$p<0.001$；$\beta=0.520$，$p<0.001$；$\beta=0.041$，$p<0.01$；$\beta=0.274$，$p<0.001$），假设 H_2、H_{2a2}、H_{2b2}、H_{2c2}、H_{2d2}、H_{2e2} 得以验证，满足条件 2。第三，从表 8-9 模型 2 可知，中介变量生计风险评估与因变量移民的可持续生计显著正相关（$\beta=0.294$，$p<0.001$），假设 H3 得以验证，满足条件 3。第四，从表 8-9 模型 2 的回归结果可知：加入中介变量生计风险评估之后，人力资本对移民可持续生计的影响回归系数由 0.072 降低为 0.038，显著性水平有所降低（$\beta=0.072$，$p<0.05$；$\beta=0.038$，$p<0.10$）；金融资本对移民可持续生计的影响回归系数由 0.218 降低为 0.153，显著性程度有所降低（$\beta=0.218$，$p<0.001$；$\beta=0.153$，$p<0.05$）；

物质资本对移民可持续生计的影响回归系数由 0.244 降低为 0.092，显著性程度由显著变为不显著（β=0.244，p<0.05；β=0.092，p>0.10）；社会资本对移民可持续生计的影响回归系数由 0.138 降低为 0.126，显著性程度有所降低（β=0.138，p<0.001；β=0.126，p<0.05），满足条件 4。

参考 Baron 和 Kenny（1986）[①] 的中介效应模型检验方法，由于加入中介变量生计风险评估之后，人力资本、金融资本、物质资本以及社会资本对移民可持续生计的影响程度均有所降低，这说明生计风险评估在生计资本与移民的可持续生计之间产生中介作用。也就是说，他们的生计风险评估在人力资本、金融资本、物质资本以及社会资本四个维度上产生中介作用，假设 H_{4b} 部分得以验证。

表 8-9　生计资本、生计风险评估与移民可持续生计 OLS 回归结果

类型	变量	移民的可持续生计		生计风险评估
		模型 1	模型 2	模型 3
控制变量	AGE	0.013	0.017	−0.013
	MAR	0.014	0.008	0.020
	BQSJ	0.060***	0.060***	0.001
自变量	RLZB	0.072*	0.038+	0.039*
	JRZB	0.218***	0.153*	0.223***
	WZZB	0.244*	0.092	0.520***
	ZRZB	−0.120	−0.200	0.274***
	SHZB	0.138***	0.126*	0.041**
中介变量	PGFX	—	0.294***	—
F 值	—	85.855***	82.795***	1653.199***
R^2	—	0.249	0.265	0.865
调整的 R^2	—	0.246	0.262	0.864

注：+ 表示 p<0.10；* 表示 p<0.05；** 表示 p<0.01；*** 表示 p<0.001。

---

① Baron R M, Kenny D A. The moderator-mediator variable distinction in social psychological research：conceptual，strategic，and statistical and statistical consideration［J］. Journal of Personality&Social Psychological，1986，51（6）：1173-1182.

3. 生计资本、生计风险治理与移民可持续生计 OLS 回归结果

生计风险治理的中介作用验证如下：第一，从表 8–10 模型 1 可知，移民的人力资本、金融资本、物质资本、社会资本与因变量移民的可持续生计显著正相关（$\beta=0.072$，$p<0.05$；$\beta=0.218$，$p<0.001$；$\beta=0.244$，$p<0.05$；$\beta=0.138$，$p<0.001$），假设 H_1、H_{1a}、H_{1b}、H_{1c}、H_{1d} 得以验证，满足条件 1，这说明对于拥有较高人力资本、金融资本、物质资本以及社会资本的移民，他们的可持续生计水平相对较高。第二，从表 8–10 模型 3 可知，移民的人力资本、金融资本、物质资本、社会资本、自然资本与中介变量生计风险治理显著正相关（$\beta=0.035$，$p<0.10$；$\beta=0.233$，$p<0.001$；$\beta=0.542$，$p<0.001$；$\beta=0.066$，$p<0.001$；$\beta=0.313$，$p<0.001$），假设 H_2、H_{2a3}、H_{2b3}、H_{2c3}、H_{2d3}、H_{2e3} 得以验证，满足条件 2。第三，从表 8–10 模型 2 可知，中介变量生计风险治理与因变量移民的可持续生计显著正相关（$\beta=0.303$，$p<0.001$），假设 H3 得以验证，满足条件 3。第四，从表 8–10 模型 2 的回归结果可知：加入中介变量生计风险治理之后，人力资本对移民可持续生计的影响回归系数由 0.072 降低为 0.038，显著性水平有所降低（$\beta=0.072$，$p<0.05$；$\beta=0.038$，$p<0.10$）；金融资本对移民可持续生计的影响回归系数由 0.218 降低为 0.148，显著性程度有所降低（$\beta=0.218$，$p<0.001$；$\beta=0.148$，$p<0.05$）；物质资本对移民可持续生计的影响回归系数由 0.244 降低为 0.083，显著性程度由显著变为不显著（$\beta=0.244$，$p<0.05$；$\beta=0.083$，$p>0.10$）；社会资本对移民可持续生计的影响回归系数由 0.138 降低为 0.118，显著性程度有所降低（$\beta=0.138$，$p<0.001$；$\beta=0.118$，$p<0.05$），满足条件 4。

参考 Baron 和 Kenny（1986）[①] 的中介效应模型检验方法，由于加入中介变量生计风险治理之后，人力资本、金融资本、物质资本以及社会资本对移民可持续生计的影响程度均有所降低，这说明生计风险治理在生计资本与移民的可持续生计之间产生中介作用。也就是说，他们的生计风险治理在人力资本、金融资本、物质资本以及社会资本四个维度上产生中介作用，假设 H_{4c} 部分得以验证。

---

① Baron R M，Kenny D A.The moderator–mediator variable distinction in social psychological research：conceptual，strategic，and statistical and statistical consideration［J］.Journal of Personality&Social Psychological，1986，51（6）：1173–1182.

表8-10　生计资本、生计风险治理与移民可持续生计 OLS 回归结果

类型	变量	移民的可持续生计		生计风险治理
		模型 1	模型 2	模型 3
控制变量	AGE	0.013	0.014	−0.004
	MAR	0.014	0.014	0.001
	BQSJ	0.060***	0.066***	−0.019**
自变量	RLZB	0.072*	0.038+	0.035+
	JRZB	0.218***	0.148*	0.233***
	WZZB	0.244*	0.083	0.542***
	ZRZB	−0.120	−0.217	0.313***
	SHZB	0.138***	0.118*	0.066***
中介变量	ZLFX	—	0.303***	—
F 值	—	85.855***	83.299***	1669.867***
R^2	—	0.249	0.266	0.866
调整的 R^2	—	0.246	0.263	0.865

注：+ 表示 p<0.10；* 表示 p<0.05；** 表示 p<0.01；*** 表示 p<0.001。

　　总之，基于以上分析，可知生计风险管理（生计风险识别、生计风险评估、生计风险治理）在生计资本与移民的可持续生计之间产生中介作用。根据本章提出的中介效应检验方法，可知对于移民而言，他们的生计风险管理水平（生计风险识别水平、生计风险评估水平、生计风险治理水平）在人力资本、金融资本、物质资本、社会资本四个维度上产生中介作用。

4. 制度环境的调节作用

　　表 8-11 模型 2 可知，制度环境与移民可持续生计显著正相关（β=0.380，p<0.001），假设 H_{5a} 得以验证。从表 8-11 中模型 3~7 可知，引入人力资本与制度环境的交互项（RLZB×ZDHJ）、金融资本与制度环境的交互项（JRZB×ZDHJ）、物质资本与制度环境的交互项（WZZB×ZDHJ）、自然资本与制度环境的交互项（ZRZB×ZDHJ）、社会资本与制度环境的交互项（SHZB×ZDHJ），得出的回归结果如表 8-11 所示：引入人力资本与制度环境的交互项（RLZB×ZDHJ）、金融资本与制度环境的交互项（JRZB×ZDHJ）、物质资本与制度环境的交互项（WZZB×ZDHJ），社会资本与制度环境

的交互项（SHZB×ZDHJ）对移民的可持续生计均产生了显著正向影响（β=0.024，p<0.05；β=0.051，p<0.05；β=0.041，p<0.001；β=0.014，p<0.10），这表明制度环境在人力资本、金融资本、物质资本、社会资本与移民的可持续生计之间均产生正向调节作用，假设 H_{5b}、H_{5c} 得以验证。

表8-11　制度环境的调节效应检验

变量	类型	移民的可持续生计						
		模型1	模型2	模型3	模型4	模型5	模型6	模型7
控制变量	AGE	0.013	0.013	0.014+	0.013+	0.013+	0.013+	0.013
	MAR	0.014	0.005	0.006	0.006	0.008	0.007	0.006
	BQSJ	0.060***	0.032***	0.032***	0.032***	0.032***	0.032***	0.033***
自变量	RLZB	0.072*	0.016***	0.070+	−0.011	−0.012	−0.012	−0.017
	JRZB	0.218***	0.062**	0.061+	0.248***	0.059***	0.060***	0.061***
	WZZB	0.244*	0.280***	0.276***	0.265***	0.419***	0.277***	0.281***
	ZRZB	−0.120	0.272**	0.271**	0.272***	−0.273***	0.154*	−0.272***
	SHZB	0.138***	0.024*	0.023**	0.021*	0.022*	0.022*	−0.071*
调节变量	ZDHJ		0.380***	0.382***	0.385***	0.384***	0.383***	0.997***
交互项	RLZB×ZDHJ			0.024*				
	JRZB×ZDHJ				0.051*			
	WZZB×ZDHJ					0.041***		
	ZRZB×ZDHJ						0.004	
	SHZB×ZDHJ							0.014+
F值		85.855***	73.894***	73.536***	71.995***	72.459***	71.294***	79.730***
R^2		0.249	0.578	0.593	0.587	0.589	0.578	0.579
调整 R^2		0.246	0.574	0.592	0.585	0.586	0.576	0.577

注：+ 表示p<0.10；* 表示p<0.05；** 表示p<0.01；*** 表示p<0.001。

本章小结

本章基于长江上游典型库区2079个移民的调研数据，采取实证研究的方式，验证了生计资本的不同维度、生计风险管理对移民可持续生计的影响，同时验证了生计风险管理的中介效应作用，以及制度环境的调节作用，结论如下：

　　第一，人力资本、金融资本、物质资本、社会资本四个变量与因变量移民的可持续生计显著正相关（β=0.072，p<0.05；β=0.218，p<0.001；β=0.244，p<0.05；β=0.138，p<0.001），这说明对于拥有较高的人力资本、金融资本、物质资本、社会资本的移民，他们的可持续生计水平相对较高。第二，生计资本与生计风险管理的三个维度均呈现正相关性。第三，生计风险识别、生计风险评估、生计风险治理与移民的可持续生计具有显著的正相关性（β=0.379，p<0.001；β=0.294，p<0.001；β=0.303，p<0.001）。第四，生计风险管理（生计风险识别、生计风险评估、生计风险治理）在生计资本与移民的可持续生计之间产生中介作用。对于移民而言，他们的生计风险管理水平（生计风险识别水平、生计风险评估水平、生计风险治理水平）在人力资本、金融资本、物质资本、社会资本四个维度上产生中介作用。第五，制度环境在人力资本、金融资本、物质资本、社会资本与移民的可持续生计之间产生正向调节作用（β=0.024，p<0.05；β=0.051，p<0.05；β=0.041，p<0.001；β=0.014，p<0.10）。

第九章

长江上游典型库区移民
可持续生计发展的对策研究

上章探讨了长江上游典型库区移民可持续生计的影响因素，结果表明生计资本、生计风险管理、制度环境对长江上游典型库区移民的可持续生计均产生显著的正向影响，生计风险管理在人力资本、金融资本、物质资本、社会资本与移民可持续生计之间产生中介作用，制度环境在人力资本、金融资本、物质资本、社会资本与移民的可持续生计之间产生正向调节作用。这些研究为本章研究长江上游典型库区移民后续生计的发展对策奠定了科学的基础。本章在前几章基础之上，从就业维度、生活维度、生计资本、生计风险管理以及政策设计五个方面，探讨长江上游典型库区（三峡库区、金沙江库区、乌江库区）移民的后续生计发展的对策问题。

第一节　采取就业扶持措施，切实提高
移民的就业质量

一、移民就业服务体系建设

就业服务体系包含职业介绍、就业训练、失业保险和劳动就业服务四项主要内容。建立多层次、多渠道的就业服务体系是劳动力市场发展和运行的重要条件，也是社会主义市场经济条件下扩大就业的重要途径。结合长江上游典型库区移民的就业现状，库区移民的就业服务体系建设应以职业介绍和劳动就业服务企业为主，各级政府要积极统筹移民、教育、劳动保障和司法部门，建立高效、开放、市场化的移民就业服务体系。具体可从以下三个方面着手：

1. 鼓励在库区经济比较发达的区县建立就业服务机构，开展就业中介和权益保障服务

鼓励在长江上游典型库区经济比较发达的区县建立就业服务机构，在劳动力和用人单位之间建立劳动力就业信息沟通平台，建立城乡一体的劳动力就业市场。根据移民的劳动力规模，合理安排就业服务机构设置的布局，完善服务功能。为方便长江上游典型库区移民了解就业信息，需要利用社区就业帮扶中心，为移民提供就业信息、咨询等服务。

2. 建立街道、乡镇、社区、村基层公共就业服务工作平台

据调研，目前长江上游典型库区部分区县还没有建立基层公共就业服务工作平台，开展就业服务工作。因此，本章建议长江上游典型库区建立街道、乡镇、社区、村基层公共就业服务工作平台，进一步提高人员素质，完善服务功能，切实承担起基础性人力资源社会保障服务、就业援助和人力资源动态管理等工作职能。

3. 针对库区不同的移民群体，开展就业服务活动

针对库区不同的移民就业群体，开展就业服务系列活动，具体如下：一是实施高校毕业生就业推进计划、职业技能培训计划、农民工就业服务计划、困难人员就业援助计划，帮助库区移民尽快实现就业和再就业。二是库区还要依托乡镇劳动保障平台，广泛组织"农民工专场招聘会"等系列活动，给移民提供有效的就业信息和就业服务，推进城乡就业一体化建设。三是把政策咨询、培训信息、职业介绍、创业扶持等公共服务延伸到乡镇、村，形成城乡一体、上下贯通、平台到村、联系到户、服务到人的工作体系，切实做好移民的就业扶持工作。

二、支持移民自主创业

长江上游典型库区针对"4050"及以上移民的就业困难问题，建议可以通过支持自主创业带动就业、支持中小企业吸纳移民就业、购买公益性岗位等实施就业困难群体帮扶措施，帮助就业困难群体改善基本生活。通过开展劳动力创业培训，对创业培训进行补助，以创业促就业。重点对"3040"的移民群众加强创业培训，鼓励自主创业，落实好税费减免、小额贷款贴息、社保补贴、就业援助、免费职业介绍等政策，引导激励创业者吸纳移民就业，帮助就业困难的移民群众实现再就业。

三、支持中小企业吸纳移民就业

支持中小企业吸纳移民就业主要是对符合规定条件的企业给予小额担保贷款、社会保险补贴，为灵活就业人群提供适宜的就业岗位，重点面向"4050"人员。建议长江上游典型库区可以参考重庆市制定的鼓励用人单位吸纳移民就业的相关优惠政策，各个库区可以根据移民的实际情况，制定相应的政策，吸纳移民就业。

四、购买公益性岗位

长江上游典型库区要根据移民就业困难群体的数量和动态变化情况，开展就业帮扶，购买一定数量的公益性岗位，重点面向就业困难的移民家庭、零就业的移民家庭。考虑到劳动力就业能力将逐步增强，就业困难群体的数量会逐步下降，建议库区每年定期购买公益性岗位，同时对这些岗位予以补助。此外，还要加强社区就业帮扶点建设，为移民和生态屏障区转移人口服务。

五、促进就业结构调整，保障移民稳定就业和持续增收的需要

长江上游典型库区要适应生态环境保护对产业结构战略性调整要求，促进就业结构调整，是保障移民稳定就业和持续增收的重要保障。具体如下：①在库区生态屏障区农村，要求发展生态农业，建设生态农业园，实行清洁生产、无公害生产，为此需要对农村移民进行生态农业技能培训，促进其从传统农业生产方式向现代农业生产方式的转变。②在库区城镇，发展移民生态工业园，推进产业结构大调整，提供大量的稳定就业岗位，为此需要对移民进行职业教育和技能培训，增加对新型产业就业选择的机会和能力，更好地适应产业结构调整，避免结构性失业，实现稳定就业和持续增收。从工程移民教育培训实践来看，以实用技术为主的短期培训方式，对增强劳动力灵

活就业能力有一定效果，但难以保障稳定就业，也难以支撑转移就业。因此，后续工作必须从产业结构调整升级和提高劳动力市场竞争力出发，重点加强职业教育，才能从根本上解决移民的就业能力和就业不足问题。

六、优化教育培训资源，健全教育培训体系

1. 抓住重点，突出特色，提高培训效果

针对长江上游典型库区移民搬迁安置人力资本损失，积极扶持职业教育和技能培训，恢复和提高他们的就业能力，避免贫困问题代际传递。同时，还要适应库区产业结构调整和生态环境保护的新要求，教育培训要提档升级，满足劳动力就业结构调整需要，不断提高培训效果。重点推进以下三个方面的工作：一是以失地、失业的农村移民和搬迁工矿企业破产关闭下岗职工为重点。二是对劳动适龄人口，重点加强职业教育和技能培训，促进其就业转移。三是教育培训要坚持以市场导向，突出生态农业、服务业和制造业技能培训等专业特色，提高培训对象在就业市场的竞争能力，实现稳定就业。

2. 优化教育培训资源，健全教育培训体系

长江上游典型库区移民需要优化教育资源，健全教育培训体系，具体如下：一是按照"条件公开、申请自愿、公平竞争、合理布局、择优确认"的原则，通过招标，由政府相关部门评估确认，择优认定一批培训定点机构，并签订委托培训协议。对参加实施培训项目的各类职业培训机构实行分级分类管理，明确培训项目、收费标准和资格等级，按资质条件安排培训任务。二是充分利用对口支援政策，移民可选择所在省（市）、县公布的职业培训定点机构参加培训。经认定的培训定点机构和企业的培训中心根据培训任务，可相应承担移民职业培训、劳动力技能培训、劳动力转移技能培训和移民技能提升培训任务。健全教育培训的教学、资助和就业服务体系。三是长江上游典型库区还要加强职业学校与企业之间、城市优质职业学校与农村职业学校和成人学校、库区职业学校与发达省市职业学校之间、库区内各区县职业学校之间、职业学校和培训机构之间的合作与差异性发展，建立统一的教育资源库。

3. 针对不同类型移民的特点，加强对移民的职业技能培训

长江上游典型库区要适应生态环境保护对产业结构战略性调整要求，促

进就业结构调整，是保障移民稳定就业和持续增收的需要。具体如下：

第一，从前文实证分析的结果可知，农村移民的就业状况较差。针对农村移民就业困难问题，建议从以下两个方面着手：一是对有一技之长的农村失业移民，在本地新发展的产业中优先推荐上岗；对无技能的农村失业移民，组织实用操作技术培训，增强其就业能力；对有就业能力而无就业愿望的失业移民，引导其彻底扭转观念，促进自主就业。重点帮扶移民"零就业"家庭和"4050"人员，运用资金扶持、岗位补贴等政策杠杆，开发政府公益性岗位予以优先安置。二是在库区发展生态农业，建设生态农业园，实行清洁生产、无公害生产，为此需要对农村移民进行生态农业技能培训，促进其从传统农业生产方式向现代农业生产方式的转变。

第二，从第五章实证分析结果可知女性移民就业比较困难。针对女性移民群众就业困难的问题，建议对他们开展家政服务、餐饮服务、美容美发、柑橘技术、茶叶技术、营养配餐、中式烹调、刺绣、电商等职业技能培训，这些职业技能培训适合女性移民的特点，时间短见效快，能够帮助她们较快实现脱贫致富。

第三，在库区城镇，发展移民生态工业园，推进产业结构大调整，提供大量的稳定就业岗位，为此需要对移民进行职业教育和技能培训，增加对新型产业就业选择机会和能力，更好地适应产业结构调整，避免结构性失业，实现稳定就业和持续增收。从工程移民教育培训实践看，以实用技术为主的短期培训方式，对增强劳动力灵活就业能力有一定效果，但难以保障稳定就业，也难以支撑转移就业。因此，后续工作必须从产业结构调整升级和提高劳动力市场竞争力出发，重点加强职业教育，才能从根本上解决就业能力和就业不足问题。

4. 针对不同年龄段移民个体特征，安排不同的教育培训内容

基于不同年龄段移民个体特征以及市场需求，开展精准的订单式、针对性培训，这样才能使培训做到有的放矢，具体如下：第一，从前文分析结果可知，未婚移民的就业状况较差，因此，本章建议针对未婚移民的特点，开展有针对性的培训，具体从如下几个方面着手：针对20岁以下高中毕业或中专毕业的移民，他们有一定的理论文化知识，容易接受新鲜事物，建议以中长期的新型特色产业技能培训为主。其中20岁以下的农村移民，建议对他们开展养羊、养兔、柑橘栽培技术、良种蔬菜栽培技术、药材栽

培技术等培训，20岁以下的城镇移民，建议对他们开展二三产业的技能培训，重点培训电子、电工、加工制造、机械维修以及餐饮、家政等二三产业职业技能培训。第二，20~40岁的移民，他们中有一部分人拥有不同等级的职业资格证书，技能培训的重点主要在开展职业资格升级培训，进一步提升他们的技能水平。第三，对于"4050"以上人员，必须加强技能培训和就业援助，通过支持中小企业吸纳移民就业、支持自主创业带动就业和购买公益性岗位等措施，改善他们的灵活就业状况，同时建立健全移民安置社区的就业服务体系，改善其就业环境，促进移民实现各种形式的就业，增加其经济收入来源，避免其成为社会边缘群体，有利于维护库区社会稳定。

第二节　完善库区的公共服务保障体系，切实提高移民的生活质量

一、搭建库区基础设施和公共服务平台，实现公共产品服务城乡均等化

1. 加大基础设施投入力度，改善移民的生产生活条件

基础设施和公共服务是移民生计恢复和发展的重要物质基础[①]，也是乡村振兴的重要内容。长江上游典型库区主要从以下五个方面着手，切实改善移民的生产生活条件：一是要加大交通的投入，改善移民的生产和出行条件；由国家出台相关的配套政策，提高电视和电话的普及率，为移民建立比较畅通的对外联系网络。二是加快农田水利设施的建设和土地整治的力度，促进农业旱涝保收；改造农村电网，对农村用电实施补贴，减少移民对薪材的依赖，让电力成为库区的主要能源。三是积极探索新农村合作医疗的具体实施办法，解决部分移民小病不医，大病致贫等问题。四是逐步推广太阳能、沼气等清洁能源的使用，减少移民对煤的依赖性；同时修建垃圾池，对公路两旁的垃圾实施统一回收和清理，实现市容、村容的整洁，为库区

---

① 赵锋.水库移民可持续生计发展研究［M］.北京：经济科学出版社，2015.

社会经济与生态环境的全面协调发展创造条件。五是国家在基础设施建设过程中，可采取以工代赈的方式进行以公共财政投资为主的公路、电网和通信等大型生产公共服务的建设，在改善移民生产生活条件的同时，提高移民的收入。

2. 加大库区教育财政投入，以及其他教育资源的投入的力度

在原有教育投入的基础上，增加对长江上游典型库区教育的支持，建立一个能够保证长江上游典型库区教育发展的长效机制。具体如下：

一是长江上游典型库区很多区县是贫困县，各个区县的财政情况很差，大体上只能算是"吃饭财政"，但是如果从根本上解决欠债、排危的资金缺口问题，中央和省市级财政必须建立保证库区教育可持续发展的长效机制，并重点给予支持。库区地方政府应该协调相关部门，积极出台相关政策措施，保证教育投入的有效性和持续性，并将政策具体化，落到实处。

二是抓好义务教育和职业教育，加大对移民困难家庭学生的资助力度，切实推进义务教育均衡发展，同时大力发展农村职业教育和成人教育，强化移民就业技能和实用技术培训，着力培养现代农业、服务业需要的技能型人才，提高移民整体素质。

三是库区还要加大对移民子女教育和义务教育的支持力度。针对前文指出的部分移民教育负担过重的问题，建议建立贫困移民救助专项基金，将入学困难的移民子女纳入救助范围，予以救助。重庆市每年用国家职业教育发展专项补助资金资助库区三万名城乡家庭子女就读职业学校，用财政资金对移民子女就读职业学校给予资助，对中长期培训给予定额补贴，对移民劳动力实行三个月至半年的免费培训，并实施三个月内指导性就业。重庆市这种做法很具有借鉴性，建议长江上游典型库区参考重庆市这种做法，制定相关政策资助移民子女，尤其是农村移民子女就读职业学校，这样才能提高移民子女的就业能力，避免贫困的代际转移。

3. 加强对库区医疗服务的支持力度

从前文分析可知，移民对药品的价格、治疗费用以及治疗效果都不太满意，针对上述问题，本章认为长江上游典型库区要加强库区医疗服务的支持力度，具体从以下两个方面着手：一是加大库区农村卫生基础设施的建设力度，改善农村移民安置区的医疗卫生条件，大力引进高层次人才，切实提高

医疗治疗效果。二是针对前文分析可知移民对药品价格、治疗费用满意度都不太高，他们普遍反映药品价格、治疗费用偏高，针对这个问题，建议长江上游典型库区的政府部门应加强对药品价格的监控力度，加大政府对生产环节药品价格的干预力度，探索建立药品价格合理形成的机制，从源头上遏制药价虚问题。

4. 统筹城乡发展，进一步完善库区的交通设施建设

从前文分析可知，农村移民安置区附近的道路状况较差，本章认为长江上游典型库区要积极统筹城乡发展，进一步完善库区的交通设施建设，具体如下：长江上游典型库区的交通设施建设要以提高城镇对农村移民安置区辐射能力为重点，城镇与集镇之间全部通达等级公路，特别是要改善农村移民安置区的道路交通状况；行政村通达等外公路；推行渡改桥工程，解决移民群众出行难问题。水利设施建设以保障移民安置区安全饮水为重点，保障自来水全部达户；新建一些重点骨干工程，着力解决特色产业发展水利设施配套。树立教育移民新理念，超前发展优质基础教育和中等职业教育、技能培训，发行教育消费卡，对适龄劳动力实行全覆盖，培育库区新型劳动者。精心打造特色品牌，推进农村劳动力转移就业。

二、在库区推行城乡居民社会保障统筹试点

建议在长江上游典型库区推行城乡居民社会保障统筹试点，以养老保障、失业保障和住房保障为重点，补助解决两大对象的保障费用。一是库区移民困难群体，主要是进城镇安置农村移民（包括搬迁进城镇安置的农村移民和城镇迁建占地移民），在失去农业生产资料进入城镇安置后，部分移民由于年龄偏大、缺乏技能，已经逐步退出劳动力市场，为保障移民稳定，建议对这部分群体提供养老保险、失业保险和廉租房补助。二是对生态屏障区向外转移就业的劳动力，提供养老保险、失业保险和经济适用房补助。

三、进一步完善移民纳入城乡社会保障体系的内容

1. 城乡居民最低生活保障

最低生活保障是社会保障最低层次的救助，是保障公民最低生活需求的

最后一道安全网。移民失去土地后面临社会风险的可能性增加，原来的生产生活形态突然改变，无论在经济还是心理方面都面临着重新适应问题，短期可能因为补偿款而感受不到这一转变的隐藏成本，但是如果移民不能适应新的环境或是没有稳定的工作，将会进入政府救济的低收入弱势人群。因此，政府应建立并完善城乡居民最低生活保障制度，做好水利工程移民档案记录，为移民设立畅通的准入机制，使相关政策向弱势群体倾斜，履行其向有需要的公民提供最低生活救助和相应服务的义务。

2. 进一步完善养老保险体系

长久以来，在我国农村社会保障发展滞后的情况下，农村土地发挥着相当重要的养老保障功能。当移民被征去土地后，其养老风险十分突出。在当前老龄化日趋严重及城乡社会保障一体化发展的背景下，必须做好移民群体的基本养老保障工作，以使移民顺利从依附土地的养老保障过渡到城乡统筹发展的养老保障。具体从以下四个方面着手：

一是对移民中男满55岁、女满50岁的移民逐步推行实施社会保险。对于长江上游典型库区移民中男满55岁，女满50岁的移民实施社会保险，这样才能保障移民生计的可持续性。

二是农村移民进城集镇安置后，失去赖以生存的耕地，城镇社会保障尚未完全覆盖，面临养老无着落和疾病治疗缺失风险，需要将这部分人口及时纳入城镇养老、医疗等社会保障体系，保障其生活水平不下降。

三是提高年轻移民参加养老保险的积极性。从前文分析结果可知，长江上游典型库区养老保险覆盖率不太高，尤其是年轻的移民参加养老保险率偏低，究其原因主要是他们工作不太稳定，三天两头变化工作或者更换城市，而且收入也不太高，没有余钱参加养老保险。即使有的年轻移民参加了养老保险，由于工作地点经常变更，给养老保险续保增加了很大难度。因此，建议建立灵活的养老保险参保模式，降低年轻移民参保者的"吃亏感"，养老保险收益应与缴费时间、金额挂钩，降低年轻参保者的"吃亏感"或者缴费时间越长、缴费越多，养老金越高；或者缴费时间越长，需缴费用越低。这种灵活的参保模式，才能吸引更多的年轻人。

四是建立贫困移民救助专项基金，把移民中的"三无"（无稳定收入、无固定工作、无资产）人员、重残人员、长期卧床不起人员以及怀孕哺乳期妇女、入学困难的移民子女纳入救助范围，予以救助。

3. 进一步完善医疗保险体系

医疗保险历来就是社会保险的重要内容之一。在这个经济虽快速发展但居民健康问题频发的时代，医疗保障显得尤为重要，移民因病返贫的例子并不少见。因此，长江上游典型库区应重点扩大农村合作医疗保障的范围，让更多移民家庭能享受到这种社会保障。在企业就业的移民，应参加城镇职工医疗保险，未在企业就业的，应当全部纳入城镇居民医疗保险体系，享受与城镇居民一样的医疗保障待遇。

4. 进一步完善失业保险体系

土地对移民具有就业岗位功能，移民失去土地，就意味着失去了就业岗位。对处于劳动年龄段的大多数移民而言，就业保障才是社会保障的第一要义。移民以农耕为生，虽有外出务工人员，但多数分布于城市建设中劳动强度大的建筑、地下管道修建及工厂流水线上，这些岗位技能、文化素质要求不高，被征地农民可以胜任，但是长期下来移民不仅会受到就业歧视，而且他们的社会关系只能在底层发展，循环往复可能会导致移民被边缘化，无法真正融入城市发展。因此，必须尽快将水利工程移民纳入城镇失业保险体系，适宜地为移民提供职业教育和就业培训，对相关企业吸纳移民就业实行优惠政策。以帮助移民更好地进入劳动力市场实现就业，也是发展并完善城乡社会保障系统的必然要求。

第三节　建立基于生计风险管理的
差异化的生计资本培育模式

由于长江上游典型库区移民的生计资本存在异质性，加之脆弱性的外部环境，以及微观生计资本的约束，依靠单一资本难以实现多样化的生计成果，因此，需要建立基于生计风险管理的生计资本培育模式，这样才能发挥生计资本组合优势，降低潜在的生计风险，促进他们的可持续生计发展。基于前文分析可知，移民的生计风险管理水平（生计风险识别水平、生计风险评估水平、生计风险治理水平）在人力资本、金融资本、物质资本、社会资本四个维度上产生中介作用。因此，本章建议应根据长江上游典型库区移民的生计发展现状，建立基于生计风险管理的差异化的生计资本培育模式。

一、建立基于生计风险管理的人力资本培育模式

长江上游典型库区要注重实效，建立基于生计风险管理的人力资本培育模式，切实提高移民的人力资本水平，具体如下：

1. 加强生计风险管理的预防知识培训，切实提高移民的人力资本水平

建议针对长江上游典型库区移民的生计现状，加强生计风险管理的预防知识的培训，切实提高移民的人力资本水平。风险时刻伴随着人们的生产生活，而且风险呈现出多元化、复杂性的特征，因此，移民应积极参加风险管理的预防知识培训，切实提高自身文化水平，时刻把握生产生活中可能会遇到的生计风险，增强自身的生计风险管理能力。

2. 开展时间短、见效快的实用技术培训，切实提高移民的人力资本水平

建议针对长江上游典型库区移民的生计现状，开展时间短、见效快的实用技术培训，切实提高移民的人力资本水平。具体如下：一是针对农村移民生产生活中可能会遭遇的生计风险，本章认为应该针对农村移民的生计现状，开展时间短、见效快的短期培训，如聘请专家到田间地头开展养猪、养羊、养兔、养鸡、养鱼、养蟹、柑橘栽培、良种蔬菜栽培、药材栽培培训，使农村移民掌握实用的种植养殖技术。二是针对城镇移民生产生活中可能遭遇的生计风险，对他们开展二三产业的实用技术培训，在培训内容上，结合市场需要，开展家政服务、物业管理、美容美发、酒店餐饮等技能培训。只有根据不同类型移民的特点，才能对他们采取针对性的培训，这样才能提高移民的人力资本水平，有的放矢地规避潜在的生计风险，实现可持续生计。

二、建立基于生计风险管理的社会资本培育模式

长江上游典型库区要采取相应措施，建立基于生计风险管理的社会资本培育模式，具体如下：

一是建议由熟人、亲友、村委会、居委会或新成立打工协会等多渠道为移民提供就业或外出务工信息；进一步发挥现有的专业经济协会的作用，并根据实际要求培养新的经济协会，如打工协会、种植养殖协会，不断提高移民的社会资本水平。当移民遇到生计风险时，可以借助于这些社会网络力量，从而降低生计风险，提高他们的生计风险管理能力。

二是建议由居委会、村委会组织讨论，移民中的致富能力牵头，建议成立专业性合作经济组织，不断拓展移民的社会资本水平。即以居委会或村委会为核心，专业协会为纽带，优势主导产业为依托，广大移民为基础，按照外部市场的需求，把村委会的组织优势与协会的经济优势有机结合起来，通过资源整合，优势互补，促进移民社会资本的培育。当移民遇到生计风险时，可以借助于这些社会网络力量，从而降低生计风险，提高他们的生计风险管理能力。

三是加强基层组织的管理作用。风险时刻伴随着人们的生产生活，而且风险呈现出多元化、复杂性的特征，因此，在长江上游典型库区应充分发挥基层组织的作用，降低移民的生计风险。库区应积极引导移民致富，实施生计的多样化；在调整产业结构、做强做大优势产业的同时，由居委会或村委会牵头把部分种植养殖大户和部分移民群众组织起来，创办各类协会，引导和动员广大移民加入协会。同时，对于已加入协会的移民，建议由居委会或者村委会帮助协会不断健全和完善其机构设置、规章制度，规范其内部管理，并根据经济发展的需要成立各种新的协会，把协会的触角延伸到村、到组、到户，在企业、协会、移民之间发挥桥梁、纽带作用，为企业和移民提供生产以及销售等服务。

三、建立基于生计风险管理的金融资本培育模式

建议长江上游典型库区进一步拓展融资渠道，提高移民的金融资本存量，具体如下：第一，加大对移民金融资本的支持力度。鼓励各类金融机构到贫困的移民社区、移民村镇设立金融服务网点，逐步改善扶贫性小额信贷，积极推进商业性小额信贷改革，加大银行、保险、担保及小微金融组织对移民金融支持的力度，特别是对返乡的新生代移民创业户、移民大学生创业户的支持力度。第二，进一步探索成立移民资金互助合作社，为资金缺乏的移民提供小额信用贷款；关注区内移民的生计，拓展其增收渠道，可成立资金互助协会，解决贫困移民的借贷难问题。第三，政府要落实好税费减免、小额贷款贴息、社保贴

息、就业援助、免费职业介绍等政策，加强资金、技术的投入，使有能力、金融资本存量较多的移民自主创业，从而降低生计风险，增加金融资本存量。

四、建立基于生计风险管理的物质资本培育模式

建议长江上游典型库区进一步探索扶贫资源资本化投入机制，促进移民的物质资本保值增值，具体如下：一是建议在长江上游典型库区部分区县开展"资源变股权"的改革试点。参考贵州六盘水的"资源变股权、资金变股金、农民变股民"的做法，积极开展物质资源变股权、资金变股金、移民变股民的改革试点，开展农村承包土地经营权、移民住房财产权、集体建设用地使用权、林权抵押试点，最大限度地发挥物质资本的最大效能，增加移民的资产收益，这样才能降低生计风险。二是移民的物质资本反映着他们的第二偿还能力和担保能力。当遇到生计风险时，移民可以通过抵押、变卖物质资产的方式获得现金，转移或缓解生计风险。据调研，移民的物质资本多限于维持基本生产生活的需要，在面临生计风险时，物质资本可能不能转变为可以交换的资本，应付生计风险。因此，政府应对移民的物质资本进行补偿和投资更新。此外，建议通过开展农村承包土地经营权、移民住房财产权、林权抵押试点，充分发挥移民物质资源的最大效能，增加移民的资产收益。

第四节 加强移民的生计风险管理

Krysiak（2009）[①]认为可持续发展本质上是一种权衡风险和不确定性的过程。可见，风险管理在可持续发展中起着非常重要的作用。生计风险管理主要包括微观和宏观两个层面，微观的生计风险管理主要是指个体或家庭的生计风险管理，宏观的生计风险管理主要是指政府的生计风险管理。因此，本章主要从宏观和微观两个维度阐述政府以及个体或家庭的生计风险管理。

① Krysiak F C.Risk Management as a Tool for Sustainability[J].Journal of Business Ethics,2009,85（3）：483–492.

一、发挥政府在移民生计风险管理中的作用

国家政策的支持是移民实现可持续生计的重要保障，要想实现移民的可持续生计，必须要充分发挥政府在移民生计风险管理中的作用。具体从如下三个方面着手：

一是加强对移民风险管理的监测和监管工作。目前关于库区移民生计方面的政策，主要集中在社会、经济、生态环境三个方面，关于风险管理这一块的政策相对较少。因此，本章建议今后长江上游典型库区要根据移民的生计现状，进一步加强移民的生计风险管理的监测和监管工作，切实保障移民的长远生计。

二是政府要创设各种条件，引导移民加强生计风险管理。由于移民生计风险管理的主体是移民，而移民的生计风险管理能力较弱，因此政府需要建立便民的信息服务体系，该体系主要包括定期公布自然灾害和病虫害防范信息，宣传介绍风险管理工具如农产品期货、金融衍生产品、农业保险、产品合约生产等相关信息（Iiyama et al.，2008[①]），医疗保险、商业保险相关信息。

三是建立政府—移民风险管理联动机制。政府需要定期开展调研，了解不同类型移民的真正需求，了解移民需要哪些资源，尝试建立政府—移民风险管理联动机制，这样才能实现移民与政府的双赢，实现生计的可持续性。此外，政府要建立移民贫困风险的跟踪监测机制，并且根据移民的生计状况实时调整后期扶持政策，切实增强移民的生计风险管理能力，帮助他们脱贫致富。

二、发挥移民在生计风险管理中的作用

移民是生计风险管理的微观主体，为了实现生计的可持续性，移民必须充分发挥自身主观能动性，充分重视生计资本在移民生计风险管理中的作用。如上文所述可知，对于移民而言，他们的生计风险管理水平（生计风险识别能力、生计风险评估能力、生计风险治理能力）在人力资本、金融资本、物质资本、社会资本四个维度上产生中介作用。因此，本章建议移民要发挥生计资本的不同维度在生计风险管理中的作用，具体从如下两个方面着手：

---

① Iiyama M，Kariuki P，Kristjanson P，et al. Livelihood Diversification Strategies，Incomes and Soil Management Strategies：a Case Study from Kerio Valley，Kenya［J］. Journal of International Development，2008，20（3）：380–397.

一是发挥移民的主观能动性，树立移民风险管理的主体思想。移民是生计风险管理的微观主体，任何试图保障移民可持续生计的政策设计都必须以移民的自身风险管理策略为基础。也就是说，生计风险管理能否真正产生作用，最终需要移民自身发挥主观能动性，树立生计风险管理的主体思想，对可能出现的生计风险做到"事前积极防范"及"事后积极治理"，这样才能降低生计风险损失，减少贫困，提高个体或家庭的社会福利，促进他们的可持续生计。

二是充分发挥人力资本、社会资本、金融资本、物质资本的作用，提高移民的生计风险管理能力。具体如下：①发挥人力资本的作用。正如前文所述，风险时刻伴随着人们的生产生活，而且风险呈现出多元化、复杂性的特征，因此，移民应积极参加风险管理的相关培训，切实提高自身文化水平，时刻把握生产生活中可能会遇到的生计风险，增强自身的生计风险管理能力。②发挥社会资本的作用。当移民遇到生计风险时，他们可以通过社会关系网络，得到更多的资金、情感、方法上的帮助和支持，获取更多识别生计风险的方法，从而增强他们的生计风险管理能力。③发挥金融资本的作用。当遇到生计风险时，移民可以通过投入金融资本或回收金融资本等方式，分散或转移生计风险，从而提升生计风险防范能力，规避更多的生计风险。④发挥物质资本的作用。移民的物质资本反映着他们的第二偿还能力和担保能力。当遇到生计风险时，移民可以通过抵押、变卖物质资产的方式获得现金，转移或缓解生计风险。

第五节　加大政策帮扶力度，营造良好生计的制度环境

Williamson（2000）[①]认为制度环境对于组织或个体的行为具有重要的影响。制度环境是农村移民实现可持续生计的重要保障，要想实现移民的可持续生计，必须要重视制度环境的作用。从前文实证分析的结果可知，制度环境在长江上游典型库区移民的可持续生计发展中具有重要作用。本章具体从以下四个方面进行分析。

---

①　Williamson O E.The New Institutional Economics：Taking Stock，Looking Ahead［J］.Journal of Economic Literature，2000，38（3）：595-613.

一、处理库区问题应继续坚持"中央统一领导、分省市负责"的管理体制

长江上游典型库区要积极坚持"中央统一领导、分省市负责"的管理体制，推动库区的长远发展。具体措施如下：

第一，长江上游典型库区的后续建设需要中央统一领导的管理体制来协调、平衡与统筹多方面的关系，保障投资使用效率。长江上游典型库区的后续建设问题涉及重庆市、湖北省、四川省、贵州省等多个省市库区的平衡，涉及三峡工程、金沙江流域多个水利水电工程、乌江流域多个水利水电工程等多个库区移民群众的可持续生计问题、生态环境保护问题、库区的长治久安问题。

第二，充分调动中央和地方两个积极性，大中型水利建设基金是专项资金，政策指向包括湖北省、重庆市、四川省、贵州省多个省市的库区，涉及多个省市库区政策的平衡，涉及与以往移民政策的连续与衔接。对长江上游典型库区而言，移民的后续生计发展问题涉及大中型水利建设基金政策和各省市城乡统筹改革试验政策有效衔接，如对于三峡库区而言，涉及重庆库区和湖北库区的政策平衡，以及优化配置各种资源，这样才能最大限度发挥专项资金效益，保障库区移民问题的最终解决。

二、创新移民制度，完善政策法规，为移民长远生计营造良好的制度环境

长江上游典型库区要不断创新移民制度，这样才能为移民的长远生计营造良好的制度环境，具体从以下两个方面着手：一是创新移民制度，完善政策法规，支持库区移民的可持续发展。具体如下：①积极探索动态补偿、教育补偿、产业发展扶持补偿、养老补偿等多种补偿方式，提高增强库区移民的"造血"功能。②建立科学合理的水电开发利益分配制度，设立水电移民扶持发展基金，用于移民后续产业发展。二是按照利益共享原则，探索建立生态保护和水电资源开发补偿机制。据测算，对金沙江干流水电站发电征收1分/度电，每年就能够筹集32亿元补偿基金[①]。金沙江库区的水电资源开发

---

① 佚名.生态优先确保长江上游水电开发可持续发展［J］.四川统一战线，2014（3）：4.

补偿机制对于长江上游典型库区的水电开发具有借鉴意义。本章建议长江上游典型库区将生态环境保护、移民区经济社会发展成本计入电价成本，逐步提高水电上网价格，将价格增加部分纳入由第三方管理的长江上游水电开发生态资源补偿基金，主要用于库区和水源上游区域生态保护、发展库区特色经济等。

三、制定完善的经济制度，建立良好的经济环境

为了促进长江上游典型库区移民的可持续生计，需要制定完善的经济制度，营造良好的经济环境，具体从如下五个方面着手：

一是充分发挥长江上游典型库区的资源优势和区位优势，加快发展特色生态农业、生态旅游业等优势产业，培育经济增长点，着力培育有较强辐射带动作用的优势主导产业，营造良好的经济环境，进一步吸引移民就业。

二是进一步加大金融支持力度。大力发展风险投资、贷款担保等金融业务，建立银行、担保公司、企业"三位一体"的投融资平台，积极引导工商资本、民间资本、外来资本投入库区发展，营造良好的投资环境。

三是落实好税费减免、小额贷款贴息，社保贴息、就业援助、免费职业介绍等政策，引导激励库区移民在搞好生产活动的同时，兼顾家庭小副业以及短期打工。

四是制定优惠的创业政策，鼓励移民创业，通过创业带动就业。今后的政策设计应争取从移民的后期扶持转向促进移民的安稳致富上来，积极探索促进移民自主创业的政策引导机制，如制定优惠的创业扶持政策，鼓励移民创办小微企业，以创业带动就业，促进他们的安稳致富。

五是国家应出台相关的政策，扶持长江上游典型库区移民的生计发展，除了发放直接的补助和基础设施的建设投入以外，长江上游典型库区还可以通过当地资源开发促进产业的发展。如库区要利用水库周边的旅游资源，发展生态旅游业，从而改变移民生计发展的外部环境，促进部分移民从事旅游业，提高他们的收入水平。

四、创设完善的社会保障机制，建立良好的社会环境

为了促进移民的可持续生计，长江上游典型库区政府需要创设完善的社

会保障机制，建立良好的社会环境，具体从如下四个方面着手：

第一，建立健全移民社会保障制度。推进新型农村合作医疗的普及和医疗制度改革，帮助移民减轻大病所带来的风险冲击；建立移民社会养老保险制度，使他们老有所依。

第二，建立贫困移民救助专项基金，将移民中的"三无"（无稳定收入、无固定工作、无资产）人员、重残人员、长期卧床不起人员以及怀孕哺乳期妇女、入学困难的移民子女纳入专项基金救助的范围，予以救助。针对"三无"人员，长江上游典型库区要精准实施移民的社会保障扶贫措施，具体如下：①针对因病、因残等健康原因致贫的移民，建议按照行业标准，将他们纳入低保、大病救助、残疾人救助等政策，保障移民贫困户的基本生活需求；②针对无力支付相关费用的贫困家庭在校子女，实行社会帮助、干部资助、财政兜底的扶持政策，确保在校学生完成学业，帮助移民贫困家庭"拔穷根"；③针对因自然条件贫困的移民，建议从后续扶持资金中提取一部分，帮助他们改善生产生活条件；④针对因能力贫困的移民，建议对他们开展技能培训，让他们学习一些基本的就业技能，维持基本生计。

第三，加大对库区医疗、教育、卫生等社会事业支持力度，提高库区移民的生计资本水平。具体如下：一是加大对库区移民子女教育和义务教育的支持力度，对库区职业教育项目给予倾斜支持，提高移民的人力资本水平。二是切实加强卫生基础设施的建设力度，社会公共服务中心以及库区文化设施建设力度，同时加大对移民生产生活的扶持力度，积极改善移民的生产生活条件，切实提高移民的物质资本水平。三是建议由熟人、亲友、村委会、居委会倡导成立打工协会，种植养殖协会，不断提高库区移民的社会资本水平。四是长江上游典型库区要进一步探索扶贫资源资本化投入机制，促进移民的物质资本的保值增值。五是建议长江上游典型库区进一步创造良好条件，促进移民的自然资本保值增值，如引导移民就近务工，保障自然资本存量，鼓励移民开展生产开发项目，提高自然资本运作效率。

第四，推进库区新型城镇化发展。减少库区沿江居住的农村人口，促进其自愿向城集镇转移或向库区外转移，既是库区经济社会发展的必然趋势，也是库区生态环境保护的重要措施。建议根据推进新型城镇化建设相关政策规定，结合长江上游典型库区移民优化实施，通过进一步明晰房屋、土地等有关权益，落实户籍、社会保障等相关鼓励政策，减少库区农业生产人口总量，促进在城镇稳定就业和市民化，缓解库区综合承载力不足的矛盾，通过积极、稳妥、有序地推进新型城镇化，实现当地群众就业和增收，促进当地经济社会发展。

本章小结

本章基于长江上游典型库区移民的生计现状，探讨了促进移民可持续生计发展的对策建议，具体从如下几个方面展开：首先，从就业方面，探讨提高移民就业质量的措施；其次，从社会公共服务方面，探讨提高移民生活质量的措施；再次，从生计资本和生计风险管理两个方面，提出促进移民可持续生计发展的建议；最后，从政策设计维度，探讨促进移民后续生计发展的对策建议。具体研究内容如下：

第一，采取就业扶持措施，切实提高移民的就业质量。为促进长江上游典型库区工程移民实现各种形式的就业，通过就业服务，鼓励自主创业，支持中小企业吸纳移民就业和为就业困难群体提供援助等政策措施，改善其就业状况，同时建立健全移民安置社区就业服务体系，改善其就业环境：一是加强移民就业服务体系建设；二是支持移民自主创业，提供税费减免、小额贷款贴息、社保补贴等；三是支持中小企业吸纳移民就业，重点面向"4050"人员。对符合规定条件的企业给予小额贷款贴息、社会保险补贴；四是购买公益性岗位，重点面向就业困难家庭、零就业家庭；五是促进就业结构调整，保障移民稳定就业和持续增收的需要；六是优化教育资源，健全教育培训体系。

第二，完善库区的公共服务保障体系，切实提高移民的生活质量。为了提高长江上游典型库区工程移民的生活质量，建议从如下三个方面着手：一是在库区推行城乡居民社会保障统筹试点；二是从城乡居民最低生活保障、养老保险、医疗保险、失业保险四个方面，进一步完善移民纳入城乡社会保障体系的内容；三是搭建库区基础设施和公共服务平台，实现公共产品服务城乡均等化，具体从以下四个方面着手：进一步完善库区的交通设施建设；加大社会事业投入力度，着力保障和改善民生；加大基础设施投入力度，改善移民的居住条件；加大对库区医疗、教育、卫生等社会事业发展支持的力度。

第三，建立基于生计风险管理差异化的生计资本培育模式。一是针对不同类型移民的特点，对其开展针对性的职业技能培训以及生计风险管理知识的相关培训，提高他们的就业能力，降低生计风险，从而提升移民的人力资本水平。二是建议由熟人、亲友、村委会、居委会或新成立打工协会等多渠道为移民提供就业或外出务工信息；进一步发挥现有的专业经济协会的作用，并根据实际要求培养新的经济协会，如打工协会、种植养殖协会，不断提高移民的社会资本水平。当移民遇到生计风险时，可以借助这些社会网络力量，从而降低生计风险，提高他们的生计风险管理能力。三是政府要落实好税费减免、小额贷款贴息，社保贴息、就业援助、免费职业介绍等政策，加强资金、技术的投入，使有能力、金融资本存量较多的移民自主创业，从而降低生计风险，增加金融资本存量。四是通过开展"资源变股权"的改革试点、对物质资本进行补偿和投资更新等途径，进一步探索扶贫资源资本化投入机制，促进移民的物质资本保值增值。当遇到生计风险时，移民可以通过抵押、变卖物质资产的方式获得现金，转移或缓解生计风险。

第四，建立生计地图，制定差异化的福利政策。建议长江上游典型库区的移民管理部门应根据移民的生计资本现状，建立不同区域移民生计资本的生计地图，同时对不同区域生计资本发展现状，提供可供选择的有效路径。这样才能帮助政府部门快速识别移民生计资产相关的区域，从而制定差异化的福利政策，提高政府干预的效率。

第五，加强移民的生计风险管理。一是政府要通过建立政府—移民风险管理联动机制、加强对移民风险管理的监测和监管工作等多种途径，引导移民加强自身的生计风险管理。二是移民通过充分发挥自身的主观能动性，充分发挥人力资本、社会资本、金融资本、物质资本的作用，提高自身的生计风险管理能力。

第六，加大政策帮扶力度，营造良好生计的制度环境。一是处理库区问题应继续坚持"中央统一领导、分省市负责"的管理体制；二是创新移民制度，完善政策法规，为移民长远生计营造良好的制度环境；三是制定完善的经济制度，建立良好的经济环境；四是创设完善的社会保障机制，建立良好的社会环境。

第十章

研究结论及展望

前面九章利用长江上游典型库区 2079 个移民的调研数据，对长江上游典型库区工程移民的后续生计问题进行了详细的分析以及深入论证，首先从就业现状、生活现状、生计资本现状等方面对长江上游典型库区移民的生计现状进行了分析，同时，采取对比研究的方法，分析了不同个体特征移民生计现状的差异；其次，采取计量分析方法，分析了影响移民可持续生计的因素；最后，探讨了长江上游典型库区移民可持续发展的对策建议。本章对前面九章的研究结论进行全面梳理，同时提出了本书研究存在的局限以及未来的研究方向，并结合长江上游典型库区移民的可持续生计发展对策展开讨论。

第一节　研究结论

一、长江上游典型库区移民的就业现状调查与比较分析

1. 长江上游典型库区移民以打工和务农为主，收入水平不太高，就业质量不太高

本书基于长江上游典型库区 2079 个移民的调研数据，对库区移民的就业现状进行了分析，结果发现移民的就业现状存在一定差异，具体如下：

（1）移民的就业类型虽然以打工、务农为主，但是兼业化趋势越来越明显。长江上游典型库区移民的就业类型存在较大差异，移民主要以打工、务农为主，多样化生计类型占据较大比重，这说明库区移民的兼业化趋势越来越明显。在长江上游三个典型库区中，三峡库区移民的就业类型以打工、务农为主，分别占总数的 41.3%、36.1%；金沙江库区移民的就业类型以打工、

务农为主，分别占总数的 59.9%、25.6%；乌江库区移民的就业类型以打工、务农为主，分别占总数的 39.6%、32.4%。

（2）移民的就业行业主要集中在制造业、批发零售业、建筑业、农业等行业。长江上游典型库区的移民所从事的行业以农业、制造业、建筑业、批发零售业、餐饮业为主，这说明移民从事的就业行业主要为劳动密集型行业。由于库区移民大多文化水平较低，因此，他们在选择就业岗位时往往会选择技术含量低、劳动强度相对较大、报酬收入较低的岗位。但是，移民从事的就业行业存在较大差异，具体如下：三峡库区的移民主要以从事制造业、批发零售业、餐饮业为主，占移民总数的 51.3%；金沙江库区的移民主要以从事农业和建筑业为主，占移民总数的 78.2%；乌江库区的移民主要以从事制造业以及批发零售业、餐饮业为主，占移民总数的 51.9%。

（3）移民的就业单位性质主要为个体私营企业。长江上游典型库区大部分移民主要在个体经营企业工作，但是移民从事就业单位的性质存在较大差异，具体如下：三峡库区的移民主要在个体经营企业以及其他类型企业工作的移民人数最多，占总数的 71.6%；金沙江库区的移民主要在个体经营企业以及农村农场工作的移民人数最多，占总数的 65.5%；乌江库区的移民主要在个体经营企业以及其他类型企业工作的移民人数最多，占总数的 67.7%。

（4）移民的收入总体偏低，大部分移民家庭年收入在 1 万~6 万元。长江上游典型库区移民收入总体偏低，大部分移民家庭年收入在 1 万~6 万元。如三峡库区移民家庭的年收入水平在 1 万~6 万元，占总数的 75.9%；金沙江库区移民家庭的年收入水平在 1 万~6 万元，占总数的 70.2%；乌江库区移民家庭的年收入水平在 1 万~6 万元，占总数的 72.4%。

（5）移民主要通过亲友介绍、公益性职业介绍机构以及社会招聘会等途径找工作，职业中介作用不断凸显。长江上游典型库区移民主要通过亲友介绍、公益性职业介绍机构以及社会招聘会找工作。如三峡库区 94.7% 的移民通过亲友介绍、公益性职业介绍机构以及社会招聘会找工作，金沙江库区 83.9% 的移民通过亲友介绍、公益性职业介绍机构以及社会招聘会找工作。

（6）移民的就业质量普遍不高。长江上游典型库区移民对就业质量普遍感到不满意，如在三峡库区 750 个移民中，移民对就业质量评价一般的人数为 259 人，占 34.5%，比较不满意的人数为 260 人，占总数的 34.7%，非常不满意的人数为 50 人，占总数的 6.7%，这说明三峡库区移民对自身的就业质量满意度不高。在金沙江库区 688 个移民中，移民对就业质量评价一般的人数最多，占总数的 30.4%，其次是对就业质量比较不满意的移民人数，占总数的 30.2%，对就业质量感到非常不满意的人数，占总数的 6.1%，这说明金沙江库区移民对他们的就业质量感到不太满意。

2. 长江上游典型库区不同个体特征移民就业现状的比较分析

（1）城镇移民的收入状况、就业质量均好于农村移民。从卡方检验结果可知，长江上游典型库区城镇移民和农村移民的就业类型、就业单位性质、就业渠道、就业收入以及就业质量存在显著性差异，但是就业行业并不存在显著性差异。从长江上游典型库区的城镇移民和农村移民的分样本均值来看，城镇移民的就业收入、就业质量均高于农村移民。

（2）不同性别移民的就业类型、就业行业、就业收入、就业质量、就业单位性质存在显著性差异，但是男性移民就业收入、就业质量略高于女性移民。从卡方检验结果可知，不同性别移民的就业类型、就业行业、就业收入、就业质量、就业单位性质存在显著性差异，但是就业类渠道并不存在显著性差异。从卡方检验结果以及女性移民和男性移民的分样本均值来看，不同性别移民的就业收入、就业质量均存在显著性差异，男性移民的就业收入、就业质量均高于女性移民。

（3）不同婚姻状况移民的就业行业、就业单位性质、就业渠道、就业收入以及就业质量存在显著性差异，已婚移民的就业收入、就业质量均高于未婚移民。从卡方检验结果可知，长江上游典型库区不同婚姻状况移民的就业行业、就业单位性质、就业渠道、就业收入以及就业质量，存在显著性差异，但是不同婚姻状况移民的就业类型并不存在显著性差异。其中，已婚移民的就业收入（均值为 2.86）略高于未婚移民（均值为 2.73），已婚移民的就业质量（均值为 2.90）略高于未婚移民（均值为 2.84）。

（4）不同年龄段移民的就业类型、就业行业、就业单位性质、就业收入、就业渠道以及就业质量均存在显著性差异。从方差分析结果可知，不同年龄段的移民的就业类型、就业行业、就业单位性质、就业收入、就业渠道以及就业质量均存在显著性差异。其中 30~40 岁的移民就业质量最高（均值为 2.97），50~60 岁的移民就业质量均值最低（均值为 2.73），30~40 岁的移民就业收入最高（均值为 3.03），50~60 岁的移民就业收入最低（均值为 2.64）。

3. 长江上游典型库区移民的就业现状存在的问题

基于长江上游典型库区移民的就业现状，本书认为库区不同个体特征移民的就业现状存在以下五个问题：第一，长江上游典型库区移民群众普遍文化水平偏低，就业能力差，现有受教育程度和技能水平不能适应库区生态环境保护、产业结构战略性调整要求，结构性失业日益凸显。第二，长江上游典型库区移民失业率高、收入不太高，而且收入不太稳定，库区移民就业多集中在体力型劳动和服务型行业，移民长期稳定压力大。第三，长江上游典型库区移民的劳动就业不充分，就业不稳定等边缘化就业以及结构性失业状态，就业问题已经成为库区社会不稳定的重要来源。第四，长江上游典型库区移民就业质量普遍较差，在已就业的移民群体中，城镇移民和农村移民收入差距较大，女性移民、未婚移民的就业状况普遍较差。第五，就业服务体系能力不足，且职业教育和技能培训基础能力相对薄弱。

二、长江上游典型库区移民的生活现状调查与比较分析

1. 长江上游典型库区移民的生活状况得到了较大改善

（1）移民的住房条件得到了较大改善。根据长江上游典型库区 2079 个移民的调研数据可知，长江上游典型库区移民的住房条件得到了较大改善，移民的住房面积大多在 50~100 平方米，基本能满足日常生活需要。此外，移民的住房结构大多为砖混结构和框架结构，如三峡库区 750 个移民样本中，住房为框架结构的移民人数最多，占总数的 47.2%，住房为砖混结构的移民人数占总数的 43.2%；在金沙江库区 688 个移民中，住房为砖混结构的移民人数最多，占总数的 46.4%，住房为框架结构的移民人数占总数的 38.2%。

（2）移民的交通状况得到了较大改善。根据长江上游典型库区 2079 个移民的调研数据可知，长江上游典型库区移民的交通状况得到了较大改善，具体如下：移民居住地区的道路状况大多为水泥路和沥青路，道路状况较好，这说明长江上游典型库区政府在改善民生方面做出了诸多努力，显著地改善了移民的道路交通状况。此外，移民大多选择乘坐汽车、骑摩托车或电瓶车的方式到县城中心或城镇中心。如三峡库区 750 个移民样本中，35.1% 的移民选择坐汽车到县城中心或城镇中心，30.4% 的移民选择骑摩托车或电瓶车到县城中心或城镇中心；在金沙江库区 688 个移民样本中，29.7% 的移民选择坐汽车到县城中心或城镇中心，29.5% 的移民选择骑摩托车或电瓶车到县城中心或城镇中心。

（3）移民用水比较方便，水质状况较好。根据长江上游典型库区 2079 个移民的调研数据可知，长江上游典型库区移民的用水比较方便，水质状况较好，据调研，长江上游典型库区移民家庭生活用水和生产用水的主要渠道为自来水和井水，大多数移民家庭的取水方式为自来水，部分移民采取水井挑水、自流引水、水泵提水以及溪沟蓄水等取水方式相结合。此外，库区移民对水质状况是比较满意的，如在三峡库区 750 个移民中，55.7% 的移民对水质状况是比较满意的；在金沙江库区 688 个移民中，64.1% 的移民对水质状况是比较满意的，这说明长江上游典型库区水资源保护措施得力。

（4）库区供电情况较好，电压比较稳定。基于长江上游典型库区 2079 个移民的调研数据，笔者发现长江上游典型库区供电情况较好，大部分移民认为库区电压比较稳定，家里偶尔停电。如在三峡库区 750 个移民中，647 个移民认为电压比较稳定，占总数的 86.3%，657 个移民认为三峡库区偶尔停电，占总数的 87.6%；在金沙江库区 688 个移民中，77.5% 的移民认为库区电压比较稳定，78.2% 的移民认为金沙江库区很少停电。

（5）库区移民的就医条件显著改善，但仍存在诸多不足。长江上游典型库区移民对医疗设施、报销医保方便程度是比较满意度的。如在三峡库区 750 个移民中，390 个移民对医疗设施比较满意，占总数的 52.0%，39 个移民对医疗设施非常满意，占总数的 5.2%；在乌江库区 641 个移民中，347 个移民对医疗设施比较满意，占总数的 54.1%，29 个移民对医疗设施非常满意，占总数的 4.5%；在金沙江库区 688 个移民中，299 个移民对报销医保方便程度比较满意，占总数的 43.5%，106 个移民对报销医保方便程度非常满意，占总数的 15.4%。但是移民对药品价格的满意度、治疗费用的满意度、治疗效果的满意度、医院服务态度的满意度普遍不高。这说明长江上游典型库区移民的就医条件得到了显著改善，但是仍然存在诸多不足，如药品价格虚高、医院服务态度不好、治疗效果不好以及治疗费用较高等问题。

（6）移民的就业培训工作取得了一定成效，但是仍存在诸多问题。基于长江上游典型库区 2079 个移民的调研数据，笔者发现长江上游典型库区移民参加的就业培训项目种类比较多，培训内容多以就业培训或技能培训为主，如三峡库区移民培训的内容以种植养殖培训、电工培训以及建筑培训为主，而金沙江库区移民以建筑培训、创业培训以及电工培训为主。此外，长江上游典型库区移民认为就业信息发布比较及时，而且信息全面、及时、准确，这说明长江上游典型库区政府在移民就业方面做出了诸多努力，也取得了较大成效。从上述分析可知，长江上游典型库区的政府在移民就业培训工作方面做出了很大努力，也取得了诸多成效，在很大程度上提高了移民的职业素质和就业能力，但是在就业培训的过程中，还存在一些问题，如移民参加培训频率不高，不太重视培训过程的监管，部分移民对就业培训效果不满意等问题。

（7）移民子女入学比较便利，但是教育负担比较重。从调研数据可知，长江上游典型库区移民的孩子入学是比较便利的，如三峡库区750个移民中，45.3%的移民认为孩子入学比较便利，27.3%的移民认为孩子入学非常容易；在乌江库区641个移民中，44.5%的移民认为孩子入学比较便利。此外，库区大多数移民认为教育负担比较重，在三峡库区750个移民中，49.9%的移民认为教育负担比较重，在乌江库区641个移民中，49.1%的移民认为教育负担比较重。

（8）移民的社会保障体系尚不完善，养老保险覆盖率不太高。从调研数据分析可知，长江上游典型库区的社会保障体系尚不完善，移民的养老保险覆盖率不太高，部分移民可能会面临老无所养和疾病治疗缺失的风险。

2. 不同个体特征移民生活现状的比较分析

（1）城镇移民和农村移民生活状况的对比分析：

第一，城镇移民和农村移民的住房面积以及道路状况存在显著性差异。从卡方检验结果可知，城镇移民和农村移民的住房面积、道路状况存在显著差异，但是住房结构、出行方式不存在显著性差异。从样本均值来看，农村移民拥有的住房面积（均值为3.14）大于城镇移民（均值为2.57），城镇移民附近的道路状况（均值为2.80）略好于农村移民（均值为2.21）。

第二，城镇移民和农村移民的用水情况以及供电情况存在显著性差异。从卡方检验结果可知，农村移民和城镇移民的水源情况、取水方式、电压稳定情况三个方面存在显著性差异，但是水质情况、停电情况差异不太显著。

第三，城镇移民和农村移民对医院服务的满意度存在一定差异。从卡方检验结果可知，农村移民和城镇移民的药品价格的满意度、医院服务态度的满意度、报销医保方便程度的满意度、医院治疗效果的满意度以及医疗设施的满意度五个方面存在显著性差异，但是城镇移民和农村移民对治疗费用的满意度并不存在显著性差异。从样本均值来看，农村移民对药品价格的满意度、医院服务态度的满意度、报销医保方便程度的满意度、医院治疗效果的满意度以及医疗设施的满意度五个方面略高于城镇移民。

第四，城镇移民和农村移民对就业服务的满意度存在一定差异。从卡方检验结果可知，农村移民和城镇移民的参加就业培训项目、就业培训效果的评价、参加就业培训的频率以及就业信息发布的评价四个方面存在显著性差异。从样本均值来看，农村移民参加就业培训的频率、就业培训效果的满意度以及就业信息发布的满意度均高于城镇移民。

第五，城镇移民和农村移民的子女教育服务状况存在一定差异。从卡方检验结果可知，农村移民和城镇移民所居住区域的孩子入学便利情况、教育负担情况均存在显著性差异。从样本均值来看，城镇移民的孩子入学的便利程度高于农村移民，而农村移民所承受的教育负担略高于城镇移民。

第六，城镇移民和农村移民的养老保险存在显著性差异，但是医疗保险以及低保情况不存在显著性差异。从卡方检验结果可知，农村移民和城镇移民的养老保险存在显著性差异，但是医疗保险情况以及低保情况并不存在显著性差异。从样本均值来看，城镇移民购买养老保险的情况略高于农村移民，但是农村移民和城镇移民购买医疗保险和低保情况并不存在显著性差异。

（2）不同性别移民生活状况的对比分析：

第一，不同性别移民的住房面积以及交通状况存在显著性差异。从卡方检验结果可知，不同性别移民的住房面积以及道路状况存在显著性差异，但是不同性别移民所拥有的住房结构以及出行方式并未呈现显著性差异。从样本均值来看，男性移民拥有的住房面积（均值为3.01）大于女性移民（均值为2.60）。

第二，不同性别移民的水源情况、取水方式、电压稳定状况以及停电情况存在显著性差异。从卡方检验结果可知，不同性别移民的水源情况、取水方式、电压稳定状况以及停电情况存在显著性差异，但是不同性别的移民认为家里的水质情况并不存在显著性差异。

第三，不同性别的移民对医疗服务情况的满意度存在一定差异。从卡方检验结果可知，不同性别移民的药品价格的满意度、医院服务态度的满意度、报销医保方便程度的满意度、治疗费用的满意度、治疗效果的满意度、医疗设施的满意度均存在显著性差异。从样本均值来看，女性移民对药品价格的满意度、医院服务态度、报销医保方便程度、治疗费用的满意度、医疗设施的满意度均高于男性移民，但是男性移民认为医疗效果的满意度略高于女性移民。

第四，不同性别移民对就业服务情况的满意度存在一定差异。从卡方检验结果可知，不同性别的移民参加的就业培训项目、对就业培训效果的评价以及就业信息发布的评价均存在显著性差异，但是参加的就业培训的频率不存在显著性差异。从样本均值来看，女性移民对就业培训效果的评价略高于男性移民，男性移民对就业信息发布的评价满意度略高于女性移民。

第五，不同性别移民居住区域的孩子入学便利情况以及教育负担情况存在显著性差异。从卡方检验结果可知，不同性别的移民居住区域的孩子入学便利情况以及教育负担情况存在显著性差异。从样本均值来看，男性移民的孩子入学便利情况（均值为3.81）略好于女性移民（均值为3.71），男性移民承受的教育负担（均值为3.66）重于女性移民（均值为3.56）。

第六，不同性别移民享受的养老保险存在显著性差异，但是医疗保险情况、低保情况并不存在显著性差异。从样本均值来看，男性移民购买养老保险的人数（均值为1.40）略多于女性移民（均值为1.27）。

（3）不同婚姻状况移民生活状况的对比分析：

第一，不同婚姻状况移民的住房面积、住房结构存在显著性差异，但是道路状况以及出行方式不存在显著性差异。从卡方检验结果可知，不同婚姻状况的移民的住房面积、住房结构存在显著性差异，但是道路状况、出行方式不存在显著性差异。

第二，不同婚姻状况移民家庭的水源情况、水质情况以及供电情况存在显著性差异。从卡方检验结果可知，不同婚姻状况移民的水源情况、水质情况、供电情况存在显著性差异，但是取水方式不存在显著性差异。

第三，不同婚姻状况移民对医院服务的满意度存在一定差异。从卡方检验结果可知，不同婚姻状况的移民对治疗费用的满意度、治疗效果的满意度以及医疗设施的满意度三个方面存在显著性差异，但是不同婚姻状况的移民对药品价格的满意度、医院服务态度的满意度以及报销医保方便程度的满意度三个方面不存在显著性差异。

第四，不同婚姻状况的移民对就业培训效果的评价以及对就业信息发布的评价存在显著性差异。从卡方检验结果可知，不同婚姻状况的移民参加就业培训项目以及参加就业培训的频率不存在显著性差异，但是不同婚姻状况的移民对就业培训效果的评价以及对就业信息发布的评价两个方面存在显著性差异。其中，未婚移民对就业培训效果的满意度、就业信息发布的满意度的评价均高于已婚移民。

第五，不同婚姻状况移民家庭的子女入学状况、教育负担情况存在显著性差异。从卡方检验结果可知，不同婚姻状况移民的孩子入学便利情况以及教育负担情况两个方面都存在显著性差异。其中丧偶移民的教育负担最重（均值为3.87），未婚移民的教育负担最轻（均值为3.60）。

第六，不同婚姻状况的移民享受低保情况存在显著性差异。从卡方检验结果可知，不同婚姻状况移民的养老保险情况以及医疗保险情况不存在显著性差异，但是低保情况存在显著性差异，如丧偶的移民享受低保的人数要高于已婚、未婚以及离异的移民。

（4）不同年龄段移民生活状况的对比分析：

第一，不同年龄段移民住房面积、出行方式具有显著性差异，但是住房结构、交通状况不具有显著性差异。①住房情况。从方差分析结果可知，不同年龄段的移民拥有的住房面积呈现显著性差异，如30岁以下移民的住房面积均值为2.71，50~60岁移民的住房面积的均值为2.90，存在显著性差异。但是，从方差分析结果可知不同年龄段移民的住房结构并不存在显著性差异。②交通情况。从方差分析结果可知不同年龄段移民的道路状况不具有显著性差异，但是出行方式存在显著性差异，如30岁以下的移民出行方式的均值为2.36，而60岁以上的移民出行方式的均值为2.73。

第二，不同年龄段移民的用水、停电情况存在显著性差异。①用水情况。从方差分析结果可知，不同年龄段移民家庭的水源情况、取水方式、水质情况均呈现显著性差异。②供电情况。从方差分析结果可知，不同年龄移民认为电压稳定情况的均值在1.15上下，并不存在显著性差异。从方差分析结果可知，不同年龄段移民认为家庭的停电情况，存在显著性差异，如30~40岁的移民认为停电情况的均值为1.63，30岁以下的移民认为停电情况的均值为1.81。

第三，不同年龄段移民的医疗服务的评价存在显著性差异。从方差分析结果可知，不同年龄段移民的对药品价格的满意度、治疗效果的满意度存在显著性差异，但是对医院服务态度的满意度、报销医保方便程度的满意度、治疗费用的满意度以及医疗设施满意度四个方面均不存在显著性差异。

第四，不同年龄段移民对就业服务的评价存在显著性差异。从方差分析结果可知，不同年龄段的移民参加的就业培训项目、就业培训效果的评价、参加就业培训的频率三个方面不存在显著性差异，但是不同年龄段移民对就业信息发布的评价存在显著性差异。

第五，不同年龄段移民的教育负担存在显著性差异，但是子女入学情况不存在显著性差异。①孩子入学情况。从方差分析结果可知，不同年龄段的移民对孩子入学便利情况并未呈现显著性差异。从不同年龄段移民的样本均值来看，不同年龄段移民的孩子入学便利情况的均值在3.80上下浮动，并不存在显著性差异。②教育负担情况。从方差分析结果可知，不同年龄段移民家庭的教育负担情况存在显著性差异，如 30~40 岁的移民教育负担较轻（均值为 3.56），而 50~60 岁的移民教育负担较重（均值为 3.73）。

第六，不同年龄段移民的社会保障情况存在显著性差异。①养老保险情况。从方差分析结果可知，不同年龄段的移民购买养老保险的频率存在显著性差异，如 60 岁以上的移民购买养老保险的均值为 1.52，30 岁以下的移民购买养老保险的均值为 1.32，存在显著性差异。②医疗保险情况。从方差分析结果可知，不同年龄段移民购买医疗保险状况存在显著性差异，如 60 岁以上的移民购买医疗保险的均值为 1.77，而 30 岁以下的移民购买医疗保险的均值为 1.60。③低保情况。从方差分析结果可知，不同年龄段的移民购买低保的频率存在显著性差异，如 60 岁以上的移民享受低保情况的均值为 1.14，30 岁以下的移民享受低保情况的均值为 1.04。

3. 长江上游典型库区移民的生活现状存在的问题

基于长江上游典型库区移民的生活现状，本书认为库区移民的生活现状存在以下四个问题：第一，移民的生产生活条件较差；第二，库区社会公共产品服务能力相对不足；第三，长江上游典型库区的基础设施比较落后，移民的户外道路通达性不强，此外，库区交通基础设施配套标准偏低，不能满足城乡均等化要求，同时阻碍了库区的可持续发展；第四，长江上游典型库区移民的社会保障体系尚不完善，社会保险参保率低。移民的社会保障体系尚未完全覆盖，农村养老保险覆盖率低。

三、长江上游典型库区移民的生计资本现状调查与比较分析

1. 长江上游典型库区移民的生计资本水平总体偏低

基于长江上游典型库区 2079 个移民的调研数据，本书对长江上游典型库区移民的生计资本现状进行了分析，具体如下：移民的人力资本水平（均值为 2.992）、金融资本水平（均值为 3.097）、物质资本水平（均值为 3.100）、自然资本水平（均值为 3.092）都不太高，但是社会资本水平指标（均值为 3.764）适度偏高。这说明搬迁后，移民社会关系网络的规模和质量均有所提高。

2. 不同个体特征移民的生计资本比较分析

基于长江上游典型库区 2079 个移民的调研数据，本书对长江上游典型库

区不同个体特征移民的生计资本现状进行了比较分析，具体如下：

第一，城镇移民和农村移民生计资本的五个维度均存在显著性差异。从卡方检验结果可知，城镇移民和农村移民的人力资本、金融资本、物质资本、自然资本以及社会资本五个方面均存在显著性差异。从城镇移民和农村移民的分样本均值来看，城镇移民的人力资本、金融资本、物质资本、社会资本水平均高于农村移民，而农村移民的自然资本水平高于城镇移民。

第二，不同性别移民的人力资本、金融资本、物质资本、社会资本存在显著性差异。从卡方检验结果可知，男性移民和女性移民的人力资本、金融资本、物质资本以及社会资本四个方面存在显著性差异，但是男性移民和女性移民的自然资本并不存在显著性差异。从不同性别移民的分样本均值来看，男性移民的人力资本、金融资本、物质资本、社会资本水平均高于女性移民。

第三，不同年龄移民生计资本的五个维度均存在显著性差异。从方差结果可知，长江上游典型库区不同年龄段移民的人力资本、金融资本、社会资本、物质资本、自然资本以及社会资本五个方面均存在显著性差异。其中30岁以下的移民人力资本水平、自然资本、社会资本水平较高，60岁以上移民的金融资本、物质资本水平较高。

第四，不同婚姻状况移民的金融资本、社会资本存在显著性差异。从卡方检验结果可知，不同婚姻状况移民的金融资本、社会资本两个方面存在显著性差异，但是不同婚姻状况移民的人力资本、物质资本以及自然资本并不存在显著性差异。从不同婚姻状况移民的分样本均值来看，已婚移民的人力资本、金融资本、物质资本、自然资本、社会资本均高于未婚移民。

3. 长江上游典型库区移民的生计资本存在的问题

在长江上游典型库区，除了自然资本、社会资本以外，移民的物质资本、金融资本、人力资本较为匮乏，具体体现在以下三个方面：第一，移民的总体住房情况、居住条件以及家庭拥有的财产均处于较低水平；现金收入低，融资和借贷仍然比较困难，对政府的依赖程度较高；家庭成年劳动力比例低，文盲比例较高，劳动技能低，外出打工困难。第二，长江上游典型库区移民的社会资本有待进一步提高，比如外出务工的渠道仍然较少（主要依靠亲友或熟人介绍），专业性合作经济组织发育程度不高等。第三，长江上游典型库区移民的人力资本还需要进一步优化，例如，农村移民所拥有的文化知识以及掌握的劳动技能不能适应现代农业发展的需要，城镇移民大多外出务工，主要从事劳动密集型工作。此外，移民的物质资产存量有待进一步提高，部分移民的住房条件以及居住条件比较差。

四、长江上游典型库区移民可持续生计的影响因素分析

1. 生计资本与移民可持续生计显著正相关

通过回归结果可知，人力资本、金融资本、物质资本、社会资本与因变量移民的可持续生计显著正相关（β=0.072，$p<0.05$；β=0.218，$p<0.001$；β=0.244，$p<0.05$；β=0.138，$p<0.001$），这说明对于拥有较高的人力资本、金融资本、物质资本、社会资本的移民，他们的可持续生计水平相对较高。自然资本与移民可持续生计不具有显著的相关性，不支持理论假设。可能的解释：随着经济的发展，农业规模化经营步伐的加快，部分移民将土地流转出去，加之，部分移民以外出打工为主，因而导致部分移民对自然资本的依赖程度降低，因此自然资本对移民的可持续生计水平而言，影响不是很大。

2. 生计资本与生计风险管理显著正相关

生计资本对生计风险管理的三个维度的影响如下：第一，生计资本对生计风险识别的影响分析。人力资本、金融资本、物质资本、社会资本四个变量与中介变量生计风险识别具有显著的正相关性（β=0.029，$p<0.10$；β=0.255，$p<0.001$；β=0.586，$p<0.001$；β=0.060，$p<0.05$）。第二，生计资本对生计风险评估的影响分析。人力资本、金融资本、物质资本、社会资本四个变量与中介变量生计风险评估具有显著的正相关性（β=0.039，$p<0.05$；β=0.223，$p<0.001$；β=0.520，$p<0.001$；β=0.041，$p<0.01$）。第三，生计资本对生计风险治理的影响分析。人力资本、金融资本、物质资本、社会资本四个变量与中介变量生计风险治理具有显著的正相关性（β=0.035，$p<0.10$；β=0.223，$p<0.001$；β=0.542，$p<0.001$；β=0.066，$p<0.001$）。

3. 生计风险管理与移民的可持续生计显著正相关

从回归结果可知，生计风险管理的三个维度（生计风险识别、生计风险评估、生计风险治理）与移民的可持续生计具有显著的正相关性（β=0.379，$p<0.001$；β=0.294，$p<0.001$；β=0.303，$p<0.001$）。

4. 生计风险管理在生计资本与移民可持续生计之间产生中介作用

生计风险管理的三个维度（生计风险识别、生计风险评估、生计风险治理）的中介作用，具体如下：

第一，生计风险识别。加入中介变量生计风险识别之后，人力资本对移民可持续生计的影响回归系数由 0.072 降低为 0.033，显著性水平有所降低（ β =0.072，p<0.05； β =0.033，p<0.05）；金融资本对移民可持续生计的影响回归系数由 0.218 降低为 0.122，显著性程度有所降低（ β =0.218，p<0.001； β =0.122，p<0.05）；物质资本对移民可持续生计的影响回归系数由 0.244 降低为 0.025，显著性程度由显著变为不显著（ β =0.244，p<0.05； β =0.025，p>0.10）；社会资本对移民可持续生计的影响回归系数由 0.138 降低为 0.115，显著性程度有所降低（ β =0.138，p<0.001； β =0.115，p<0.05）；基于以上分析，根据本书提出的中介效应检验方法可知，对于移民而言，他们的生计风险识别在人力资本、金融资本、物质资本、社会资本四个维度上产生中介作用。

第二，生计风险评估。加入中介变量生计风险评估之后，人力资本对移民可持续生计的影响回归系数由 0.072 降低为 0.038，显著性水平有所降低（ β =0.072，p<0.05； β =0.038，p<0.10）；金融资本对移民可持续生计的影响回归系数由 0.218 降低为 0.153，显著性程度有所降低（ β =0.218，p<0.001； β =0.153，p<0.05）；物质资本对移民可持续生计的影响回归系数由 0.244 降低为 0.092，显著性程度由显著变为不显著（ β =0.244，p<0.05； β =0.092，p>0.10）；社会资本对移民可持续生计的影响回归系数由 0.138 降低为 0.126，显著性程度有所降低（ β =0.138，p<0.001； β =0.126，p<0.05），基于以上分析，根据本书提出的中介效应检验方法可知，对于移民而言，他们的生计风险评估在人力资本、金融资本、物质资本、社会资本四个维度上产生中介作用。

第三，生计风险治理。加入中介变量生计风险治理之后，人力资本对移民可持续生计的影响回归系数由 0.072 降低为 0.038，显著性水平有所降低（ β =0.072，p<0.05； β =0.038，p<0.10）；金融资本对移民可持续生计的影响回归系数由 0.218 降低为 0.148，显著性程度有所降低（ β =0.218，p<0.001； β =0.148，p<0.05）；物质资本对移民可持续生计的影响回归系数由 0.244 降低为 0.083，显著性程度由显著变为不显著（ β =0.244，p<0.05； β =0.083，p>0.10）；社会资本对移民可持续生计的影响回归系数由 0.138 降低为 0.118，显著性程度有所降低（ β =0.138，p<0.001； β =0.118，p<0.05）。基于以上分析，根据本书提出的中介效应检验方法可知，对于移民而言，他们的生计风险治

理在人力资本、金融资本、物质资本、社会资本四个维度上产生中介作用。

基于以上分析可知，生计风险管理（生计风险识别、生计风险评估、生计风险治理）在生计资本与移民的可持续生计之间产生中介作用。根据本书提出的中介效应检验方法可知，对于移民而言，他们的生计风险管理水平（生计风险识别水平、生计风险评估水平、生计风险治理水平）在人力资本、金融资本、物质资本、社会资本四个维度上产生中介作用。

5. 制度环境在生计资本与移民的可持续生计发展中产生正向调节作用

由回归结果可知：引入人力资本与制度环境的交互项（RLZB × ZDHJ）、金融资本与制度环境的交互项（JRZB × ZDHJ）、物质资本与制度环境的交互项（WZZB × ZDHJ）、社会资本与制度环境的交互项（SHZB × ZDHJ）对移民的可持续生计均产生了显著正向影响（$\beta = 0.024$，$p<0.05$；$\beta = 0.051$，$p<0.05$；$\beta = 0.041$，$p<0.001$；$\beta = 0.014$，$p<0.10$），这表明制度环境在人力资本、金融资本、物质资本、社会资本与移民的可持续生计之间产生正向调节作用。因此，为了促进移民的可持续生计，需要重视培育良好的制度环境，尤其要提升移民的人力资本水平、金融资本水平、物质资本水平以及社会资本水平。

五、长江上游典型库区移民可持续生计发展路径

1. 采取就业扶持措施，切实提高移民的就业质量

为促进长江上游典型库区工程移民实现各种形式的就业，需要采取相关的就业扶持措施，切实提高移民的就业质量，具体如下：一是加强移民就业服务体系建设；二是支持移民自主创业，提供税费减免、小额贷款贴息、社保补贴等；三是支持中小企业吸纳移民就业，重点面向"4050"人员。对符合规定条件的企业给予小额贷款贴息、社会保险补贴；四是购买公益性岗位，重点面向就业困难家庭、零就业家庭；五是促进就业结构调整，保障移民稳定就业和持续增收的需要；六是优化教育资源，健全教育培训体系。

2. 完善库区的公共服务保障体系，切实提高移民的生活质量

为了提高长江上游典型库区工程移民的生活质量，建议从如下三个方面着手：一是在库区推行城乡居民社会保障统筹试点；二是从城乡居民最低生活保障、养老保险、医疗保险、失业保险四个方面，进一步完善移民纳入城乡社会

保障体系的内容；三是搭建库区基础设施和公共服务平台，实现公共产品服务城乡均等化，具体从以下四个方面着手：进一步完善库区的交通设施建设；加大社会事业投入力度，着力保障和改善民生；加大基础设施投入力度，改善移民的居住条件；加大对库区医疗、教育、卫生等社会事业发展支持的力度。

3. 建立基于生计风险管理差异化的生计资本培育模式

为了促进库区移民生计资本的稳定增长，主要从以下四个方面着手：第一，建立基于生计风险管理的人力资本培育模式。一是加强生计风险管理的预防知识培训，切实提高移民的人力资本水平。二是开展时间短、见效快的实用技术培训，切实提高移民的人力资本水平。只有根据不同类型移民的特点，才能对他们采取针对性的培训，这样才能提高移民的人力资本水平，有的放矢地规避潜在的生计风险，实现可持续生计。第二，建立基于生计风险管理的社会资本培育模式。建议由熟人、亲友、村委会、居委会或新成立打工协会等多渠道为移民提供就业或外出务工信息；进一步发挥现有的专业经济协会的作用，并根据实际要求培养新的经济协会，如打工协会、种植养殖协会，不断提高移民的社会资本水平。当移民遇到生计风险时，可以借助于这些社会网络力量，从而降低生计风险，提高他们的生计风险管理能力。第三，建立基于生计风险管理的金融资本培育模式。政府要落实好税费减免、小额贷款贴息、社保贴息、就业援助、免费职业介绍等政策，加强资金、技术的投入，使有能力、金融资本存量较多的移民自主创业，从而降低生计风险，增加金融资本存量。第四，建立基于生计风险管理的物质资本培育模式。通过开展"资源变股权"的改革试点、对物质资本进行补偿和投资更新等途径，进一步探索扶贫资源资本化投入机制，促进移民的物质资本的保值增值。当遇到生计风险时，移民可以通过抵押、变卖物质资产的方式获得现金，转移或缓解生计风险。

4. 建立生计地图，制定差异化的福利政策

Jakobsen（2013）[①] 提出生计地图的概念，研究指出生计地图不仅可以让决

[①] Jakobsen K.Livelihood Asset Maps：a Multidimensional Approach to Measuring Risk Management Capacity and Adaptation Policy Targeting—a Case Study in Bhutan［J］.Regional Environmental Change，2013，13（2）：219-223.

策者快速识别与某些生计资产相关的区域，而且可以帮助管理者做出科学合理的决策。基于此，本书建议长江上游典型库区移民管理部门应根据移民生计资本现状，建立不同区域移民生计资本的生计地图，同时对不同区域生计资本发展现状，提供可供选择的有效路径。这样才能帮助政府部门快速识别移民生计资产相关的区域，从而制定差异化的福利政策，提高政府干预的效率。

5.加强移民的生计风险管理

为了促进移民的可持续生计，必须发挥政府和移民自身的主观能动性，具体从以下两个方面着手：一是政府要通过建立政府—移民风险管理联动机制、加强对移民风险管理的监测和监管工作等多种途径，引导移民加强自身的生计风险管理。二是移民通过充分发挥自身的主观能动性，充分发挥人力资本、社会资本、金融资本、物质资本的作用，提高自身的生计风险管理能力。

6.加大政策帮扶力度，营造良好的制度环境

政府需要加大政策帮扶力度，营造良好的制度环境，具体如下：一是处理库区问题应继续坚持"中央统一领导、分省市负责"的管理体制；二是创新移民制度，完善政策法规，为移民长远生计营造良好的制度环境；三是制定完善的经济制度，建立良好的经济环境；四是创设完善的社会保障机制，建立良好的社会环境。

第二节　研究不足及研究展望

一、研究不足

尽管本书对移民生计资本、可持续生计、生计风险管理、制度环境之间的关系进行了一定的探索性研究，但是由于笔者时间和精力有限，加上文献资源和样本数量的限制，本书研究还存在以下几点不足：

1.变量选择还可以进一步扩展

本书研究的主要变量包括生计资本、可持续生计、生计风险管理、制度

环境等指标。这些变量的测量指标主要是依据国内外比较成熟的量表，同时结合长江上游典型库区移民的生计现状来设计的，尽管各个量表基本能阐述变量的基本内涵，但是可能会存在一定的局限性。因此，未来研究可以进一步采取问卷调查、访谈调查、文献研究以及专家咨询法等多种方法相结合，形成更加科学、合理、通用的问卷和量表。

2. 系统性的数据获取难度大，因而建立库区移民可持续生计长期稳定的跟踪调研基地和科研观测点显得尤为必要紧迫

项目启动后的相当长一段时间内，本书研究的课题组各子课题动员了大量的学生和团队成员，投入各子课题的数据收集、归类和整理工作中，同时，又通过实地调研走访了部分区县移民局补充部分缺失数据。尽管课题组将大量的时间和精力投入长江上游典型库区移民生计的特色数据的收集和整理中，但是由于长江上游流域典型水利水电库区所涉及的移民范围太广，且移民居住的范围非常广泛，这给课题组采集数据增加了很大难度。因此，迫切需要在长江上游流域典型水利水电库区建立移民可持续生计长期稳定的跟踪调研基地以及科研观测点，这样才能保障调研数据的科学性和有效性。

3. 样本范围存在不足

本书研究样本的区域代表性有待进一步提高，本书研究的样本主要来自于三峡库区、金沙江库区、乌江库区的移民样本，这些样本虽然能够较好地代表长江上游典型库区的移民，但是还存在一定的局限性。本书研究的区域为长江上游典型库区，由于三峡库区、金沙江库区和乌江库区的移民相对比较多，调研对象比较有代表性，调研相对较为方便，本书在筛选调研区域时主要以这三个库区为主。但是，因为长江上游典型库区还包括雅砻江库区、大渡河库区，但是由于这些库区的移民居住比较分散，给调研增加了很大难度，因而本书调研未将这两个库区的移民样本纳入调研范围，因而，本书认为未来研究可以进一步增加样本量，增加雅砻江库区、大渡河库区移民的样本量，进一步拓展样本范围，使研究结论更具有代表性。

4. 问卷设计的有些问题太书面化

在问卷预调时发现调查问卷中有些题项的语言表达有些书面化，不符合口头语言的习惯。尽管在正式调研之前，对问卷进行了多次修改，但是由于本书的调研对象——移民大多文化水平较低，在问卷调查时，有些移民看不懂问卷的题项所表达的意思。因此，未来研究在设计移民可持续生计问卷时，应该设计更加科学合理的、更加符合口头表达习惯的通俗易懂的调查问卷。

二、研究展望

1. 进一步拓展研究范围

未来可以进一步研究长江上游典型库区移民的可持续生计状况。采取对比研究的方式，对比分析长江上游典型库区移民的生计发展现状与长江上游其他水电库区移民的生计发展现状的差异。

2. 进一步拓展样本范围

由于长江上游典型库区移民的生计现状资料较为匮乏，所有关于移民生计发展现状的数据只能依靠实地调研的数据来支撑，这给移民后续生计方面的研究增加了难度。因此，为了更加科学地剖析长江上游典型库区移民的后续生计问题，需要进一步拓展移民样本的范围，增加雅砻江库区、大渡河库区的移民样本，从而增强研究结论的科学性和可靠性。

3. 关注老一代移民和新一代移民生计状况的代际差异问题

两代移民由于生活的时代背景、家庭环境的不同，同时在生计选择、教育水平、能力水平等各个层面上均存在明显的代际差异，这些特征又直接或间接地影响着移民的生计水平，因而未来研究可以关注老一代移民和新一代移民生计状况的代际差异。

4. 关注移民的多样化生计策略问题

从前文分析可知，长江上游典型库区移民主要以打工、务农为主。但是，随着库区产业结构优化和经济整体水平提高，移民就业结构逐步调整，就业渠道逐渐宽广，兼业化程度不断提高，移民的就业类型日益呈现多元化的趋势。因此，本书认为未来研究可以关注移民的多样化生计策略问题。

5. 关注移民的替代性生计问题

参考已有文献（Ngugi and Nyariki，2005[①]；Babu and Datta，2016[②]）可知，替代性生计模式是实现个体或家庭的可持续生计的重要方面。移民搬迁后失去了原本赖以生存的土地，以及原有的社会关系网络，那么就只能用其他资源或方式来替代，那么移民如何在"旧"与"新"的生计衔接转换中，探寻到一条替代性的生计模式显得尤为重要，因此未来研究可以结合宏观背景、政策扶持、生计资本理论等方面，进一步关注长江上游流域典型水电库区移民的替代性生计问题。

6. 关注移民生计地图的构建问题

Jakobsen（2013）[③]提出，生计地图的概念，研究指出生计地图不仅可以让决策者快速识别与某些生计资产相关的区域，而且还可以帮助管理者做出科学合理的决策。因此，未来研究可以根据全国大中型水利水电库区农村移民生计资本现状，建立不同水电库区农村移民的生计地图的对比图，为移民管理部门制定差异化的福利政策提供参考和借鉴。

7. 进一步关注农村移民的可持续生计问题

农村移民包括纯农户、农业兼业户、非农业兼业户、非农户，农村移民的非农化程度越高，这表示农村移民向城镇转移的可能性越大，非农户已基本脱离农业，非农业兼业户的非农收入在家庭收入中占据主导地位。这在某种程度上表示，非农户或非农兼业户是由一般农户向城镇居民过渡的一种中间类型，是我国快速城镇化推进过程中的主要群体。因此，未来研究可以将农村移民的可持续生计问题与农村剩余劳动力的城镇化相结合，与乡村振兴问题紧密结合，这是个值得进一步探讨的问题。

---

① Ngugi R K，Nyariki D M.Rural Livelihoods in the Arid and Semi-arid Environments of Kenya：Sustainable Alternatives and Challenges［J］.Agriculture and Human Values，2005，22（1）：65-71.

② Babu S S，Datta S K.A Study of Covariation and Convergence of Alternative Measures of Sustainability on the Basis of Panel Data［J］.Social Indicators Research，2016，125（2）：1-20.

③ Jakobsen K.Livelihood Asset Maps：a Multidimensional Approach to Measuring Risk Management Capacity and Adaptation Policy Targeting—a Case Study in Bhutan［J］.Regional Environmental Change，2013，13（2）：219-223.

8. 长江上游典型库区移民可持续生计发展的具体政策效果需进一步探讨

长江上游流域典型水利水电库区移民可持续生计发展的具体政策效果有待进一步验证，如何依照此进行实际操作有待进一步探讨，因此怎样把这些针对长江上游典型库区移民后续生计问题所做的理论性政策建议转化为政府的实际行动，还需要进一步的研究。

9. "淡化移民"概念、消除"歧视性"库区用语语境和范式对于推进长江上游典型库区全社会进入快速、健康和可持续发展轨道具有不可忽视的战略性重要意义

一是要淡化移民概念。长江上游流域最早的一批库区移民也已经超过 20 年。加上近 20 年的快速城镇化进程，库区已经越来越难以区分库区移民和城镇化过程的移民差别。随着库区新型城镇化进程的加快，库区经济社会取得了飞速发展，笔者认为，应充分利用好这一契机，淡化移民概念，避免未来若干年甚至上百年因库区"移民"遗留问题产生重大社会隐患，这本身也是推进移民身份正常化的重要抓手。二是淡化并逐步消除"歧视性"库区用语。比如每两年开展"对口帮扶"库区，全国"援建"库区的各类基本公共设施随处可见，还有各类生态"补偿"等用语，实际上都忽视和削弱了库区曾经和现在以及未来为长江经济带、为国家做出的重大牺牲和奉献。因此，消除歧视性库区用语对于推进库区经济社会文化发展进入正常化轨道具有重要现实意义。正如库区当年移民宣传口号中所言，"舍小家、顾大家、为国家"。

附录

长江上游典型库区移民
可持续生计状况的调查问卷

尊敬的移民朋友:

目前移民可持续生计问题已经受到中央及各地方政府的关注。移民的可持续生计问题是指移民在搬迁后,仍然可以保持原有的生活水平并在此基础上收入有所增加、生活质量不断提高、社会地位不断提升,真正实现搬迁后的安稳致富。本调查目的在于了解不同因素对移民可持续生计的影响程度,进而找到实现移民可持续生计发展的有效路径。请在您认为符合您个人情况的答案中打钩。本调查采用不记名方式,结果仅为研究所用。

感谢各位的参与和支持!

****** 课题组

2015 年 6 月 1 日

(一)您的基本情况

题号	内容	选项
A1	您的年龄?	(1)30 岁以下 (2)31~40 岁 (3)41~50 岁 (4)51~60 岁 (5)60 岁以上
A2	您的性别?	(1)男 (2)女
A3	您的文化程度?	(1)小学及以下 (2)初中 (3)高中或中专 (4)大专 (5)本科 (6)硕士及以上
A4	您的婚姻状况?	(1)未婚 (2)已婚 (3)离婚 (4)丧偶 (5)其他
A5	您搬迁的时间	(1)1~6 年 (2)7~10 年 (3)11~15 年 (4)16~20 年 (5)20 年以上
A6	您家的耕地面积有多少亩?	(1)0 亩 (2)1~2 亩 (3)3~5 亩 (4)6~8 亩 (5)9 亩及以上

题号	内容	选项
A7	目前家里劳动力有多少?	(1)1人 (2)2~3人 (3)4~5人 (4)6~7人 (5)8人及以上
A8	您家的存款有多少?	(1)1万元以下 (2)1万~2万元 (3)3万~4万元 (4)3万~6万元 (5)7万~8万元 (6)9万元及以上
A9	您获得过政府补贴次数多吗?	(1)非常少 (2)比较少 (3)一般 (4)比较多 (5)非常多
A10	您家是否享受了低保?	(1)是　　　　　　(2)否
A11	您是否购买了医疗保险?	(1)是　　　　　　(2)否
A12	您是否购买了养老保险?	(1)是　　　　　　(2)否

（二）移民的就业现状调查

题号	内容	选项
B1	您的就业类型是什么?	(1)打工类型 (2)务农类型 (3)创业类型 (4)多样化类型 (5)其他类型
B2	您所从事的就业行业是什么?	(1)农业 (2)建筑业 (3)制造业 (4)批发零售业、餐饮业 (5)旅游业 (6)其他行业
B3	您所在的就业单位的性质什么?	(1)党政机关 (2)事业单位 (3)国有企业 (4)集体企业 (5)三资企业 (6)个体经营企业 (7)农村农场 (8)其他类型
B4	目前您的家庭年现金收入是多少?	(1)1万元以下 (2)2万~3万元 (3)4万~6万元 (4)7万~9万元 (5)10万元及以上
B5	您的就业渠道是什么?	(1)政府分配 (2)中介机构 (3)社会招聘会 (4)公益性职业介绍机构 (5)亲友介绍 (6)其他
B6	您对您的就业质量感觉如何?	(1)非常不满意 (2)比较不满意 (3)一般 (4)比较满意 (5)非常满意

（三）移民的生活现状调查

题号	内容	选项
C1	您的住房面积是多少?	(1)50平方米以下 (2)50~80平方米 (3)80~100平方米 (4)100~120平方米 (5)120平方米以上
C2	您家的住房结构是以下哪种?	(1)框架 (2)砖混 (3)砖木 (4)土木 (5)其他

续表

题号	内容	选项
C3	您家附近的道路状况如何?	(1)碎根道 (2)水泥路(3)沥青路 (4)高速路 (5)其他
C4	您经常选择以下哪种出行方式?	(1)自行车 (2)摩托车或电瓶车(3)汽车 (4)轮渡 (5)其他
C5	您家的饮用水主要来自以下哪种水源?	(1)自来水 (2)井水 (3)江河水 (4)山泉水 (5)其他
C6	您家的取水方式主要是以下哪种?	(1)自流引水 (2)自来水(3)水泵提水 (4)溪沟蓄水 (5)水井挑水(6)其他
C7	您对您家水质情况的评价如何?	(1)非常不满意(2)比较不满意(3)一般(4)比较满意(5)非常满意
C8	您家电压稳定吗?	(1)稳定 (2)不稳定
C9	您家经常停电吗?	(1)很少停电 (2)偶尔停电(3)经常停电
C10	您参加的就业培训项目是以下哪种?	(1)种植养殖培训(2)创业培训(3)建筑培训(4)电工培训(5)家政培训(6)其他培训
C11	您觉得就业培训的效果如何?	(1)非常不满意(2)比较不满意(3)一般(4)比较满意(5)非常满意
C12	您对就业信息发布的评价如何?	(1)发布信息全面、及时、准确(2)发布信息较为及时、准确(3)发布信息滞后(4)不了解
C13	您参加就业培训的次数?	(1)非常少 (2)比较少 (3)一般(4)比较多 (5)非常多
C14	您孩子入学是否方便?	(1)非常不容易(2)不是很容易(3)一般 (4)比较容易(5)非常容易
C15	您家的教育负担重吗?	(1)不重 (2)不是很重 (3)一般(4)比较重(5)非常重
C16	您对药品价格的满意度如何?	(1)非常不满意(2)比较不满意(3)一般(4)比较满意(5)非常满意
C17	您对医院服务态度的满意度如何?	(1)非常不满意(2)比较不满意(3)一般(4)比较满意 (5)非常满意
C18	您对报销医保方便程度的满意度如何?	(1)非常不满意(2)比较不满意(3)一般(4)比较满意(5)非常满意

题号	内容	选项
C19	您对治疗费用的满意度如何？	（1）非常不满意（2）比较不满意（3）一般（4）比较满意（5）非常满意
C20	您对治疗效果的满意度如何？	（1）非常不满意（2）比较不满意（3）一般（4）比较满意（5）非常满意
C21	您对医疗设施满意度如何？	（1）非常不满意（2）比较不满意（3）一般（4）比较满意（5）非常满意

（四）移民可持续生计水平调查

题号	内容	完全符合	大部分符合	一半符合	大部分不符合	完全不符合
D1	稳定的经济来源是我的生活保障	5	4	3	2	1
D2	政府能够有效履行自身职责，为我提供社会保障，是维持长远生计的重要方面	5	4	3	2	1
D3	社会和谐是维持长远生计的重要条件	5	4	3	2	1
D4	当地的生态环境是维持长远生计的重要基础	5	4	3	2	1
D5	对于我的长远生计，我自身也需要有持续的发展能力和竞争能力	5	4	3	2	1

（五）移民可持续生计的影响因素调查

题号	内容	完全符合	大部分符合	一半符合	大部分不符合	完全不符合
E1	您家的耕地质量很好，给家庭增加了很多收入	5	4	3	2	1
E2	您家灌溉设施的使用非常方便，能够满足日常农业生产需要	5	4	3	2	1
E3	您学习了很多技能，您掌握的这些技能有助于提高您的生计水平	5	4	3	2	1
E4	您拥有很多交往频繁的家人和亲戚	5	4	3	2	1
E5	您拥有很多交往频繁的朋友及其他人	5	4	3	2	1
E6	您可以得到很多家人、亲戚朋友及其他人的信任和支持	5	4	3	2	1
E7	您经常获得政府部门的扶持和救助	5	4	3	2	1

续表

题号	内容	完全符合	大部分符合	一半符合	大部分不符合	完全不符合
E8	您家所拥有的生产工具较多，这些生产工具能够极大改善您的生产生活状况	5	4	3	2	1
E9	您家所拥有的生活资产较多，这些生活资产能够极大改善您的生计状况	5	4	3	2	1
E10	搬迁后您所在地区的基础设施状况较好，极大地改善您的生产生活状况	5	4	3	2	1
E11	您能够有效识别身边潜在的风险，如养老风险、医疗风险、教育风险等	5	4	3	2	1
E12	您能有效识别潜在生计风险所带来的危害，以及判断风险大小	5	4	3	2	1
E13	您能有效识别潜在生计风险造成的原因	5	4	3	2	1
E14	您能够非常准确地估计潜在风险发生的次数、具体特征	5	4	3	2	1
E15	您能够非常准确地分析测量与这些风险相关的损失	5	4	3	2	1
E16	您总是能够合理确定自己能否承受这些损失	5	4	3	2	1
E17	您总是能够找到规避生计风险的有效决策	5	4	3	2	1
E18	您总是能够实施所选择的这些方法，来规避风险	5	4	3	2	1
E19	您总是能够实时监测规避生计风险的结果	5	4	3	2	1
E20	政府为移民提供优惠的税收政策、贷款政策等	5	4	3	2	1
E21	政府积极为移民就业搭建平台，提供很多机会就业	5	4	3	2	1
E22	政府注重对移民的就业培训、技能培训	5	4	3	2	1
E23	政府重视移民的社会保障问题，积极为移民办理养老保险、医疗保险等	5	4	3	2	1
E24	政府重视移民小区的供水供电、道路交通、通信等基础设施的建设与完善	5	4	3	2	1
E25	政府注重移民社区建设与公共服务设施的完善	5	4	3	2	1

参考文献

［1］Amos E, Akpan U, Ogunjobi K.Households' Perception and Livelihood Vulnerability to Climate Change in a Coastal Area of Akwa Ibom State, Nigeria［J］. Environment, Development and Sustainability, 2015, 17（4）: 887-908.

［2］Acs J.A Comparison of Models for Strategic Planning, Risk Analysis and Risk Management［J］.Theory and Decision, 1985, 19（3）: 205-248.

［3］Baron R M, Kenny D A.The Moderator-mediator Variable Distinction in Social Psychological Research : Conceptual, Strategic, and Statistical and Statistical Consideration［J］.Journal of Personality&Social Psychological, 1986, 51（6）: 1173-1182.

［4］Babu S S, Datta S K.A Study of Covariation and Convergence of Alternative Measures of Sustainability on the Basis of Panel Data［J］.Social Indicators Research, 2016, 125（2）: 1-20.

［5］Bilgin M.The Pearl Model of Sustainable Development［J］.Social Indicators Research, 2012, 107（1）: 19-35.

［6］Biao X, Kaijin Y.Shrimp Farming in China : Operating Characteristics, Environmental Impact and Perspectives［J］.Ocean and Coastal Management, 2007, 50（7）: 538-550.

［7］Barbier E B, Hochard J P.Poverty and the Spatial Distribution of Rural Population［J］.Policy Research Working Paper, 2014 : 1-30.

［8］Chambers R.Poverty and Livelihoods : Whose Reality Countries ?［J］. Environment and Urbanization, 1995, 7（1）, 173-204.

［9］Cernea M.Hydropower Dams and Social Impacts : A Sociological Perspective［R］.Washington, the World Bank : 1997 : 1-30.

［10］Chambers R, Conway G R.Sustainable Rural livelihoods : Practical Concepts for 21st Century. IDS Discussion Paper［M］.London : Department for

International Development，1992.

[11] Caffey R H，Kazmierczak J R F，Avault J W. Developing Consensus Indicators of Sustainability for Southeastern United States Aquaculture [M]. London：Social Science Developing Consensus Indicators of Electronic Publishing，2000.

[12] Chambers R.Poverty and Livelihoods：Whose Reality Countries？ [J]. Environment and Urbanization，1995，7（1）：173–204.

[13] DFID.Sustainable Livelihood Guidance Sheets [M].London：Department for International Development，2000.

[14] Daly H B.BeyoIld Growth the Economics of Sustainable Development[M]. Boston：Beacon Press，1996.

[15] Edward R C.Livelihoods as Intimate Government：Reframing the Logic of Livelihoods for Development [J].Third World Quarterly，2013，34（1）：77–108.

[16] Ellis F.Rural Livelihoods and Diversity in Development countries [M]. New York：Oxford University Press，2000.

[17] Flora C B.Access and Control of Resources Lessons from the SANREM CRSP [J].Agric HumanValues，2001，18（1）：41–48.

[18] Fafchamps M. Rural Poverty，Risk and Development [M].UK：Edward Elger，2003.

[19] Faurès J M，Santini G.Water and the Rural Poor：Interventions for Improving Livelihoods in Sub–Saharan Africa [J].Giurisprudenza Commerciale，2008，40（11）：537–585.

[20] Gaillard J C，Maceda E A，Stasiak E，et al.Sustainable Livelihood and People's Vulnerability in the Face of Coastal Hazards [J].Journal of Coastal Conservation，2009，13（2）：119–129.

[21] Goodland R，Daly H.Environmental Sustainability：Universal and Non–Negotiable [J].Ecological Applications，1996（6）：1002–1017.

[22] Guillemette M A，Yao R，James R N.An Analysis of Risk Assessment Questions Based on Loss–Averse Preferences [J].Journal of Financial Counseling & Planning，2015，26（1）：17–29.

[23] Guo Z，Xiao X，Gan Y，et al.Landscape Planning for a Rural Ecosystem：Case Study of a Resettlement Area for Residents from Land Submerged by the Three

Gorges Reservoir, China [J].Landscape Ecology, 2003, 18（5）: 503-512.

[24] Iiyama M, Kariuki P, Kristjanson P, et al. Livelihood Diversification Strategies, Incomes and Soil Management Strategies: a Case Study from Kerio Valley, Kenya [J]. Journal of International Development, 2008, 20（3）: 380-397.

[25] Ingenillem J, Merz J, Baumgärtner S.Determinants and Interactions of Sustainability and Risk Management of Commercial Cattle Farmers in Namibia [J]. Social Science Electronic Publishing, 2014（304）: 1-67.

[26] Jakobsen K.Livelihood Asset Maps: a Multidimensional Approach to Measuring Risk Management Capacity and Adaptation Policy Targeting—a Case Study in Bhutan [J].Regional Environmental Change, 2013, 13（2）: 219-223.

[27] Knutsson P M, Ostwald M.A. Process-Oriented Sustainable Livelihood Approach-A Tool For Increased Understanding of Vulnerability, Adaptation and Resilience[J].Mitigation and Adaptation Strategies for Global Change,2006, 12（12）: 365-372.

[28] Klapper L, Laeven L, Rajan R.Entry Regulation as a Barrier to Entrepreneurship[J]. Journal of Financial Economics, 2006, 82（3）: 591-629.

[29] Krysiak F C.Risk Management as a Tool for Sustainability [J].Journal of Business Ethics, 2009, 85（3）: 483-492.

[30]Lutz H.Migration and Human Capital[Z].ASU Working Paper,1997（6）: 1-27.

[31] Linkov I, Wood M D, Ditmer R, et al.Collective Risk Management: Insights and Oportunities for Decision-makers [J].Environment Systems and Decisions, 2013, 33（3）: 335-340.

[32] Maskell P.Social Capital, Innovation and Competitiveness [M].London: Oxford University Press, 2000.

[33] Mahdi G P, Shivakoti D S.Livelihood Change and Livelihood Sustainability in the Uplands of Lembang Subwatershed, West Sumatra, Indonesia, in a Changing Natural Resource Management Context [J].Environmental Management, 2009, 43（1）: 84-99.

[34] Minamoto Y.Social Capital and Livelihood Recovery: Post-tsunami Sri Lanka as a Case [J].Disaster Prevention & Management, 2010, 19（5）: 548-564.

［35］Merritt W S，Patch B，Reddy V R，et al.Modelling Livelihoods and Household Resilience to Droughts Using Bayesian Networks［J］.Environment，Development and Sustainability，2016，18（2）：1–32.

［36］Muhammad M M，Fatimah K，Siti R B Y，et al.Livelihood Assets and Vulnerability Context of Marine Park Community Development in Malaysia［J］.Soc Indic Res，2015（1）：1–23.

［37］Michal L，Simon S.Sustainable Urban Livelihoods and Marketplace Social Capital：Crisis and Strategy in Petty Trade［J］.Urban Studies，2005，42（8）：1301–1320.

［38］Martha G Roberts，Yang G A.The International Progress of Sustainable Development Research：a Comparison of Vulnerability Analysis and the Sustainable livelihood Approach［J］.Progress in Geography，2003，22（1）：6–12.

［39］Mcdonald M，Brown K.Soil and Water Conservation Projects and Rural Livelihoods：Options for Design and Research to Enhance Adoption and Adaptation［J］.Land Degradation & Development，2000（11）：343–361.

［40］Moser C.The Asset Vulnerability Framework：Reassessing Urban Poverty Reduction Strategies［J］.World Development，1998（26）：1–19.

［41］Ngugi R K，Nyariki D M.Rural Livelihoods in the Arid and Semi–arid Environments of Kenya：Sustainable Alternatives and Challenges［J］.Agriculture and Human Values，2005，22（1）：65–71.

［42］Oumer A M，Neergaard A D.Understanding Livelihood Strategy–Poverty Links：Empirical Evidence from Central Highlands of Ethiopia［J］.Environment，Development and Sustainability，2011，13（3）：547–564.

［43］Oumer A M，Hjortsø C N，Neergaard A D.Understanding the Relationship between Livelihood Strategy and Soil Management：Empirical Insights from the Central Highlands of Ethiopia［J］.Food Security，2013，5（2）：143–156.

［44］Rajbhandari L，Snekkenes E A.Mapping between Classical Risk Management and Game Theoretical Approaches［J］.Communications & Multimedia Security，Ifip Tc，2011（25）：147–154.

［45］Reardon T，Votsi S A. Links between Rural Poverty and the Environment in the Developing Countries：Asset Categories and Investment Poverty［J］.World Development，1995，23（9）：1495–1506.

［46］Robison A A.Is Social Capital Really Capital？［J］.Review of Social Economy，2002，60（1）：1–21.

［47］Scoones I.Sustainable Livelihood：A Framework for Analysis［Z］. Brighton：IDS Working Paper，1998.

［48］Schultz T W.Investing in People：The Economics of Population Quality［M］. California：University of California Press，1982.

［49］Singer J，Watanabe T.Reducing Reservoir Impacts and Improving Outcomes for Dam–forced Resettlement：Experiences in Central Vietnam［J］.Lakes & Reservoirs，2014，19（19）：225–235.

［50］Scoones I.Sustainable Rural Livelihoods：A framework for Analysis. Sussex［M］.UK：Institute of Development Studies，2005.

［51］Shiferaw B A，Okello J，Reddy R V. Adoption and Adaptation of Natural Resource Management Innovations in Smallholder Agriculture：Reflections on Key Lessons and Best Practices［J］. Environment，Development and Sustainability，2009，11（3）：601–619.

［52］Stathopoulou S，Psaltopoulos D，Skuras D.Rural Entrepreneurship in Europe［J］. International Journal of Entrepreneurial Behavior & Research，2004，10（6）：404–425.

［53］Siegel P B.Using an Asset–Based Approach to Identify Drivers of Sustainable Rural Growth and Poverty Reduction in Central America：A Conceptual Framework［J］.Social Science Electronic Publishing，2005（1）：34–75.

［54］Shook N J，Fazio R H.Social Network Integration［J］.Group Processes & Intergroup Relations，2011（14）：399–406.

［55］Tan Y，Yao F.Three Gorges Project：Effects of Resettlement on the Environment in the Reservoir Area and Countermeasures［J］.Population & Environment，2006，27（4）：351–371.

［56］Vincent K.Uncertainty in Adaptive Capacity and the Importance of Scale［J］. Global Environmental Change，2007，17（1）：12–24.

［57］Winters P C，Chiodi V.Human Capital Investment and Long–term Poverty Reduction in Rural Mexico［J］.Journal of International Development,2011,23（4）：513–538.

［58］Williams C A，Heins R M.Risk Management and Insurance［J］.South–

Western，1998，26（8）：101.

［59］Williamson O E.The New Institutional Economics：Taking Stock，Looking Ahead［J］.Journal of Economic Literature，2000，38（3）：595–613.

［60］Zhang Y，He D，Lu Y，et al.The Influence of Large Dams Building on Resettlement in the Upper Mekong River［J］.Journal of Geographical Sciences，2013，23（5）：947–957.

［61］陈传波.中国小农户的风险及风险管理研究［D］.武汉：华中农业大学，2004.

［62］陈文超，强茂山，夏冰清，等.基于营生资本框架的溪洛渡工程移民状况调查［J］.中国农村水利水电，2016（10）：123-127.

［63］陈永华，赵升奎.金沙江水电移民共享电站经济效益的相关思考——基于向家坝、溪洛渡水电站移民安置案例的分析［J］.中国农村水利水电，2017（4）：194-196.

［64］陈绍军，程军，史明宇.水库移民社会风险研究现状及前沿问题［J］.河海大学学报(哲学社会科学版)，2014（2）：26-30.

［65］陈勇,谭燕,茆长宝.山地自然灾害、风险管理与避灾扶贫移民搬迁［J］.灾害学，2013，（2）：136-142.

［66］陈建峰.对乌江干流水电站移民遗留问题处理若干问题的思考［C］.2012年水电移民政策技术管理论坛论文集，2012.

［67］陈忠贤，唐海华.三峡水库入库流量计算方法及其对调度的影响分析［J］.水电厂自动化，2010（1）：78-80.

［68］曹海军，薛喆.协作视角下基层公共服务供给侧改革的动态分析［J］.理论探讨，2017（5）：151-156.

［69］辞海编委会.辞海［M］.上海：上海辞书出版社，2015.

［70］杜云素，钟涨宝.水库移民的贫困风险认知及应对策略研究——基于湖北江陵丹江口水库移民的调查［J］.中国农村水利水电，2012（5）：118-124.

［71］丁高洁，郭红东.社会资本对农民创业绩效的影响研究［J］.华南农业大学学报（社会科学版)，2013，12（2）：50-57.

［72］Dorfman M S 等.当代风险管理与保险教程.［M］.齐瑞宗，等译.北京：清华大学出版社，2002.

［73］邓益，刘焕永.雅砻江两河口水电站移民群众收入构成研究［J］.水电站设计，2009，25（1）：82-85.

［74］冯雪．乌江干流老库区移民遗留问题分析及解决措施［J］．水利水电技术，2013，44（8）：84.

［75］付少平，赵晓峰．精准扶贫视角下的移民生计空间再塑造研究［J］．南京农业大学学报（社会科学版），2015（6）：8-16.

［76］郭红东，丁高洁．社会资本、先验知识与农民创业机会识别［J］．华南农业大学学报（社会科学版），2012，11（3）：78-85.

［77］郭圣乾，张纪伟．农户生计资本脆弱性分析［J］．经济经纬，2013（3）：26-30.

［78］葛剑雄．中国移民史［M］．福州：福建人民出版社，1997.

［79］高润德，张军伟，伍晓涛．乌东德水电站移民安置规划设计与研究［J］．人民长江，2014（20）：106-109.

［80］胡江霞，文传浩．人力资本、社会网络与移民创业绩效——基于三峡库区的调研数据［J］．软科学，2016，30（3）：36-40.

［81］胡江霞．三峡库区农村移民生计发展现状调查研究［J］．长江大学学报（社科版），2017（5）：36-42.

［82］胡江霞，文传浩．就业质量、社会网络与移民的社会融合——基于三峡库区的调查数据［J］．软科学，2016，30（9）：37-40.

［83］何仁伟．典型山区农户生计空间差异与生计选择研究——以四川省凉山彝族自治州为例［D］．成都：四川大学，2013.

［84］［24］何得桂．陕南地区大规模避灾移民搬迁的风险及其规避策略［J］．农业现代化研究，2013，34（4）：398-402.

［85］黄岩，陈泽华．信任、规范与网络：农民专业合作社的社会资本测量——以江西S县隆信渔业合作社为例［J］．江汉论坛，2011（8）：9-14.

［86］韩振燕，费畅．乌江流域水电移民安置冲突的合作博弈分析［J］．水利经济，2017，35（2）：69-74.

［87］姜丽美．资产建设-失地农民可持续发展的突破点［J］．理论导刊，2010（6）：63-64.

［88］克雷亚E，胡子江，姜源．灾害风险管理政策框架及移民安置策略［J］．水利水电快报，2012，33（6）：7-8.

［89］李聪，柳玮，冯伟林，等．移民搬迁对农户生计策略的影响——基于陕南安康地区的调查［J］．中国农村观察，2013（6）：31-44.

［90］李琳一，李小云．浅析发展学视角下的农户生计资产［J］．农村经济，

2007（10）：100-104.

［91］李丹，许娟，付静.民族地区水库移民可持续生计资本及其生计策略关系研究［J］.中国地质大学学报（社会科学版），2015，15（1）：51-57.

［92］李丹，白月竹.水库移民安置的社会风险识别与评价——以凉山州水库移民为例［J］.中国农村水利水电，2007（6）：143-147.

［93］李飞.水库移民贫困风险规避对策研究［J］.中国农村水利水电，2012（8）：144-149.

［94］李文静，帅传敏，帅钰，等.三峡库区移民贫困致因的精准识别与减贫路径的实证研究［J］.中国人口·资源与环境，2017，27（6）：136-144.

［95］李庆.重庆中心城市建设研究［D］.重庆：西南大学，2016.

［96］李聪，李树苗，费尔德曼.微观视角下劳动力外出务工与农户生计可持续发展［M］.北京：社会科学文献出版社，2014.

［97］李金雄.水电站日常运行管理中存在的问题及对策［J］.科学时代，2014（1）：50-55.

［98］迈克尔·谢若登.资产与穷人：一项新的美国福利政策［M］.高鉴国，译.北京：商务印书馆，2005.

［99］李昌荣.生计资本对农户信用的影响机制研究［D］.南昌：南昌大学，2015.

［100］林阳衍，张欣然，刘晔.基本公共服务均等化：指标体系、综合评价与现状分析——基于我国198个地级市的实证研究［J］.福建论坛（人文社会科学版），2014（6）：184-192.

［101］卢海阳，杨龙，李宝值.就业质量、社会认知与农民工幸福感［J］.中国农村观察，2017（3）：57-71.

［102］刘璐琳，余红剑.可持续生计视角下的城市少数民族流动贫困人口社会救助研究［J］.中央民族大学学报（哲学社会科学版），2013（3）：39-45.

［103］刘学文.中国农业风险管理研究［D］.成都：西南财经大学，2014.

［104］林青，覃朕.三峡库区移民后续安稳致富问题研究——以重庆库区开县县内搬迁移民生产安置效果评价为例［J］.安徽农业科学，2011，39（22）：13794-13797

［105］罗素娟.三峡库区后移民时代发展的路径选择和财政政策［J］.安徽农业科学，2011，39（18）：11273-11277.

［106］罗蓉.中国城市化进程中失地农民可持续生计问题研究［D］.成都：

西南财经大学，2008.

　　［107］罗玉龙，李春艳.基于代际差异的移民生计发展现状的对比分析——基于三峡库区的调研数据［J］.科学咨询（科技·管理），2017（5）：26-27.

　　［108］厉以宁.非均衡的中国经济［M］.北京：中国大百科全书出版社，2009.

　　［109］蒙吉军，艾木入拉，刘洋，等.农牧户可持续生计资产与生计策略的关系研究［J］.北京大学学报（自然科学版），2013，49（2）：321-328.

　　［110］［50］迈克尔·M.赛尼.移民与发展：世界银行移民政策与经验.［M］.水库移民经济研究中心，译.南京：河海大学出版社，2002.

　　［111］欧勇胜，徐家奇.试论水电工程移民风险识别及对策［J］.四川水力发电，2012，31（2）：259-263.

　　［112］彭峰，周银珍，李燕萍.水库移民生计风险的影响因素研究［J］.统计与决策，2016（6）：60-62.

　　［113］彭亚.金沙江水电基地及前期工作概况（二）［J］.中国三峡，2004，11（5）：50-51.

　　［114］彭峰，周银珍，李燕萍.水库移民生计风险的影响因素研究［J］.统计与决策，2016（6）：60-62.

　　［115］覃志敏.社会网络与移民生计的分化发展［D］.武汉：华中师范大学，2014.

　　［116］邱勇雷，陈永华，雷秋勇，等.金沙江水电工程移民中影响移民思想稳定的因素探析［J］.昭通学院学报，2015，37（6）：8-11.

　　［117］任义科，朴海峰，白萌.牛计资本对农民工返乡自雇就业的影响［J］.西安交通大学学报（社会科学版），2011，31（4）：51-57.

　　［118］苏芳，蒲欣冬，徐中民，等.生计资本与生计策略关系研究——以张掖市甘州区为例［J］.中国人口·资源与环境，2009，19（6）：119-125.

　　［119］邵毅，施国庆，严登才.水库移民遗留问题处理前后移民生计资本对比分析——以岩滩水电站B县移民安置区为例［J］.水利经济，2014，32（2）：70-74.

　　［120］史俊宏.生态移民生计转型风险管理：一个整合的概念框架与牧区实证检验［J］.干旱区资源与环境，2015，29（11）：37-42.

　　［121］施国庆，荀厚平.水利水电工程移民概述［J］.水利水电科技进展，1995，15（3）：37-42.

［122］施国庆.生态移民社会冲突的原因及对策［J］.宁夏社会科学，2009（6）：75-78.

［123］施国庆，苏青，袁松岭.小浪底水库移民风险及其规避［J］.学海，2001（2）：43-47.

［124］施国庆.灾害移民的特征分类及若干问题［J］.河海大学学报（哲学社会科学版），2009，11（（1）：20-24.

［125］孙海兵，段跃芳.后期扶持对水库移民生计影响的研究［J］.水力发电，2013，39（9）：9-12.

［126］孙海兵.农村水库移民可持续生计重建的实证研究［J］.江苏农业科学，2014，42（2）：417-419.

［127］孙海兵.丹江口水库后靠移民生计资本分析［J］.三峡论坛：三峡文学·理论版，2014（6）：35-36.

［128］石红梅，丁煜.人力资本、社会资本与高校毕业生就业质量［J］.人口与经济，2017（3）：90-97.

［129］史俊宏.生态移民生计转型风险管理：一个整合的概念框架与牧区实证检验［J］.干旱区资源与环境，2015，29（11）：37-42.

［130］汤青，徐勇，李扬.黄土高原农户可持续生计评估及未来生计策略——基于陕西延安市和宁夏固原市1076户农户调查［J］.地理科学进展，2013，32（2）：19-27.

［131］唐传利，施国庆.移民与社会发展国际研讨会论文集［M］.南京：河海大学出版社，2002.

［132］唐亚冲.浅谈溪洛渡水电站库区移民安置规划特点［J］.水能经济，2017（9）：349-349.

［133］伍艳.农户生计资本与生计策略的选择［J］.华南农业大学学报（社会科学版），2015，14（2）：57-66.

［134］王永平，周丕东，黄海燕，等.生态移民与少数民族传统生产生活方式的转型研究——基于贵州世居少数民族生态移民的调研［M］.北京：科学出版社，2014.

［135］王贵心.迁移与发展：中国改革开放以来的实证［M］.北京：科学出版社，2005.

［136］王世傅.三峡库区产业发展与移民后期扶持研究［J］.重庆大学学报（社会科学版），2006，12（3）：3-17.

［137］王沛沛，许佳君. 生计资本对水库移民创业的影响分析［J］. 中国人口·资源与环境，2013，23（2）：150-156.

［138］王娟，吴海涛，丁士军. 山区农户最优生计策略选择分析——基于滇西南农户的调查［J］. 农业技术经济，2014（9）：97-107.

［139］王丽霞. 风险与处理：农户的自我保护——对一个村庄非正式社会安全网的研究［D］. 北京：中国农业大学，2006.

［140］许汉石，乐章. 生计资本、生计风险与农户的生计策略［J］. 农业经济问题，2012（10）：100-105.

［141］辛瑞萍，韩自强，李文彬. 三江源生态移民家庭的生计状况研究——基于青海玉树的实地调研［J］. 甘肃行政学院学报，2016（1）：119-126.

［142］徐怀东. 移民的多样化安置与可持续生计体系构建［D］. 成都：西南财经大学，2014.

［143］徐鹏，徐明凯，杜漪. 农户可持续生计资产的整合与应用研究——基于西部10县（区）农户可持续生计资产状况的实证分析［J］. 农村经济，2008（12）：89-93.

［144］谢旭轩，张世秋，朱山涛. 退耕还林对农户可持续生计的影响［J］. 北京大学学报（自然科学版），2010，46（3）：457-464.

［145］邢成举. 搬迁扶贫与移民生计重塑：陕省证据［J］. 改革，2016（11）：65-73.

［146］熊兴，余兴厚，王宇昕. 我国区域基本公共服务均等化水平测度与影响因素［J］. 西南民族大学学报（人文社科版），2018（3）：108-116.

［147］杨云彦，赵锋. 可持续生计分析框架下农户生计资本的调查与分析——以南水北调（中线）工程库区为例［J］. 农业经济问题，2009（3）：58-65.

［148］杨孝良，王崇举，熊遥. 三峡库区移民创业决策的影响因素研究［J］. 农村经济，2015（9）：120-124.

［149］严登才. 搬迁前后水库移民生计资本的实证对比分析［J］. 现代经济探讨，2011（6）：59-63.

［150］严登才，施国庆，伊庆山. 水库建设对移民可持续生计的影响及重建路径［J］. 水利发展研究，2011（6）：49-53.

［151］严登才. 水库移民可持续生计研究［J］. 水利发展研究，2012，12（10）：40-44.

［152］严立冬，邓远建，张陈蕊. 三峡库区绿色农业产业发展SWOT分析及

对策探讨——以湖北省巴东县为例［J］.农业经济问题，2010（9）：53-57.

［153］赵锋.可持续生计分析框架的理论比较与研究述评［J］.兰州财经大学学报，2015，31（5）：86-93.

［154］赵锋，杨云彦.外力冲击下水库移民生计脆弱性及其解决机制——以南水北调中线工程库区为例［J］.人口与经济，2009（4）：1-7.

［155］赵锋.水库移民可持续生计发展研究［M］.北京：经济科学出版社，2015.

［156］赵雪雁，赵海莉，刘春芳.石羊河下游农户的生计风险及应对策略——以民勤绿洲区为例［J］.地理研究，2015，34（5）：922-932.

［157］赵雪雁，李巍，杨培涛，等.生计资本对甘南高原农牧民生计活动的影响［J］.中国人口·资源与环境，2011，21（4）：111-118.

［158］赵升奎，曹阜孝，赵小铭.金沙江水库移民后期扶持与脱贫致富思路的研究——基于向家坝、溪洛渡移民后期扶持的调查［J］.人民长江，2016，47（13）：106-108.

［159］赵升奎，陈永华，刘灿.对水电工程后靠安置移民参与库区旅游业的思考——基于金沙江水电移民的调研分析［J］.昭通学院学报，2015（5）：66-69.

［160］赵升奎，李晓刚.水电移民安置区经济发展模式研究——基于水富县金沙江向家坝电站移民安置案例分析［J］.昭通学院学报，2016，38（2）：1-4.

［161］赵小铭，刘平荣.金沙江水电移民城镇化安置及就业问题研究——基于向家坝、溪洛渡移民城镇化安置点的案例分析［J］.昭通学院学报，2015（5）：74-77.

［162］周建平，钱钢粮.十三大水电基地的规划及其开发现状［J］.水利水电施工，2011（1）：1-7.

［163］周大鸣，余成普.迁移与立足：经营型移民创业历程的个案研究［J］.中南民族大学学报（人文社会科学版），2015，35（4）：70-75.

［164］张华山，周现富.水库移民可持续生计能力分析——以阿坝州典型水电工程为例［J］.水利经济，2012，30（4）：68-71.

［165］张科静，黄朝阳，丁士军.失地农户生计风险认知及其影响因素分析［J］.湖北农业科学，2016，55（7）：1889-1892.

［166］张毅，文传浩，孙兴华.移民分类研究［J］.延安大学学报（社会科学版），2013，35（5）：66-70.

［167］张燕萍，赵小铭．针对水电工程及其移民问题的对策建议——基于金沙江下游电站建设及移民工作实践研究［J］.昭通学院学报，2016，38（4）：11-14.

［168］张佐，陈建成．云南水电开发库区移民产业发展与扶持就业机制研究［J］.云南师范大学学报（哲学社会科学版），2015，47（2）：100-109.

［169］张友斌．金沙江向家坝水电站农村移民生产安置方式研究［D］.重庆：重庆大学，2009.

［170］郑国忠，杨智慧．雅砻江流域少数民族集居区移民难点探析［C］.中国水力发电工程学会水库经济专业委员会成立20周年大会暨2007年年会，2007.

［171］郑永君．生计风险约束下的返乡农民工创业实践——基于川北返乡农民工创业案例的比较［J］.南京农业大学学报（社会科学版）2016，16（3）：53-65.

［172］朱红根．个体特征、制度环境与返乡创业农民工政治联系：一项实证研究［J］.财贸研究，2013，24（1）：16-21.

［173］周立新,苟犟敏,杨于桃.政策环境、关系网络与微型企业创业成长［J］.重庆大学学报（社会科学版），2014，20（3）：70-76.